보통유럽매매법

이 도서의 국립중앙도서관 출판시도서목록(CIP)은 서지정보유통지원시스템 홈페이지(http://seoji.nl.go.kr)와 국가자료공동목록시스템(http://www.nl.go.kr/kolisnet)에서 이용하실 수 있습니다.(CIP제어번호: CIP2014001880)

보통유럽매매법

河京孝 外 共譯

세창출판사

서 문

한국유럽법연구회가 2004년 12월 4일 창립된 이후 학회활동을 꾸준히 해 오다가, 2009년 하반기 이후에는 여러 가지 사정이 겹치어 활동이 지속되지 못하였다. 이에 연구회에 적극적으로 참여해 왔던 분들을 중심으로 학술적 논의가치가 있으면서 공통의 관심사가 될 수 있는 주제에 대하여 공동으로 연구하고 그 결과물을 발표하는 것이 통상적인 학회활동에 못지 않게 학술활동으로서의 의미가 적지 않다는 점에 공감을 하게 되었고, 그 첫 번째 작업으로 유럽연합의 규칙(Regulation)으로 제안되어 논의되고 있는 "보통유럽매매법(안)"을 번역하면서 그 내용을 연구검토하기로 하였다.

그리하여 공동번역연구팀을 구성하고, 2012년 12월 4일 첫 모임을 통해 작업방법과 범위에 대하여 논의한 결과 각자의 관심과 분량 등을 고려하여 1차 번역작업을 분담하고 이를 토대로 토의해 나가기로 하였다. 이에 따라 금년 8월말까지 평균 월 1회 함께 모여 번역내용을 두고 토의하였으며, 이를 반영한 번역내용을 수합하여 전체적으로 수정확인하는 정리작업은 별도 소팀을 구성하여 진행하였다.

공동번역연구팀은 번역작업을 하면서 번역이 어떤 면에서는 창작보다 어렵다는 점을 새삼 실감하였다. 규정의 의미내용을 명확히 이해하기 위하여 영어본 외에 독어와 불어본도 비교검토하였는데, 유럽연합 내의 공식언어의 번역본 사이에서도 정확한 번역에는 한계가 있음을 알 수 있었다. 이러한 번역오류와 부정확성문제는 이미 유럽연합 내의 학자도 지적한 바 있다. 그리하여 서로 약간 달리 이해될 수 있는 부분에 대하여는 영어본을 기준으로 하기로 하였으며, 번역은 원문을 모두 충실하게 번역하되, 필요한 경우 의미전달을 위한 번역을 하는 것으로 하였다. 이러한 문제 외에도 용어번역과 관련하여 참여자들 간에 의견이 다른 경우도 적지 않았다. 규정내용의 이해에 대한 견해의 차이보다도, 이미 오랫동안 사용되어 일반화된 용어를 존중할 것인지 아니면 차제에 보다 정확한 우리말용어로 번역해야 할 것인지 하는 근본적인 문제도 제기되었다. 어떤 경우는 한 단어의 번역을 두고 한나절 이상 토의를 하기도 하였지만, 그 또한 재미있고 뜻깊은 시간이었으며, 서로 배우고 지식을 보완하는 좋은 기회였다고 생각한다. 우리말번역의 통일이 용이하지 않거나 번역팀에서 논란이 되었던 사항 중 주요한 것들을 발췌한 내용을 이 책의 앞부분에 '일러두기'로 정리하여 소개하였으니 참고가 되었으면 한다. 법안의 전체내용을 나름대로 정확하게 그리고 통일적으로 번역하고자 애썼으나, 부적절하거나 부정확한 번역이 없지는 않을 것으로 본다. 이는 번역연구팀이 공동으로 책임을 져야 할 사항으로서 기탄없는 지적을 바란다.

원래 번역연구팀에서는 각자 분담한 부분의 내용에 대하여 상세히 검토하여 이 연구내용을 번역문과 함께 소개하거나 별도의 책으로 정리하여 발표하기로 계획하여 준비하였다. 그러나, 번역연구팀이 유럽연합의 관계전문가나 학자로부터 직접 받거나 전해 들은 정보에 의하면 이 규칙안에 대하여는 그 의미와 필요성에 대하여 근본적인 회의를 표하는 견해가 있는가 하면, 규칙으로 된다 할지라도 그 적용대상이 유럽연합 내의 국경을 초월하는 온라인거래 정도에 한정될 수밖에 없지 않을까 하는 전망이 많은 것으로 안다. 이처럼 유럽법으로의 입법 여부와 내용범위도 알 수 없는 현 단계에서는 입법제안의 내용에 대해 상세한 해설을 담기가 조심스러울 수밖에 없었다. 그리하여, 우선 법안의 특징과 주요내용만을 간략히 정리하여 법안의 번역과 함께 소개하는 것으로 하였다.

비록 보통유럽매매법(안)의 입법 여부나 그 내용이 불투명한 상태이기는 하나, 적어도 소비자매매에서의 보편적인 규율, 특히 유럽국가에서의 소비자보호의 수준과 발전방향을 가늠할 수 있다는 점에서 그 구성체계와 내용을 검토해 보는 것은 의미가 있을 것으로 생각된다. 따라서, 비교법적 그리고 입법정책적 논의에서 참고자료로 활용될 수 있을 것이라는 기대를 담아 이 번역연구서를 출간하기로 하였다.

이 책의 출간을 위해 원고의 수합정리 및 형식통일 등 여러 가지 성가신

일을 책임감을 가지고 성실하게 마무리 해 준 이병준 교수 연구실의 홍종현 군(한국외대 법대)에게 고마운 마음을 전하고, 공동번역연구팀의 순수한 학문적 호기심과 열정을 격려해 주는 차원에서 현실적 문제나 어려운 출판 사정에도 불구하고 출판을 맡아 주신 세창출판사의 이방원 사장님을 비롯한 관계자분들에게 진심으로 감사드린다.

2013년 11월 25일
공동번역연구팀의 이름으로
하 경 효

일러두기

1. 보통유럽매매법은 영어본을 기준으로 하여 한글 번역하였다. 보통유럽매매법은 영어본 이외에 독일어본, 프랑스어본도 함께 간행되어 있다. 그런데 독일어본과 프랑스어본의 표현내용이 영어본의 경우와는 달리 표현된 경우도 있었고, 이에 영어본이 우선 작성된 법안으로서 이를 바탕으로 독일어본, 프랑스어본으로 번역되었다는 사정을 감안하여, 영어본의 보통유럽매매법을 한글번역의 기준으로 삼았다.
2. 보통유럽매매법의 한글번역 작업 초기인 2013년 3월 6일 유럽의회 법제사법위원회(Committee on Legal Affairs)가 보통유럽매매법의 기본틀을 유지한 가운데 수정안을 제출하여 규정내용의 변경을 제안하였다. 그러나 우리 한글번역팀은 수정안의 의미, 반영 여부가 분명하지 않다는 사정을 감안하여 유럽의회와 이사회가 제출한 보통유럽매매법에 관한 규칙 원안에 따라 한글번역을 진행하였다.
3. 한글번역은 가능한 한 영어본의 표현을 직역하려고 하였으나 의미전달에서 필요하다고 여겨질 경우 의역을 병행하였다. 또한 영문의 복문구조(가령 unless)는 우리의 한글표현을 지나치게 복잡하고 길게 만드는 경우에는 문장을 나누어 번역하였다.
4. 보통유럽매매법의 규정체계는 Part, Chapter, Section, Article 단위로 이루어져 있는데, 각 편(編), 장(障), 절(節), 조(條)로 한글표현해 두었다. 또한 보통유럽매매법에 사용된 각 영문 표현은 가능한 한 이에 상응하는 한글번역을 단일하게 통일하여 표현하고자 하였다.
5. 위의 과정에서 한글표현 정리에 관하여 특기하여 소개할 만한 영문표현으로는 Common European Sales Law, Regulation, trader, duty to provide information, usage, practice가 있는데, 아래와 같은 취지에서 각 보통유럽

매매법, 규칙, 사업자(기업인), 정보안내의무, 관습, 관행으로 한글번역하기로 하였다.

(1) Common European Sales Law, 보통유럽매매법…… 'Common European Sales Law'에서 'common'이란 말은 본디 '공통'으로 번역하는 것도 가능하고, 유럽 전체에 공통적으로 적용되는 법이란 뜻으로 '유럽공통매매법'이라 번역하자는 의견이 처음에 제기되기도 하였다. 그러나 'Common European Sales Law'는 유럽공동체 회원국 각자가 갖고 있는 독자적인 국내법체계를 침해하거나 대체하는 법이 아니며, 각 당사자가 선택할 수 있는 제2의 보충적인 국내법으로 기능하는 것이기 때문에, 연혁적으로 12~13세기 이래 서유럽의 로마법 계수과정에서 적용되었던 '보통법(ius commune)', 즉 모든 분쟁사안에 일단 각국 고유의 기래관행, 관습법과 세성법을 우선적용하되, 이러한 고유법이 없을 경우에 한하여 일반적·보충적으로 적용되었던 로마법으로서의 '보통법(ius commune)'에 상응한다고 볼 수 있다. 물론 영국의 'Common Law' 역시 '의회 주권의 원리(doctrine of sovereignty of parliament)'에 의해 의회가 제정한 'statutory law'가 적용될 수 없을 경우, 보충적으로 적용되는 법인 것은 마찬가지이다. 따라서 이러한 연혁적, 비교법적 의미에 충실하기 위하여 'Common European Sales Law'를 '보통유럽매매법'으로 번역하기로 하였다.

(2) Regulation, 규칙…… 'Regulation'은 유럽연합이 공포하는 여러 법령가운데 각 회원국에 대해서 일반적·직접적 효력을 갖는 것으로서, 유럽집행위원회의 제안을 기초로 유럽연합이사회와 유럽의회에 의해 공동으로 공포되는 것을 말한다. 입법지침(Directive)과는 달리 국내법화의 과정을 필요로 하지 않으며, 그 규정을 각국에서 수정하는 것 역시 가능하지 않다. 이러한 'Regulation'은 흔히 '규정' 또는 '법령'으로 번역하기도 하나, '규정'의 경우 각 'Regulation' 내의 개별규정과 혼동될 여지가 있고, '법령'의 경우 '법률과 명령의 총체'라는 느낌을 줄 수 있어, 중립적인 어휘인 '규칙'으로 번역하기로 하였다.

(3) trader, 사업자(기업인)…… 보통유럽매매법 제2조 (e)호는 trader에 관하여 "그 자의 교역, 영업, 수공업 또는 직업에 관한 목적으로 행위하는 자연인 또는 법인"이라고 정의함으로써, 우리 법제에서는 일응 '사업자'가 상응하는 표현이라고도 하겠다(소비자기본법 제2조, 약관규제법 제2조 제2호, 전자상거래법 제2조 제6호, 독점규제법 제2조 제1호 참고. 그러나 사업자란 표현 이외에 가령 방문판매법 제2조 제1호, 전자상거래법 제2조 제3호, 할부거래법 제2조 제3호에서와 같이 판매업자, 할부거래업자, 통신판매업자 등의 개념도 혼용되는가 하면, 노동관계법이기는 하지만 파견근로법 제2조, 남녀고용평등법 제2조에서는 사업주라는 개념도 사용되고 있다). 그러나 보통유럽매매법의 제정배경 등에서 표현된 취지, 즉 역내시장에서 국경을 넘어선 거래 촉진, 중소기업의 활성화 및 B2B거래의 규율대상 포함 등에 비추어 '사업자'라는 표현이 반드시 적합한지에 대한 의구심이 있었다. 그렇다고 trader를 '기업' 또는 '기업인'으로 번역하면 우리 법제의 표현과 어울리지 않게 된다는 측면을 무시할 수 없었다. 이러한 이유에서 한글번역팀은 제안설명(Explanatory Memorandum)과 제안서(Proposal)에서는 trader를 그 규정목적에 충실하게 '기업인'으로 번역하되, 이 규칙의 개별규정에서는 '사업자(기업인)'로 병기할 것을 결정하였다.

(4) duty to provide information, 정보안내의무…… duty to provide information은 주로 보통유럽매매법 제2편 제2장에서 규정하고 있는데, 계약체결 이전에 상대방에게 계약의 목적, 거래조건, 거래 당사자의 주소 및 기타 신원 등에 관한 중요 사정에 대하여 올바른 정보를 알려줄 의무를 뜻한다. 우리 법제는 '정보제공의무'라고 표현하고 있으며, 이 표현 역시 위의 의무내용에 일반적으로 부합한다. 다만 우리 한글번역팀은 보통유럽매매법의 제정 취지 등에 따라 보통유럽매매법이 '부속서(Annex)' 형식으로 제공해야 할 정보내용 등을 표준화·모범화하는 등 대체로 사업자와 소비자 사이의 대량거래를 전제로 규격화된 정보를 규율의 중심에 놓고 있음을 감안하여, 정보'안내'의무가 어감에

서 조금 더 가깝다고 여겨서 위와 같이 최종 결정하였다.

(5) usage and practice, 관습과 관행…… 예전에는 custom을 법적 확신을 갖고, 구속력을 가진 '관습'으로 파악하였고, usage를 그보다 낮은 단계의 규범으로 판단하였다. 그런데 최근에는 custom과 usage를 거의 동일한 개념으로 쓴다. 나아가 usage가 custom을 대체하는 단어로 쓰이고 있다. Uniform Commercial Code § 1-205가 이런 계기를 마련한 것으로 평가한다. 그런 맥락에서 usage를 '관습'으로 번역하였다. Practice는 'course of dealing'의 뜻으로 쓴다. 그런데 course of dealing은 이전행위에 대한 후속행위, 당사자가 그들의 표시행위와 행동을 해석하는 공통의 기초로 이해한다. 이런 practice는 일정한 시간과 일정 정도의 반복을 요구한다. 그런 의미에서 practice를 '관행'으로 번역하였다.

6. 끝으로, 이 같은 오랜 논의에도 불구하고 끝내 단일하게 표현하지 못한 용어도 있는데, 가령 statement, reasonable, terms와 같은 표현이다. statement는 의사표시·법률행위를 중심으로 이해하는 우리의 경우에는 '(의사의) 표시'로 표현할 수도 있겠으나, 물품의 상태에 관한 표현, 진술도 포함하여 사용되기도 하며, 이에 우리 한글번역팀은 언명, 표시, 표현, 진술 등을 각 문맥에 따라 혼용하였다. 또한 보통유럽매매법 제5조에서 정의되고 있는 reasonable이란 표현 역시 문맥에 따라 '합리적', '상당한'이라는 한글표현을 혼용하였으며, terms 역시 원래 영문 표현 자체가 그렇듯이 '규정', '내용', '조건'을 혼용하였다.

| 차 례 |

보통유럽매매법의 특징과 내용 개요

보통유럽매매법

[유럽의회와 이사회의 보통유럽매매법에 관한 규칙을 위한 제안서]

주요 참고문헌

Dannemann/Vogenauer, The Common European Sales Law in Context: Interactions with English and German Law, 2013.

Gebauer(Hrg.), Gemeinsames Europäisches Kaufrecht – Anwendungsbereich und kollisionsrechtliche Einbettung, 2013.

Hahn(Hrg.), Gemeinsames Europäisches Kaufrecht, 2012.

Remien/Herrler/Limmer(Hrg.), Gemeinsames Europäisches Kaufrecht für die EU?: Analyse des Vorschlags der Europäischen Kommission für ein optionales Europäisches Vertragsrecht vom 11. Oktober 2011, 2012.

Schmidt-Kessel(Hrg.), Ein einheitliches europäisches Kaufrecht?: Eine Analyse des Vorschlags der Kommission, 2012.

Schulte-Nölke/Zoll/Jansen/Schulze(Hrg.), Der Entwurf für ein optionales europäisches Kaufrecht, 2012.

보통유럽매매법의 특징과 내용 개요

I. 총 론

1. 보통유럽매매법의 제안배경

(1) 계약법 내지 소비자법의 법통일상황

유럽연합은 그 시작부터 유럽연합 지역 내의 상품과 서비스의 자유로운 이동 및 교역을 목표로 하였다. 이를 위하여 1993년 11월 1일 마스트리히트조약에서 유럽경제공동체(EEC)를 전신으로 한 유럽연합(EU)을 설립하여 유럽을 하나의 역내시장(Binnenmarkt)으로 만들었고, 1999년 1월 1일에는 화폐통일을 위하여 유로화를 도입하였다. 하지만 아직도 유럽의 사업자(기업인)와 소비자 간의 거래는 자국의 국경 내에서 이루어지는 것이 대부분이며, 다른 회원국 당사자 간의 거래도 최대 3개의 다른 유럽국가 정도로 거래영역을 넓히고 있는 실정이다. 이러한 거래실정의 원인은 여러 가지가 있겠으나, 그중에서 가장 중요한 이유는 28개의 회원국이 각각 서로 다른 계약법체계를 갖고 있다는 데 있다. 이로 인하여 다른 유럽연합 회원국가와 거래를 하고자 하는 사업자(기업인)는 국내거래에 비하여 상당한 법적 어려움과 많은 비용을 감당해야 한다.[1] 그 이유는 다음과 같은 현재의 유럽연합 내의 입법상황에서 연유한다.

계약법의 영역에서 유럽연합은 소비자보호를 위하여 각종의 입법지침(Richtlinie)을 마련하였다. 입법지침은 그 자체로서 법규적 효력을 갖는 것이 아니라, 해당 지침에 따라 각 회원국들이 국내법으로 입법을 해야만 한다. 이때 입법지침은 최소한의 기준을 담고 있다. 따라서 각 회원국에서는 이 지침내용을 수용한 국내법을 갖출 의무를 부담하게 된다. 이에 따라 최소한의 통일(Mindestharmonisierung)을 위한 토대는 마련되었지만, 각 회원국들에서 입법지침의 내용 이상의 더 강한 보호를 할 수 있어 완전한 통일은 이루어지지 않았고 28개 회원국 숫자 만큼의 서로 다른 계약법을 갖게 된 것이다. 더 나아가 국제사법적 원칙을 담은 「계약관계의 준거법에 관한 로마규칙」(이하 "로마규칙 I")에서 사적 자치의 원칙에 따라 당사자가 계약법에 적용될 준거법을 자유롭게 결정할 수 있지만, 해당 회원국의 소비자보호를 위해 적용되는 강행규정을 배제할 수 없다는 내용이 추가되었다. 이에 따라 예컨대 영국 사업자와 독일 소비자가 영국 계약법을 따르기로 하는 합의를 하더라도 영국 계약법과 독일 소비자법의 규정을 비교하여 독일 소비자법이 해당 소비자에게 유리하면 독일 소비자법이 적용된다. 따라서 사업자(기업인)들은 준거법 규정을 통하여 자신이 원하는 나라의 계약법을 선택하더라도 유럽연합 전역에 있는 소비자와 거래를 하려면 28개 회원국에 적용되는 소비자법을 고려하지 않을 수 없게 된다.

(2) 현재까지의 통일화 시도와 한계

이에 따라 보다 적극적인 계약법의 통일필요성이 제기되었다. 물론 국제적으로는 1964년 사법통일을 위한 국제협회(UNIDROIT)의 헤이그 매매법, 1980년의 유엔국제상거래법위원회(UNCITRAL)의 「유엔통일매매법」(UN Convention on Contracts for the International Sale of Goods, CISG)이 존재하지만, 이는 협약에 비준가입한 나라에 한정되어 적용되고 있다. 한편 1994년에 공포된 UNIDROIT의 「상사계약법원칙」(Principles of International Commercial Contracts, PICC), 2003년에 「유럽계약법원칙」(Principles of

---

1) 이에 관하여 자세한 것은 Reding, Das optionale Gemeinsame Europäische Kaufrecht in der politischen Diskussion–Standpunkte, Perspektiven und Einschätzung, in: Hahn(Hrsg.) Gemeinsames Europäisches Kaufrecht, 2012, S. 1 f.

European Contract Law, PECL), 2009년 유럽민법전을 마련하기 위한 「유럽공통참조기준초안」(Draft Common Frame of Reference, DCFR)과 소비자법을 정리한 아퀴 원칙(Acquis-Principles)이 존재하지만 이는 학문적 연구성과물에 불과하다.

그리고 기존의 입법지침을 정리하여 소비자보호수준을 완전히 통일(Vollharmonisierung)하고자 8개의 입법지침을 정리하려던 계획[2]에서 단지 영업소 밖의 계약과 통신판매계약에 관한 입법지침 2개만을 통일하는 것에 머물렀다. 그나마 「소비자권리 입법지침」[3]에서는 주로 영업장 밖의 계약과 통신판매계약에서 계약전단계의 의무와 철회권에 관한 규정은 담고 있지만, 불공정조항에 관한 규정과 매매계약상의 담보책임에 관한 규정은 빠지게 되었다. 또한 지침은 많은 강행적 규정을 통하여 각 회원국들에게 입법의 자유를 주고 있지는 않지만, 그래도 옵션규정을 통하여 규정내용을 선택할 수 있도록 하고 있다는 점에서 통일법으로서의 한계를 보이고 있다.

(3) 보통유럽매매법의 목적과 의의

DCFR은 구조상으로는 —친족법과 상속법이 없는— 유럽민법전 초안의 형태를 갖고 있었으나, 많은 비판을 받았다. 이에 대한 반응으로서 유럽연합 위원회는 「소비자와 사업자를 위한 유럽계약법의 도입에 관한 옵션」이라는 녹서를 발간하였다.[4] 여기서 특히 「옵션 4, 선택가능한 유럽 계약법도구의 도입에 관한 규칙」에 대하여 많은 관심을 가졌다. 그리고 DCFR은 유럽연합 위원회의 소위 전문가집단(Expert Group)을 통하여 개정되었고 DCFR의 실현가능성을 위한 연구, 소위 feasibility study를 통하여 공표

2) Grünbuch–Die Überprüfung des gemeinschaftlichen Besitzstands im Verbraucherschutz, KOM(2006) 744 endg., 8.2.2007, S. 3.

3) Verbraucherrechte-RL 2011/83/EU(ABlEG Nr. L 372 v. 22.11.2011, S. 64.

4) Grünbuch der Kommission: Optionen für die Einführung eines Europäischen Vertragsrechts für Verbraucher und Unternehmer, KOM (2010) 348 endg., vom 1.7.2010.

되있다.[5] 그리고 이를 바탕으로 하여 결국 유럽연합 위원회에서 2011년 10월 11일에 「보통유럽매매법 초안」을 공포하였다.[6]

「보통유럽매매법」은 새로운 입법형식으로서 중간단계의 통일을 도모하려고 한다. 즉, 기존에 존재하는 각국의 계약법을 침해하지 않는 상태에서 별도의 매매계약법을 유럽연합차원에서 제정하려고 하는 것이다. 그 입법형식은 유럽연합의 규칙(Verordnung)으로서 바로 법규적 효력을 갖기 때문에 각 회원국이 국내법에 반영할 필요가 없다. 다만 보통유럽매매법은 바로 적용되는 것이 아니라, 각 당사자가 그 적용을 선택해야만 당사자 사이의 계약관계에 적용되는 것이다(opt-in modell). 따라서 각 유럽회원국들은 해당 국가의 계약법을 갖고 있지만, 당사자의 선택에 의하여 적용되는 제2의 법을 유럽차원에서 갖는 것이 된다. 그리고 보통유럽매매법은 국내법을 배제하고 적용하는 것이므로 로마규칙 I에 따른 법비교가 일어나지 않고 항상 당사자가 선택한 보통유럽매매법만이 적용된다. 이처럼 복잡한 소비자법의 적용문제도 발생하지 않는다는 점에서 완전한 법통일을 가져올 수 있다고 한다.[7]

결국 유럽연합 전역에 있는 소비자 내지 중소사업자와 거래를 하려고 하는 사업자(기업인)는 보통유럽매매법을 제시하여 통일 계약법에 의하여 하나의 서비스 모델을 기초로 사업을 할 수 있게 된다. 또한 소비자도 높은 보호수준을 담고 있는 보통유럽매매법의 적용을 받으므로 이득이 된다. 이러한 차원에서 사업자(기업인)와 소비자에게 보통유럽매매법은 윈윈 모델이 될 수 있다는 것이다. 결국 사업자(기업인)와 소비자 모두 보통유럽매매

5) A European contract law for consumers and business: Publication of the results of the feasibility study carried out by the Expert Group on European contract law for stakehalders' and legal practitioners' feedback, 3.5.2011(http://ec.europa.eu/justice/contract/files/feasibility_study_final.pdf).

6) 제정배경 및 기본적 내용에 관한 소개로 박영복, "EU 집행위원회에 의해 제안된 유럽공통매매법에 관한 규칙," 외법논집 제37권 제3호, 2013, 37면 이하 참조.

7) 보통유럽매매법의 기본적인 특징에 관하여 자세한 것은 백경일, "유럽공통매매법안(CESL)에서의 계약체결규정에 관한 비교법적 검토", 비교사법 제20권 제2호, 2013, 439면 이하 참조.

법을 선택하게 될 것이고 통일법에 의하여 상거래가 활성화될 것이라는 것이 유럽입법자의 전망이다.

한편 보통유럽매매법은 각 회원국이 갖고 있는 독자적 법체계나 계약법에 대한 침해를 수반하지 않기 때문에 유럽연합의 입법권한에 부합한다고 한다. 즉 보통유럽매매법은 당사자가 선택할 수 있는 두 번째의 계약법으로 추가되는 것이기 때문에 각국의 계약법은 그대로 존재하게 된다. 이는 유럽입법이 지향해야 할 보충성의 원칙(Subsidiaritätsprinzip)과도 일치한다.

2. 보통유럽매매법의 지위와 적용

(1) 구 성

보통유럽매매법의 법형식은 유럽연합의 회원국에 대하여 바로 직접적인 효력을 지니는 규칙(Verordnung)이며 여기에는 입법취지를 개괄적으로 설명하는 전문(前文)과 총 16개의 규정으로 기본적인 내용만 담겨 있다. 본래의 실체법적 규정들은 규칙의 부속서 I 에 총 186개의 조문으로 담겨져 있다. 그리고 부속서 II 에는 모범정보안내서가 담겨져 있다.

보통유럽매매법은 이미 앞에서 살펴본 바와 같이 소위 선택적 도구(Optionales Instrument)로 구성되어 있다. 이는 계약의 당사자들이 합의를 통하여 보통유럽매매법이 계약관계에 적용된다고 정한 경우에만 적용된다는 것을 의미한다. 그 결과 보통유럽매매법은 적용될 수 있는 국내법질서를 대신하여 자동적으로 적용되는 것이 아니라, 당사자들이 이를 선택하여 당해 거래에 적용되기를 원하는 경우에만 적용될 수 있다. 보통유럽매매법이 사업자(기업인)와 소비자 사이에 체결된 계약관계에 적용되는 경우에는 그 규정 전체가 적용되고, 규정 중 일부만 적용할 것을 선택할 수는 없다(§8 III VGEK-VO). 그리고 보통유럽매매법이 적용된다는 합의는 계약상의 합의와는 별도로 이루어져야 하며, 합의내용은 연속적인 저장장치를 통하여 계속 접근할 수 있는 상태로 제공되어야 한다(§8 II VGEK-VO). 이외에 계약전단계에서의 일반적 정보안내의무는 보통유럽매매법에 의하여

정하여진 정보서면의 형태로 제공되어야 한다(§9 VGEK-VO).[8]

(2) 국제사법과의 관계

보통유럽매매법은 규칙이므로 입법지침과 달리 국내법으로 반영될 필요 없이 바로 직접적인 효력을 갖는다(§288 II AEUV). 이때 보통유럽매매법이 회원국의 국내법과의 관계에서 어떠한 지위를 갖는지에 관하여 논란이 있다. 처음에는 보통유럽매매법이 "제29번째 법질서"[9]의 위치를 갖고 있어서 당사자들이 회원국의 국내법을 대신하여 보통유럽매매법을 선택하는 것으로 이해하였다. 그에 반하여 유럽연합위원회는 보통유럽매매법을 "두 번째 법질서"로서의 지위를 갖고 있는 것으로 설명한다. 이 입장에 따르면 보통유럽매매법은 각 회원국 계약법과 함께 또 다른 하나의 국내법의 일부를 구성한다.

구체적으로 살펴보면 통상 국제거래에서는 제1단계에서 준거법의 선택 또는 국제사법에 의한 준거법 결정이 이루어지고, 제2단계에서 국내 매매법이 적용될 수 있다. 하지만 유럽연합 회원국의 계약당사자들이 보통유럽매매법의 적용을 선택한 경우에는 국내 매매법을 대신하여 보통유럽매매법이 바로 적용된다는 것이다. 이 견해의 개별적인 내용과 타당성에 관하여는 시각이 일치되어 있지 않고 현재 논란의 대상이 되고 있다.[10]

유럽연합위원회가 제시한 이러한 입장의 목적은 분명하다. 즉 로마규칙 I 제6조 제1항에 의하면 제1단계에서 준거법 선택 내지 결정이 이루어지더라도, 일정한 경우 규정의 내용을 비교하여 소비자에게 유리한 경우에는 준거법 선택에도 불구하고 소비자의 상거소지국의 소비자법이 적용될 수 있다. 그런데 유럽연합위원회는 국제사법에 기한 법의 선택이 이루어진

---

8) 이에 대한 비판으로 Zimmermann, Perspektiven des künftigen österreichischen und europäischen Zivilrechts, JBl 2012, 19.

9) Vgl. Stabentheiner, Der Entwurf für ein Gemeinsames Europäisches Kaufrecht–Charakteristik und rechtspolitische Aspekte, wbl 2012, 65.

10) 비판적 분석으로 Eidenmüller/Jansen/Kieninger/Wagner/Zimmermann, JZ 2012, 273 ff.

후 국내법으로서 보통유럽매매법의 적용을 긍정하고 있어 이 문제를 해결하고 있으나, 이에 대하여는 아직 비판적 시각이 많이 존재한다.

3. 보통유럽매매법의 주요 특징

(1) 적용범위

보통유럽매매법이 적용되는 계약유형은 매우 제한되어 있다. 즉 상품매매계약만이 적용대상에 포함되는 계약유형에 해당되므로, 동산에 관한 매매계약과 디지털콘텐츠의 제공 그리고 이와 관련된 서비스 제공만이 적용범위에 포함된다. 그 외에 소비자신용과 연관된 모든 계약은 적용범위에서 배제된다(§6 II VGEK-VO).

한편 매매계약법의 모든 '전개과정'이 규율된 것도 아니다. 보통유럽매매법에서, 예컨대 명시적으로 빠진 것으로 밝힌 영역으로는 법인격, 행위무능력을 이유로 한 계약의 무효, 위법성과 선량한 풍속 위반, 계약언어의 결정, 차별금지, 대리, 다수당사자의 채권관계, 채권양도를 포함한 계약당사자의 변경, 상계와 혼동, 소유권유보를 포함한 물권법, 지적재산권 그리고 불법행위법 등이 있다. 명시되어 있지는 않지만, 빠져 있는 다른 법률문제들도 있다. 이 모든 영역에는 계속하여 각 회원국의 국내법이 적용된다.

인적 적용범위와 관련하여 보통유럽매매법은 사업자(기업인)와 소비자 사이의 계약 및 사업자(기업인)와 중·소 사업자(기업인) 사이의 계약에만 적용된다. 사업자(기업인)와 소비자 사이의 계약에서는 사업자(기업인)가 매도인으로서 계약을 체결하였어야 한다. 사업자(기업인)와 중·소 사업자(기업인) 사이의 계약에서는 중·소 사업자(기업인)가 매도인인지 매수인인지는 상관이 없다.

보통유럽매매법이 적용되기 위해서는 계약이 국경을 넘어서 체결되어야 한다. 하지만 회원국들이 국내 거래에도 적용하도록 결정하는 것은 가능하며, 중·소 사업자(기업인)가 아닌 사업자(기업인) 사이의 계약에도 그 적용영역을 확대할 수 있다(§13 VGEK-VO). 그러나 소비자 사이의 계약에도 적용범위를 넓힐 수 있는지에 관하여는 명시적인 규정이 없다.

(2) 실체적 규정의 체계

보통유럽매매법은 국경을 넘어선 거래에서 발생하는 실무적으로 중요한 모든 문제에 대한 해결책을 제시하고자 하면서, 다른 한편으로는 또한 해당 규정을 이용하는 이용자에게 이해하기 쉽도록 친절하게 구성하는 것을 목적으로 한다. 이러한 상반되게 보이는 두 가지 목적을 모두 수용하면서도 보통유럽매매법은 실용적인 접근법을 취하여 실무적인 요구에 더 부합하는 규정을 만들고 있다. 특히 체계에서도 이러한 실무적인 접근법이 잘 드러나고 있다.

보통유럽매매법에서는 계약당사자들이 계약의 단계에 따라 당사자들이 자신의 권리와 의무를 명확하게 찾을 수 있도록 하고 있다. 따라서 일반조항과 특별규정 사이에서 규정을 왔다갔다 할 필요 없이, 전체 조문이 시간 순서에 따라 쉽고 명확하게 규정되어 있다. 이로 인하여 반복이 있고 체계적인 측면에서 보았을 때에는 다소 우아해 보이지는 않지만, 다수의 국가에서 실무가들이 적용되는 규정을 용이하게 찾을 수 있도록 해야 한다는 목적이 충실히 나타난 것으로 보아야 한다.

보통유럽매매법은 전 8편, 18장, 186개 조문으로 구성되어 있다. 제1편 총칙규정에 이어 제2편에서 유효한 계약이 성립하기 위한 요건이 규정되어 있다. 제2편에서는 계약체결 전단계에서의 정보안내의무와 계약체결에 관한 규정을 두는 한편, 소비자계약에서 철회권과 의사의 하자에 관한 규정을 두어 사후적으로 계약의 효력을 소멸시키는 제도를 규정하고 있다. 제3편에서는 계약의 내용에 관하여 자세한 규정을 두고 있다. 여기서는 전통적인 문제인 계약의 해석 그리고 계약의 내용과 효력에 관한 규정이 담겨져 있고, 특히 약관의 내용통제에 관한 규정도 여기서 찾아볼 수 있다.

제4편은 보통유럽매매법의 핵심적인 부분으로서 매매계약에 기하여 발생하는 당사자의 권리와 의무에 관하여 규정하고 있다. 여기서도 보통유럽매매법의 체계의 특징적인 모습을 발견할 수 있다. 즉, 한 당사자의 의무에

관한 규정 뒤에는 해당 의무위반에 따른 다른 당사자의 권리가 규정되어 있다. 이러한 형식은 관련된 서비스에 관한 편에서도 동일하다. 제6편에서 제8편까지의 규정들은 손해배상, 취소권 행사와 계약해제시의 원상회복 및 소멸시효에 관한 내용을 담고 있다.

II. 보통유럽매매법의 규정내용 개요

제1편 총 칙

제1장 일반원칙과 적용

보통유럽매매법 총칙편(제1편)은 일반원칙과 적용에 관한 1개장, 2개 절, 12개 조문으로 구성되어 있다.

제1장(일반원칙과 적용) 제1절(일반원칙)에서는 계약자유의 원칙(제1조), 신의성실과 공정거래의 원칙(제2조) 그리고 계약당사자의 계약이행을 위한 협력의무(제3조)를 규정하고 있다. 계약자유와 관련하여서는 이 법에서 달리 정함이 없는 한 어떠한 규정도 그 적용과 효력을 제한할 수 있도록 함으로써 내용형성의 자유를 폭넓게 보장하고 있다. 방식의 자유는 다른 조항(제6조)에서 별도로 규정하고 있다. 당사자의 협력의무를 일반원칙규정으로 명시한 점은 계약이행이 될 수 있도록 당사자가 협력해야 한다는 점을 명확히 한 것으로 추단된다.

제2절(적용)에서는 먼저, 해석원칙으로서 명시적 규정이 없는 경우에는 이 법의 전체규정 그리고 이 법의 근간이 되는 원칙과 목적에 따라 해석하도록 규정하고 있다(제4조). 그리고 계약의 내용과 기대가능성은 합리성을 기준으로 객관적으로 확정되고 판단되어야 할 것을 규정하고 있다(제5조). 또한, 일방적 언명(statement)의 의미는 상대방의 합리적 이해관점에서 해

석되는 것이 원칙이나, 사용된 표시의 특정한 의미를 상대방이 인식할 수 있었던 경우에는 이에 따라 해석되어야 한다고 한다(제12조).

개별적으로 교섭된 계약조항에 관한 규정에서는 개별교섭조항 여부의 판단에 관한 규율과 함께 개별교섭사실의 증명책임 등과 관련하여 소비자 보호를 고려한 내용을 명확히 규정하고 있다(제7조).

계약해제에 관하여, 계약해제의 효과는 원칙적으로 계약상의 권리와 의무가 모두 종료되고, 당사자의 관계는 원상회복에 관한 규정(제17장)에 따라 규율된다는 점을 규정하였으며(제8조), 혼합계약에서는 이 계약에 적용되는 규정과 일부해제에 대하여 규율하고 있다(제9조).

또한 통지(제10조)와 기간의 계산(제11조)에 대한 규정을 두고 있는데, 특히 서로 다른 회원국의 당사자 간의 계약이라는 점을 고려하여 통지의 도달, 기간계산의 기산과 만료시점, 제외일에 대하여 비교적 명확히 규정하고 있는 것으로 생각된다.

제2편 구속력 있는 계약의 성립

제2장 계약 전 정보

보통유럽매매법의 계약 전 정보안내의무는 이전까지 전면적으로 통일된 소비자신용지침(Consumer Credit Directive)과 소비자권리지침(Consumer Rights Directive)의 소비자보호규정들의 집적체로 볼 수 있다. 제2장 계약 전의 정보안내의무는 제4장 소비자의 철회권과 함께 규범화한 소비자권리지침의 실질을 담아 최고수준의 소비자보호의 이념을 표상하는 대표적인 규정들이다.

보통유럽매매법 제2장은 제13조에서 제29조까지 17개의 조항에서 먼저 계약의 주체를 기준으로 기업인의 계약 전 정보안내의무 일반을 규정하면서 원격계약(제18조)과 영업소 밖에서 체결된 계약(제19조)에 부가적인 정보의무를 도입한다. 계약 전 정보안내의무는 소비자를 넘어 기업인에 대하여도 인정된다: 계약상대방이 소비자일 경우 기업인은 제13조에서 제20

조에 열거된 구체적인 설명의무를 부담하고, 그 상대방이 기업인일 경우에는 제23조의 물품과 관련용역에 대한 정보공개의무를 부담한다. 제23조는 일종의 일반조항의 성질을 가지는 규정으로 볼 수 있다. 다음으로 보통유럽매매법은 특별히 제24조와 제25조에서 전자적 수단을 사용하여 체결된 원격계약에 대하여 부가적인 정보안내의무와 함께 대금지급방법에 대한 안내의무를 규정한다. 마지막으로 보통유럽매매법은 제공한 정보의 정확성에 대한 담보책임(제28조)과 정보안내의무의 위반에 대한 구제방법(제29조)을 두고 있다.

그리고 보통유럽매매법에는 예를 들어 기업인이 제17조 제1항에 규정된 정보안내의무를 이행하지 않은 경우 소비자가 철회권을 행사할 수 있는 기간을 정하는 제42조 제2항과 함께 철회의 효과를 정하는 제45조와 같이 직접적이지는 않지만 기능적으로 정보안내의무와 관계있는 조항을 볼 수 있다.

나아가 그 넓은 적용범위와 정치하고 구체적인 규정양식에도 불구하고, 보통유럽매매법 제2장이 내용으로 하는 계약 전 정보안내의무는 그의 문언적 표현으로 제한되지 않는다고 하여야 한다. 왜냐하면 보통유럽매매법이 제2장에 수용되지 않은 특정 계약 전 정보안내의무도 당연히 신의성실과 공정거래를 표상한 제2조의 이념에 따라 기업인이 소비자에 대하여 부담하는 일반의무의 범위에 포섭된다고 새겨야 하기 때문이다. 이 밖에 건강과 안전의 보호 또는 환경을 이유로 하는 정보안내의무를 부과하는 유럽의회와 이사회의 보통유럽매매법에 관한 규칙을 위한 제안(PR CESL) 28과 용역제공에 관한 정보안내의무를 규정한 제12조를 보통유럽매매법이 적용범위에 해당하지 않는 정보안내의무에 관한 유효한 법적 근거로 들 수 있다.

마지막으로 모범정보안내서(Standard Information Notice)에 관한 제9조와 그 양식을 담은 부속서 II는 유럽 보통매매법의 적용 여부에 관한 정보를 안내하도록 규정하여 소비자의 선택권과 함께 소비자권을 보장한다. 다만 부속서 II가 제시하는 모범정보안내서의 내용이 지나치게 단순하고 압축적이어서 소비자권의 보호에 실질적으로 기여할 수 있을지 의문이다.

그러나 이용자친화성을 표상하는 계약 전 정보안내의무의 규정화를 별론으로 하더라도 소비자가 그러한 정보를 충분히 소화하여 합리적인 결정을 할 수 있는 지위에 있다고 보기 어렵다. 완전한 소비자보호의 목적은 개인의 차원에서 정보의 분석과 이해, 그리고 정보안내의무의 위반에 대한 제재(제29조)와 함께 투명한 시장과 공정거래의 토양이 마련된 때에만 실현될 수 있으나, 보통유럽매매법은 이를 '별도로' 배려하지 않는다. 그럼에도 불구하고 개인차원에서 소비자보호를 위한 노력은 퇴색하지 않을 것이다.

다음으로 보통유럽매매법은 제13조부터 제28조에서 계약주체와 계약유형 또는 계약체결수단을 기준으로 서로 다른 설명의무를 둔 다음 갑자기 제29조에서 그 위반에 관한 구제수단을 일괄하여 규정한다. 입법론적으로는 안내의무의 체계화가 바람직할 것이다. 또한 개별 정보안내의무와 연결함이 없이 정보안내의무를 이행하지 않은 당사자에게 이로 인한 손해배상의무를 부과하는 제29조 제1항은 사실상 일반조항과 다름이 없어, 보통유럽매매법의 적용자에게 이를 구체화하여야 하는 숙제와 함께 이로 인한 법적용의 혼란이 우려된다. 그리고 B2C거래에서 기업인은 언제나 급부되는 물건의 주된 성질에 대한 정보안내의무를 부담하는(제13조 제1항, 제20조 제1항) 반면, B2B거래의 기업인이 부담하는 정보안내의무는 그가 가졌거나 가질 수 있었던 주된 성질에 관한 정보로서, 그의 미공개가 신의성실과 공정거래에 위반하는 때로 제한되어(제23조 제1항) 양자가 서로 균형이 맞지 않는다. 나아가 제29조 제2항은 정보안내의무의 위반은 상대방의 철회권(제42조 제1항)과 취소권(제48조, 제49조)에 영향을 미치지 않는다고 규정한다. 그럼에도 정보를 안내하지 않거나 제공된 정보가 부정확함에도 매매계약이 체결된 경우 정보안내의무의 위반에 대한 책임과 계약책임(제106조)의 한계가 여전히 분명하지 않다. 그리고 정보안내의 위반을 이유로 하는 철회권의 행사기간(제42조)이 단기여서 그 실효성이 의문이다.

이러한 까닭으로 본래 의도한 소비자보호의 입법목적과 달리 불완전한 보통유럽매매법의 계약 전 정보안내의무체계는 시급하게 보완할 필요가 있다. 그럼에도 제2장은 전통적인 시민법전과 달리 소비자권리를 선택적인(opt in) 유럽매매법에 명문화하였다는 전환적인 의미를 가진다.

제3장 계약체결

보통유럽매매법은 제3장에서 계약의 성립에 관한 여러 총론적 규정들을 두고 있다(제30조~제39조). 먼저 보통유럽매매법 제30조 제1항은 계약체결을 위한 여러 요건들을 규정하고 있고, 제31조는 청약(offer)에 관해 규정하고 있으며, 제34조에서 승낙(acceptance)에 관해 규정하고 있다.

주목할 만한 것은 청약의 구속력에 관한 부분이다. 보통유럽매매법 제10조 제5항과 제32조 제1항에 따르면, 청약은 구속력이 없으며 청약상대방의 승낙이 발송되기 전까지 이를 언제든지 철회(revocation)할 수 있는 것으로 되어 있기 때문이다. 이는 독일민법 제145조와 우리 민법 제527조가 청약에 구속력 있음을 규정한 것과 반대되는 내용이다. 물론 보통유럽매매법은 제32조 제3항에서 청약의 철회가 유효하지 않은 예외사유를 규정하고 있긴 하지만, 원칙적으로 보통유럽매매법이 독일법이 아닌 영미법과 프랑스법의 입법태도를 따라 청약의 구속력을 부정하는 의미는 크다고 생각한다.

한편 보통유럽매매법 제38조 제1항은 일정한 청약에 대한 응답이 그 청약의 규정들을 실질적으로(materially) 변경하는 것일 경우, 이는 승낙의 거절 및 새로운 청약으로 본다고 규정하고 있다. 그리고 보통유럽매매법 제38조 제3항 제1문은 그 응답이 청약의 규정들을 실질적으로 변경하지 않는 것이라면, 그 응답은 승낙이 되어버린다고 규정하고 있다. 실질적 변경의 예로서는 보통유럽매매법 제38조 제2항이 가격, 대금지불, 물품의 수량과 품질, 이행의 장소와 시기, 일방당사자의 책임범위를 변경하는 것 또는 분쟁의 조정·중재에 관한 사항 등을 변경하는 것을 들고 있다. 그 변경이 '실질적 변경'인지의 여부를 중시한다는 점에서, 독일민법과 우리 민법이 그 변경의 실질성 여부와 상관없이 모든 변경을 가한 승낙을 원칙상 새로운 청약으로 간주하는 것과 규율내용이 상당히 다르다고 할 수 있겠다.

그리고 보통유럽매매법 제39조의 규율내용은 이른바 약관의 충돌문제에 관하여 그간의 지배적 견해인 'knock out rule'을 입법화한 것이라고 할 수 있다. 이는 기존의 CISG가 기본적으로 취하고 있던 'last shot rule'이 최후의 표의자에게 일방적으로 약관내용을 형성할 가능성을 부여함으로써 부당하게 유리한 결과를 가져다준다는 비판에 봉착하고 있었음을 고려해 볼 때, 타당한 입법을 한 것으로 생각된다.

제4장 사업자와 소비자 간의 원격판매계약과 방문판매계약에 있어서 철회권

보통유럽매매법은 제4장에서 이른바 소비자의 청약철회권에 관해 규정하고 있다. 소비자와 사업자(기업인) 간에 원격판매계약이나 방문판매계약이 이루어지는 경우, 소비자에게 일정 기준시점부터 14일 동안 철회권이 주어질 수 있음을 규정하고 있는 것이다.

철회권의 요건과 그 효과에 관해서는 기존의 소비자보호법 규정내용과 크게 다른 부분이 없다. 다만 주목할 만한 것은 제40조 제1항 (b)호에서 방문판매의 경우 매매대금 또는 대금총액이 50유로를 넘지 않는다면 철회권이 발생할 수 없음을 규정한 것이나, 제40조 제2항 (c)호와 (f)호에서 상품의 가치가 사후의 사정변경에 의하여 유동적일 수밖에 없는 거래의 경우 철회권이 악용될 수 있으므로 이를 배제한 것 등이라고 할 수 있다.

그리고 제40조 제3항 (d)호에서 디지털콘텐츠를 제공하는 거래 가운데 유체적 저장장치를 이용하지 않는 경우는 사업자(기업인)가 소비자로부터 사전에 철회권 없음에 관하여 동의를 얻고 철회권을 배제할 수 있도록 한 것도 눈에 띄고, 제41조 제3항에서 소비자가 철회권을 행사한 경우 사업자(기업인)는 그 철회의 통지가 도달하였음을 확인하는 회신을 해야 하고, 이러한 의무를 위반한 경우 사업자(기업인)에게는 손해배상의무가 발생함을 규정한 것도 눈에 띄고 있다. 철회 이후 원상회복의 비용 가운데 특히 상품반송의 비용에 관해서는 사업자(기업인)가 이를 소비자에게 사전 고지한 경우 소비자에게 그 비용을 부담시킬 수 있음을 제45조 제2항에서 규정한 것도 특기할 만하고, 상품의 가치감소에 관해서는 그 물품의 성질, 특징 그리고 기능에 필수적으로 요구되는 것과 다른 방식의 사용에 기인한 때에 한하여 소비자가 책임을 진다고 제45조 제3항에서 규정한 것도 특기할 만하다. 물론 철회기간의 사용료에 대해서는 소비자가 보상을 하지 않아도 되는 것으로 제45조 제4항에서 특별히 규정한 것도 빼놓을 수 없다.

제5장 하자 있는 합의

보통유럽매매법은 제5장에서 우리 민법상 '하자 있는 의사표시'에 해당하는 내용을 규정하고 있다. 착오, 사기, 강박 등을 모두 취소사유로 규정하고 있다는 점에서 독일법 및 우리법의 태도와 기본적으로 일치하며, 이를 모두 무효사유(cause de nullité)로 규정하고 있는 프랑스법의 태도와는 다르다. 특히 착오에 관해서는, 표의사의 착오를 상대방이 적극적으로 야기한 경우 상대방의 과실 여부와 상관없이 취소권을 부여하지만, 표의자의 착오를 상대방이 소극적으로 방치한 경우 상대방에게는 정보안내의무위반이나 신의칙상 설명의무위반 등의 요건이 추가적으로 갖춰져 있어야 한다고 보고 있다. 거기에 더해 표의자에게 중대한 과실이 있었던 경우뿐 아니라, 표의자가 착오위험을 인수하였거나, 표의자에게 착오위험이 이전된 경우에도 표의자에게 취소권은 부여되지 않는 것으로 규정하고 있다. 표의자의 자유로운 의사만을 중시하는 것만이 아니라, 상대방의 보호나 거래의 안전 등을 감안하여 착오의 경우 취소권의 발생요건을 대단히 엄격하게 규율하고 있는 셈이다.

취소사유에는 착오, 사기, 강박만이 아니라 제51조에서 '불공정한 행위(unfair exploitation)' 역시 포함시키고 있다. 그리고 제52조 제2항에서 취소권의 제척기간에 관해 독일법의 경우 10년, 프랑스법의 경우 5년으로 길게 규정하고 있는 데 반해, 착오는 6개월, 사기와 강박은 1년으로 매우 짧게 규정하고 있는 것이 특기할 만하다. 현대민법의 추세가 권리의 행사기간을 가급적 단축하려 하고 있는 것에 상응하여 입법한 것이라고 생각한다.

제3편 계약내용의 확정

해석(제6장), 내용과 효과(제7장) 및 불공정한 계약내용(제8장)을 취급하는 3개 장, 29개 조문으로 구성된 보통유럽매매법 제3편은 그 표제어가 계약내용의 확정(Assessing what is in the contract)이다. 제3편이 제2편(구속력 있는 계약의 성립)과 제4편(계약당사자의 의무와 구제수단)의 중간에 위치하고 있는 체계적 맥락에서 보더라도 제3편은 일단 성립한 계약과 그 내용의 유효성을 검토함과 동시에 유효한 계약의 내용을 확정하는 규범적 기능을 수행하는 영역이라고 할 수 있다

제6장 해 석

제6장은 보통유럽매매법의 해석(제4조 참조)이 아닌, 구체적인 매매계약(또는 디지털콘텐츠 제공계약)의 해석을 다룬다. 계약은 사용된 표현에 상관없이 당사자들 사이의 공통된 의사에 따라 해석되는 것을 원칙으로 하며, 같은 맥락에서 당사자 일방의 의도에 대한 상대방이 예견가능성이 있을 때에만 그 의도대로 해석된다(이른바 '자연적 해석', 제58조 제1항, 제2항). 이런 경우가 아니면 계약은 합리적인 제3자가 계약에 부여할 의미에 따라 해석된다(이른바 '규범적 해석', 제58조 제3항). 이와 같이 제58조는 계약해석의 일반규칙을 수립하고, 제59조에서 계약해석에 고려될 수 있는 관련사항들(relevant matters)을 8개호로 나누어 열거하고 있다.

계약에서 사용된 표현들은 계약의 전 취지를 고려하여 해석되어야 하며(제60조), 그 표현이 2개 이상의 언어로 되어 있으면서 어떤 언어를 기준으로 한다는 합의가 없으면 최초로 작성된 언어를 기준으로 간주한다(제61조).

법은 계약내용 상호간에 또는 계약내용의 해석들 사이에 모순이나 충돌이 있을 경우 그 우선순위를 정하고 있는바, 개별적으로 교섭된 내용이 그렇지 않은 내용에 우선하며(제62조), 계약내용이 유효하다는 해석이 그렇지 않다는 해석에 우선한다(제63조). 또한 사업자(기업인)와 소비자 사이의

계약에서 계약내용에 관해 의심이 있으면, 소비자가 그 내용을 작성한 것이 아닌 한 소비자에게 가장 유리한 해석이 우선하며, 이는 소비자를 위한 편면적 강행규정이다(제64조). 반면 사업자(기업인)와 소비자 사이의 계약이 아니면서 개별적으로 교섭되지 않은 계약내용에 관하여 의심이 있으면 그 내용을 작성한 당사자에게 불리한 해석이 우선한다(제65조).

제7장 내용과 효과

제7장은 계약의 내용과 효과에 관하여 규율한다. 우선 계약내용은 사적자치에 대한 강행법규의 통제 아래 당사자 사이의 합의로 정해지는 것이 원칙이며, 합의가 없으면 보통유럽매매법이 임의법규로 계약내용을 보충한다(제66조 (a)호, (c)호). 다만, 사업자(기업인)들 사이의 계약인 경우 임의법규에 앞서 제67조에 따라 당사자들이 구속되는 관습과 관행이 계약내용을 보충한다(제66조 (b)호). 당사자의 합의, 관습과 관행 또는 보통유럽매매법이 명시적으로 정하지 않은 사항을 규율할 필요가 있는 경우에, 특히 계약의 성질과 목적, 계약이 체결된 사정 및 신의성실과 공정거래의 원칙을 고려하여 부가적 계약내용이 추단될 수 있다(제66조 (d)호 및 제68조).

사업자(기업인)가 계약체결 전의 시점에 특정 상대방에게 또는 불특정 다수를 상대로 계약에 따라 제공할 것의 성상에 관하여 공개적으로 한 언명도 원칙적으로 계약내용이 되며(제69조 제1항), 이때 사업자(기업인) 아닌 다른 사람의 언명도 사업자(기업인)의 그것으로 간주되기도 한다(제69조 제2항, 제3항). 이러한 제69조도 소비자를 위한 편면적 강행규정이다(동조 제4항).

당사자 일방이 작성하고, 개별적으로 교섭되지 않은 계약내용은 제한적으로만 — 특히 소비자에 대한 관계에서 사업자(기업인)의 경고조치는 보다 강화되어 있으며 상대방에게 불리하게 원용될 수 있다(제70조).

서면계약서에 모든 계약내용이 들어 있다고 언명하는 조항(완결조항, a merger clause)이 있으면 그 문서에 포함되지 않은 이전의 언명, 약속 또는 합의는 계약내용으로 되지 않지만(제72조 제1항), 그렇다고 당사자들이 이전의 언명 등을 계약의 해석에 활용하는 것을 막지는 않는다(동조 제2항). 사업자(기업인)와 소비자 사이의 계약에서 소비자는 완결조항에 구속되지 않으며(제72조 제3항), 완결조항에 관한 제72조는 소비자를 위한 편면적 강행규정이다.

매수인이 지급할 대금총액을 당사자들이 합의하여 정하지 않은 경우를 예비하여 제73조는 그 결정기준을 제시하는 한편, 제71조는 사업자(기업인)와 소비자 사이의 계약에서 소비자가 약정한 보수 이외의 추가지급채무를 부담하는 것을 제한하고 있다.

당사자 일방이 결정한 대금(보수)을 비롯한 계약내용이 현저히 불합리한 경우 그 효력에 관하여는 강행규정으로서 제74조가 규율하며, 이를 제3자가 정하기로 한 경우 그 절차와 효과에 관하여는 소비자를 위한 편면적 강행규정으로서 제75조가 규정한다.

계속적 또는 회귀적인 급부가 포함된 계약관계의 종기에 정함이 없거나 해지통고로 종료된다고 정한 경우에 계약관계를 종료하는 절차를 소비자를 위한 편면적 강행규정으로서 제77조가 규율한다.

제78조는 제3자를 위한 계약에서 제3자의 권리 또는 책임의 배제나 제한 및 이를 거절할 권리를 규정하는 한편, 계약당사자로서 특히 낙약자의 권리와 의무를 규정하고 있다.

계약 또는 그로부터 발생한 권리나 의무에 관한 의사소통을 위하여 사용될 언어가 달리 정해질 수 없는 경우에 사용될 언어는 계약의 체결에 사용된 언어이다(제76조).

제8장 불공정한 계약내용

제8장은 당사자 일방이 작성한 불공정 계약내용과 그 효과를 다룬다. 먼저 제1절 일반규정에서는 제2절 및 제3절에 따라 불공정하다고 판단되는 계약내용에 상대방이 구속되지 않음을 규정하고, 그 조건 없이도 계약이 유지될 수 있으면 다른 계약내용에 여전히 구속됨을 천명한다(제79조). 제80조는 제2절 내지 제3절에 따른 불공정성 평가가 — 특정 계약내용에

한정되는 경우를 포함하여 — 제외되는 경우를 규율하는 한편, 제81조는 제8장 전체가 강행규정임을 선언하고 있다.

제8장 제2절은 우선 사업자(기업인)와 소비자 사이의 계약을 규율대상으로 한다. 우선 사업자(기업인)는 계약내용을 투명하게 할 의무를 진다(제82조). 제83조는 어떤 계약내용을 불공정하다고 말할 수 있는지를 정의하고(제1항), 이를 심사하는 기준항목을 열거하고 있다(제2항). 제84조는 11개 사안을 열거하고, 계약내용의 목적이 이에 해당하는 경우 그 계약내용은 언제나 내지 당연히 불공정하다(per se unfair)고 간주된다. 이에 대해 제85조는 23개 사안을 열거하고, 계약내용의 목적 또는 효과가 이에 해당하는 경우 그 계약내용은 불공정한 것으로 추정하고 있다.

제8장 제3절은 사업자(기업인)들 사이의 계약을 규율대상으로 하며, 제86조에서 이때는 어떤 계약내용을 불공정하다고 말할 수 있는지를 정의하고(제1항), 이를 심사하는 기준항목을 열거하고 있다(제2항). 제3절은 계약의 주된 목적에 관한 정의(定義) 또는 대금의 적정성에는 적용되지 않는다(제80조 제3항).

제4편 매매 또는 디지털콘텐츠 제공계약의 당사자의 의무와 구제수단

제9장 일반규정

보통유럽매매법 제9장은 불이행에 관한 일반규정을 마련하고 있다. 제87조 제1항에서는 "채무불이행은 의무이행하지 않은 것으로, 불이행이 면책되는지를 묻지 않고, (a)~(f)의 각 호를 채무불이행의 모습으로 판단한다. 따라서 물품의 불인도나 지체, 디지털콘텐츠의 부제공이나 지체나 계약에 적합하지 않은 경우를 '불이행'으로 포함한다"고 규정하고 있다. 그리고 제87조 제2항에서 채무불이행에서 상대방이 계약에서 기대할 수 있는 것을 실질적으로 취득할 수 없거나, 불이행하는 당사자가 장래이행을 기대할 수 없는 명백한 경우를 '본질적인 채무불이행'으로 규정한다.

제88조는 당사자의 통제를 넘어선 장애로 채무불이행이 되는 경우를 면책되는 불이행으로 규정한다. 그런데 당해 장애가 일시적인 경우에는 그 일시적인 장애기간에 대해서만 면책되는 것으로 한다.

제89조는 사정변경을 정하고 있는데, 먼저 제1항은 이행비용이 증가하거나, 대가로 수령한 가치가 감소하여 이행이 부담되어도, 계약 당사자의 채무가 이행되어야 함을 원칙으로 한다. 그러나 예외적인 사정변경으로 인하여 그 이행이 과도하게 부담된다면, 당사자는 계약을 수정하거나 해제할 목적으로 교섭할 의무가 있음을 규정한다. 제2항은 당사자가 그런 교섭으로 합의에 이르지 못하면, 당사자의 청구로 법원이 계약을 수정하거나 해제할 수 있음을 규정한다. 이때 제3항 (a)~(c)를 사정변경의 요건으로 삼는다.

보통유럽매매법 제9장은 기존의 여러 국제거래 규범의 내용을 받아들였다. 앞으로 국제거래 규범과 조화로운 모습의 고려가 필요한데, 현행 한국 민법은 채무불이행의 일원적 체계, 면책 여부를 묻지 않고 채무불이행으로 판단하고, 그 뒤 당사자의 통제를 넘어선 장애 사유가 있는 경우 채무불이행의 면책되는 내용과 구조도 참조할 필요가 있다. 그리고 사정의 변경이 있어도 계약 당사자는 계약의무의 이행을 원칙으로 하고, 사정변경으로 당사자의 이행이 과중한 경우, 당사자가 계약 내용의 수정합의를 시도하고, 결렬된 경우 법원에 계약해제를 청구하는 사정변경의 단계 내용도 참조할 입법 내용으로 판단한다.

제10장 매도인의 의무

보통유럽매매법 제10장은 매도인의 의무에 관하여 정하고 있다. 제91조는 매도인의 의무로 물품이나 디지털콘텐츠의 인도(디지털콘텐츠가 제공되는 유체적 저장장치를 포함한 물품의 소유권 이전), 물품이나 디지털콘텐츠가 계약에 합치됨과 디지털콘텐츠의 이용권에 대한 보장, 마지막으로 물품을 표상하거나 디지털콘텐츠와 관련된 문서를 교부해야 함을 규정한다.

보통유럽매매법 제92조는 '제3자에 의한 이행'을 규정하는데, 이는 유럽계약법원칙 제7;106조, Unidroit 원칙 제9.2.6조와 비슷하고, 특히 DCFR Ⅲ.-제2:107조와 매우 비슷하다. 제93조는 당사자가 인도장소를 달리 정하지 않는 경우, 계약체결 시의 소비자의 주소를 원칙으로 한다. 제94조는 물품이나 디지털콘텐츠의 물리적 점유·관리를 소비자에게 이전하는 인도방법을 규정한다. 제95조는 당사자가 다르게 인도시기를 정하지 않은 경우에는 물품이나 디지털콘텐츠는 계약체결 후 지체 없이 인도해야 함을 규정한다(수정제안은 제95조의 '부당한 지체 없이'를 CISG 제33조 제(c)항과 같이, '상당한 기한 내'로 고칠 것을 제안한다). 또한 사업자(기업인)와 소비자 간의 계약에서는 다른 정함이 없으면 계약체결로부터 30일 내에 물품·디지털콘텐츠를 인도하도록 한다(이는 DCFR Ⅳ.A.-제2:202조와 비슷한데, CISG 제33조와 유럽계약법원칙 제7:102조와는 다르게 30일 내의 인도의무를 규정하고 있다). '물품의 운송에 관한 매도인의 의무'에 대한 제96조는 CISG 제32조와 비슷하다. 제97조 제1항은 매수인의 수령의무가 있음에도 수령하지 않을 때, 매도인의 물품·디지털콘텐츠의 보호·보전의무를 규정한다. 그리고 제2항의 요건을 충족하면 매도인은 인도의무를 면하는 것으로 판단한다.

'계약적합성'에 대한 보통유럽매매법 제99조 이하의 규정은 CISG 제35조 이하와 DCFR Ⅳ.A-제2:301조 이하의 내용과 비슷하다. 제99조 제1항은 계약 적합성의 내용으로 계약에 따른 수량, 품질, 표시, 포장과 부속물, 설치 설명서의 제공을 규정한다. 제100조는 물품과 디지털콘텐츠의 적합성 기준으로 계약체결시에 매도인이 안 계약목적, 통상적인 이용목적, 표본이나 모델로 제시한 물품이나 디지털콘텐츠의 품질과 포장방법, 부속물과 그 밖의 설치 설명서의 제공, 계약조건이거나 매수인이 기대하는 품질과 이행성능을 든다. 제101조는 제100조와는 반대로 소비자계약에서 부정확한 설치에 따른 물품이나 디지털콘텐츠의 부적합성에 대해서 규정한다. 제102조는 물품과 디지털콘텐츠에 대한 권리는 제3자의 이의 주장으로부터 자유로워야 함을 규정한다. 제104조는 사업자(기업인) 사이에 계약을 체결할 때, 매수인이 부적함을 알았거나 모를 수 없었다면 매도인이 물품 부적합에 대한 책임을 지지 않음을 규정한다. 제105조는 적합성 판단에 대한 상당기간을 규정한다.

보통유럽매매법 제10장의 내용도 기존 국제거래 규범 내용과 많이 비슷하다. 다만 소비자에 대한 규정은 보통유럽매매법 제10장의 내용도 기존 국제거래 규범의 많은 내용을 받아들인 것으로 생각한다. 제10장 매도인의 의무에 대한 규정은 현행 한국 민법의 규정 내용과 견주어 큰 틀에 있어서는 차이가 없다. 다만 현실적인 인도방법의 제시나 계약체결로부터 30일 내에 인도해야 하는 것과 같은 구체적인 기준을 제시하는 점도 고려할 여지가 있다. 그리고 현행 한국 민법에 시사점을 주는 부분은 물품과 디지털 콘텐츠에 대한 '계약적합성 기준'과 '적합성 판단에 대한 상당기간'도 참조할 필요가 있다.

제11장 매수인의 구제수단

보통유럽매매법은 제10장 '매도인의 의무' 다음인 제11장에서 그 의무위반에 따른 매수인의 구제수단을 정하고 있다. 그 규정방식과 내용은 유럽계약법원칙(PECL)이나 유럽사법 공통참조기준 초안(DCFR)의 해당 규정과 대체로 동일하다고 여겨진다.

먼저, 보통유럽매매법 제11장 '매수인의 구제수단'규정은 그 구성의 측면에서 구제수단 중심으로 이루어져 있다. 즉, 보통유럽매매법은 일단 제87조에서 제반 불이행 형태를 망라하는 포괄적·일반적 의미의 채무불이행을 정의하고 그 단일요건에 따라 모든 구제수단을 열거한 후, 개별 구제수단의 내용 형성에서 세부 요건을 정하는 방식을 택하고 있다. 둘째, 보통유럽매매법은 계약에서 정한 본래의 의무이행을 우선하려는 태도를 분명히 하고 있다. 이는 본래적 이행청구의 보장(제110조), 보수와 대체물 사이의 소비자 선택(제111조), 그리고 불이행 당사자인 매도인의 추완이행 권한 인정(제112조)에서 표현되고 있다. 셋째, 보통유럽매매법은 사업자(기업인) 간의 거래(B2B거래) 및 사업자(기업인)와 소비자 사이의 거래(B2C거래)에 대해서도 적용되는 관계로 매수인의 구제수단 형성에 있어서 매수인이 소비자인지의 여부에 따라 달리 규율하고 있다. 가령, 매도인의 추완이행과 매수인의 구제수단 행사의 관계에 있어서 매수인의 지위가 사업자(기업인)인 경우에는 매수인의 권리가 매도인의 추완이행에 의하여 제한되는 반면, 소비자인 경우에는 그런 제한을 받지 않도록 하고 있다. 또한 매수인이 사업자(기업인)인 경우에는 매도인이 제공한 물품의 계약적합성에 관하여 검사·고지의무를 부과하고 있으나 소비자인 경우에는 그러하지 않는다(이상 제106조 2항, 3항).

좀 더 구체적으로 소개하면, 보통유럽매매법 제106조는 매도인의 채무불이행에 따른 매수인의 구제수단으로서 ① 하자보수와 교환을 포함한 본래적 의무이행 청구, ② 매수인 자신의 채무이행 거절, ③ 계약해제와 원상회복, ④ 대금감액, 그리고 ⑤ 손해배상청구를 정하고 있다(제1항). 이들 구제수단은 서로 성질상 병립할 수 있는 한 경합하여 주장될 수 있다(제6항). 다만 매수인의 '사업자(기업인)'성 여부에 따라 매수인의 구제수단 행사는 매도인의 추완이행 제공, 매수인의 물품적합성 검사·고지의무 이행 등에 의하여 제한될 수 있다(제2항). 그리고 매도인의 채무불이행이 면책되는 경우(제88조) 매수인은 매도인에게 이행청구와 손해배상의 구제수단을 행사할 수 없다.

보통유럽매매법 제109조는 매수인의 구제수단 행사에 앞서서 불이행 당사자인 매도인 스스로의 치유가능성, 즉 추완이행 가능성을 부여하고 있다. 매도인의 추완 권한은 최근 국제적·비교법적 경험과 일치하는 태도로서 매수인의 이해관계, 양 당사자의 신뢰관계 훼손 정도 등에 따라 매수인이 매도인의 추완 제공을 거절할 수 있는 경우가 아닌 한(제4항) 원칙적으로 인정된다. 매도인은 추완이행에 필요한 상당한 기간을 가질 수 있으며, 매수인은 그 기간 동안 계약해제와 같이 추완이행과 양립할 수 없는 구제수단을 행사할 수는 없으나 지연손해와 같이 추완이행에도 불구하고 남겨진 불이익을 구제받을 수 있다(동조 제5항 이하). 매수인이 소비자인 경우 매수인의 권리는 매도인의 추완이행에 의해 제한받지 않는다(제3항 (a)호).

보통유럽매매법 제110조는 채무이행이 불능 또는 경제적 비합리성의 경우가 아닌 한(제3항) 본래적 이행청구를 채무불이행에 따른 매수인의 구제수단으로서 인정하고 있다. 특히 소비자매매계약에서 매도인에 의해 제공된 물품이 계약에 적합하지 않은 경우 매수인은 제111조에 따라 보수(補修) 또는 대체물의 제공을 청구할 수 있다. 양 구제수단의 선택은 매수인에게 맡겨져 있으며, 매도인에 대한 과도한 비용 초래 등에 의하여 제한된다(제1항). 매수인이 보수 또는 대체물 제공 중 어느 하나를 선택하여 행사하는 경우 다른 구제수단은 일정 기간 동안에는 행사할 수 없다(제2항). 대체물의 제공 이전까지 매수인이 원래 제공된 목적물로부터 얻은 사용이익은 반환하지 않아도 된다(제112조 제2항).

보통유럽매매법 제114조는 매도인의 채무불이행에 따른 매수인의 계약해제권을 정하고 있다. 해제권의 발생은 매도인의 본질적 채무불이행(제87조 제2항)을 요건으로 하며 귀책사유 여부를 묻지 않는다. 보통유럽매매법은 제114조의 본질적 불이행이라는 해제권발생의 기본요건 이외에 제115조, 제116조에서 이행지체 후 추가기간의 경과를 이유로 한 해제권, 이행기 이전에 이미 분명히 예상된 불이행을 이유로 한 해제권을 별도로 규정하고 있다. 해제권은 계약존속의 원칙("제안" [32], [33])에 따라 해제사유가 발생한 부분에 한하여 인정되지만(제117조 제1항) 일부의 불이행이더라도 계약전부의 해제를 정당화할 수 있는 한 계약전부에 미친다(같은 조 제2항, 제3항). 해제에 따른 반환관계는 제17장에서 정하고 있다.

그 밖에도 보통유럽매매법은 매수인의 이행거절권(제113조), 대금감액권(제120조)을 규정하고 있으며, 손해배상에 관하여는 매수인의 구제수단 이외에 매도인, 관련 서비스계약에 따른 서비스 제공자와 고객 사이에서도 인정되는 관계로 제16장에서 보다 일반적으로 정하고 있다.

매수인의 구제수단에 관한 보통유럽매매법 제11장의 내용은 구제수단 중심의 규정방식, 불이행의 단일 구성요건에 따른 일반 채무불이행책임과 하자담보책임의 통일된 규율체계 등의 측면에서 종래 유럽계약법 통일모델법안들과 마찬가지로 현행 채무불이행의 체계적 이해와 혁신에서 시사점을 제공해 준다. 또한 매도인의 추완이행에 관한 상세한 규율내용 및 매수인의 하자보수와 대금감액권한은 현재 진행되는 우리나라 민법개정 논의에서 반드시 참고하여야 할 것으로 여겨진다.

제12장 매수인의 의무

보통유럽매매법 제12장은 물품계약 또는 디지털콘텐츠 공급계약에 있어서 매수인의 의무를 규정하고 있다. 동법에 따르면, 매수인은 주된 의무로서 매매대금을 지급하고 물품 또는 디지털콘텐츠를 수령하거나 그에 관한 문서를 수령하여야 한다(제123조 제1항). 매매계약상 매수인이 주된 급부의 수령의무를 부담하는가에 대해서는 논란이 있을 수 있으나, 보통유럽매매법은 이것을 매수인의 의무의 하나로서 규정한다. 제123조의 규정내용은 DCFR IV.A.-3:101.과 같다.

매매대금의 지급은 계약에 규정한 방식으로 또는 그 거래의 성질을 고려하여 지급지의 통상적인 거래에 있어서 사용되는 방식으로 지급된다(제124조 제1항). 대금의 지급은 매도인이 이를 받아들이면 수표나 다른 지급지시 또는 지급의 약속으로 이루어질 수 있으며, 이 경우 상환을 조건으로 한 것으로 추정된다(제2항).

보통유럽매매법은 매도인이 사업자(기업인)임을 고려하여 매수인이 계약체결시점의 매도인의 영업지에서 매매대금을 지급하도록 하고 있다(제125조 제1항). 매매대금은 물품의 인도시에 변제기가 도래하며, 변제기가 도래하기 전이라도 매수인은 매매대금을 지급할 수 있지만 매도인은 그 정당한 이익이 있는 때에는 이를 거절할 수 있다(제126조 제2항). 제3자에 의한 지급도 당연히 허용된다(제127조). 매수인이 매도인에 대해서 수 개의 채무를 지급하여야만 하고 지급된 것이 모든 채무를 변제하기에 충분하지 않은 경우에, 매수인은 지급시점에 매도인에게 어느 채무를 지정하여 그 지급에 충당할 것인지를 통지할 수 있다(제128조 제1항). 매수인이 이러한 통지를 하지 않는 경우, 매도인이 이를 정하여 매수인에게 통지할 수 있다(제2항). 당사자 중 어느 누구도 유효한 충당을 하지 않은 경우에, 지급충당은 ① 변제기가 도래하였거나 변제기가 가장 먼저 도래하는 채무 → ② 매도인이 그에 대해서 아무런 담보도 가지고 있지 않거나 담보가 가장 적은 채무 → ③ 매수인에게 가장 부담이 큰 채무 → ④ 가장 먼저 성립한 채무의 순으로 이루어진다(제4항). 이러한 기준 중 어느 하나도 충족하는 것이 없는 경우에는, 지급은 각 채무액의 비율로 모든 채무의 지급에 충당된다. 채무가 무엇이든 간에, 매수인에 의한 지급은 비용, 이자 그리고 원본의 순서로 충당되지만, 매도인은 다른 충당 순서를 정할 수 있다(제6항).

보통유럽매매법에 따르면, 물품 또는 디지털콘텐츠를 수령하거나 그에 관한 문서를 수령하는 것은 매수인의 주된 의무이다(제129조). 매도인이 정해진 공급기간 전에 물품을 인도하거나 디지털콘텐츠를 제공하는 경우 또는 매도인이 계약에서 합의한 양에 미달하여 물품이나 디지털콘텐츠를 인도하는 경우에도 매수인은 그 인도를 수령하여야 한다(제130조 제1항, 제2항). 반면에 매도인이 계약에서 합의한 양을 초과하여 물품이나 디지털콘텐츠를 인도하는 경우에는 매수인은 초과하여 인도된 양을 그대로 보유하거나 거절할 수 있다(제3항). 매도인이 계약에서 합의한 양을 초과하여 인도된 양을 그대로 보유하기로 한 때에는 계약에 따른 인도로 간주되며 계약상의 비율에 따른 대금이 지급되어야 한다(제4항). 다만 소비자매매계약에 있어서 양을 초과하여 주문한 바가 없다는 사실을 매도인이 잘 알면서도 일부러 그리고 착오 없이 양을 초과하여 인도하였다고 매수인이 믿을 만한 합리적인 이유가 있으면, 제4항은 적용되지 않는다(제5항). 제129조 및 제130조 규정은 DCFR IV.A.-3:104 및 DCFR IV.A.-3:105와 그 내용이 동일하다.

제13장 매도인의 구제

보통유럽매매법 제13장은 매수인이 채무를 이행하지 않는 경우에 매도인을 위한 구제수단을 규정하고 있다. 매도인은 매수인을 상대로 이행을 청구하거나 매도인 자신의 급부이행을 거절하거나 매매계약을 해제할 수 있다. 매매대금에 대한 이자 또는 손해배상을 함께 청구할 수 있음은 물론이다(제131조 제1항). 다만, 매수인에게 채무불이행에 대한 책임이 없는 경우에는, 매도인은 자신의 급부이행을 거절하거나 매매계약을 해제할 수는 있지만, 계약의 이행을 청구하거나 손해배상을 청구할 수는 없다(제2항). 반면에, 매도인이 매수인의 채무불이행을 야기한 한에서는, 매도인은 위 구제수단들을 사용할 수 없다(제3항). DCFR Ⅲ.-3:101과 유사한 규정이다.

이행의 청구와 관련해서 특기할 점은, 매수인이 아직 물품 또는 디지털 콘텐츠를 수령하지 않았고 또 수령할 의사가 없음이 명백한 경우에도, 매도인은 매수인에 대하여 목적물을 수령할 것과 대금을 지급할 것을 청구할 수 있다는 점이다(제132조 제2항 본문). 그러나 매도인이 중대한 노력이나 비용의 지출을 하지 않고도 상당한 정도의 대체거래를 할 수 있었다면 그러하지 아니하다(제2항 단서).

매수인이 이행함과 동시에 또는 그 후에 이행하여야 하는 매도인은, 매수인이 이행의 제공을 하거나 이행할 때까지 자신의 채무의 이행을 거절할 수 있다(제133조 제1항). 매도인이 선이행의무를 부담하더라도, 매수인이 변제기의 도래 후에도 자신의 급부를 이행하지 않을 것이라고 합리적으로 믿을 만한 근거가 있다면 마찬가지이다(제2항). 매수인의 채무가 가분급부인 경우 매도인은 이행되지 않은 부분과 관련해서만 자신의 이행을 거절할 수 있음이 원칙이다(제133조 제3항).

매수인의 계약불이행이 본질적인 경우에, 매도인은 매수인에게 계약해제를 통지함으로써 그 계약을 해제할 수 있다(제134조, 제138조). 매수인의 이행지체로 매도인이 계약을 해제하는 경우, 우리 민법과 마찬가지로, 매도인이 매수인에게 이행을 위한 합리적인 추완기간을 통지하고 매수인이 이 기간 내에 이행하지 않으면 매도인은 비로소 계약을 해제할 수 있다(제135조 제1항). 사업자(기업인)와 소비자 사이의 관계에 있어서 추완기간은 30일의 기간 이상이어야 한다(제2항). 다만, 통지한 기간 내에 이행하지 않으면 자동적으로 계약이 해제된다는 통지가 있은 경우에, 그 기간이 도과하면 계약은 별도의 통지 없이 해제된다(제3항). 매수인이 이행하지 않을 것을 선언하였거나 그것이 다른 방법으로 명백하고 또 그 불이행이 본질적인 경우에, 매도인은 이행기가 도래하기 전에 계약을 해제할 수 있다(제136조). 매수인의 계약상의 채무가 분할급부인 경우, 해제의 근거가 매도인의 채무 중 분할가능한 부분에 상응하는 부분에 존재한다면, 매도인은 그 부분에 관해서만 계약을 해제할 수 있다(제137조 제1항). 이에 반하여, 그 계약에 관하여 총체적으로 본질적인 불이행이 존재하는 경우에는 계약 전체를 해제하여야 한다(제2항). 매도인이 급부를 늦게 제공하였거나 제공한 급부가 계약과 합치하지 않는 경우 또는 해제권이 발생한 때로부터 상당한 기간 내에 매도인이 계약의 해제를 통지하지 않은 경우 매도인은 그 계약해제권을 상실한다(제139조 제1항 및 제2항). 그러나 매수인이 매매대금을 지급하지 않았거나 그 밖의 본질적인 불이행을 한 경우에는 매도인은 계약해제권을 상실하지 않는다(제3항).

제14장 위험이전

보통유럽매매법 제14장은 위험이전에 대하여 규정하고 있다. 위험이전에 관한 보통유럽매매법 일반규정에 따르면, 매수인에게 위험이 이전한 후에는 물품 또는 디지털콘텐츠가 멸실 내지 훼손되더라도 매수인은 대금을 지급할 의무를 면하지 못한다(제140조). 이는 DCFR IV.A.-5:101과 같다. 그러나 물품 또는 디지털콘텐츠가 계약에 따른 내용과 명백히 합치할 때까지는 위험은 매수인에게 이전하지 않는다(제141조).

보통유럽매매법은 위험의 이전을 다시 소비자매매계약의 경우와 사업자(기업인) 간의 계약의 경우로 구별하여 상세히 규정하고 있다.

소비자매매계약에 있어서는, 소비자나 소비자에 의해 지정된 제3자(운송인 제외)가 물품 또는 디지털콘텐츠가 저장된 유체적 저장장치를 점유하는 시점에(제142조 제1호), 유체적 저장장치 방식으로 제공되지 않은 디지털콘텐츠 공급계약에 있어서는 소비자나 소비자에 의해 지정된 제3자가 디지털콘텐츠에 대한 통제를 획득한 시점에 위험이 이전한다(제2호). 소비자가 물품 또는 유체적 저장장치에 저장된 디지털콘텐츠의 운송을 스스로 조달하는 경우에는 물품 또는 유체적 저장장치에 저장된 디지털콘텐츠가 운송인에게 인도되는 시점에 위험이 이전한다(제4호). 위 규정 내용은 편면적 강행규정이기 때문에 소비자에게 불리하게 그 적용을 배제 또는 제한하거나 그 효력을 변경할 수 없다(第5호).

한편, 사업자(기업인) 간의 계약에 있어서는, 매수인이 물품 또는 디지털콘텐츠 또는 물품을 표상하는 문서를 수령하는 때에 위험이 이전하는 것이 원칙이다(제143조). 다만, 물품이 매수인의 처분에 맡겨진 경우, 물품의 운송의 경우, 물품이 운송 중에 매도되는 예외적인 경우에는 그러하지 아니하다. 이러한 예외적인 경우에 대한 구체적인 규정내용은 DCFR IV.A.-5:201~5:203과 거의 동일하다. 즉, 물품 또는 디지털콘텐츠가 매수인의 처분에 맡겨져 있고 매수인이 이를 알고 있는 경우에, 매수인에게 물품 또는 디지털콘텐츠가 인도되었어야 했을 그 시점에 매수인에게 위험이 이전한다(제144조). 물품의 운송의 경우에, 매도인이 물품을 특정한 장소에서 운송인에게 인도하여야 하는 때에는 물품이 그 장소에서 운송인에게 인도된 때에, 매도인이 그러한 의무를 부담하지 않는 때에는 물품이 최초 운송인에게 인도된 때에 위험이 매수인에게 이전한다(제145조). 물품이 운송 중에 매도된 경우에는 물품이 최초 운송인에게 인도되는 즉시, 위험은 매수인에게 이전한다(제146조).

제5편 관련 서비스 계약에서 당사자의 의무와 구제수단

제15장 당사자의 의무와 구제수단

보통유럽매매법의 큰 특징은 물품 또는 디지털콘텐츠에 대한 계약 외에 그와 결합된 서비스에 관한 계약을 규율대상으로 삼고 있다는 점이다. 본장에서는 제1절에서 이 서비스계약에 기본적으로 매매계약에 관한 규정이 준용되고 결합계약성을 인정하여 매매계약과 디지털콘텐츠 공급계약이 해제된 경우 관련 서비스 계약도 해제된 것으로 보고 있다(제147조). 이러한 기본적인 조문 후에는 제2절과 제3절에서 당사자의 의무를 규정하는 한편, 제4절에서 구제수단에 관하여 규정하고 있다.

서비스 제공자의 의무와 관련하여 프랑스법의 결과채무와 수단채무에 관한 내용을 받아들여서 기본적으로 의무의 종류를 일의 완성의무 및 주의와 기술에 따른 주의의무로 나누어 규정하고 있다(제148조). 일의 완성의무에서는 계약에 의해 요구되는 특정한 결과를 달성해야 함에 반하여 이러한 정함이 없는 경우 합리적인 서비스 제공자라면 기울였을 주의와 기술에 따른 주의로 해당 서비스를 제공하면 된다. 그 밖에 부수적 의무로서 손해방지의무(제149조), 대금명세서 제공의무(제151조) 및 기대불가능하거나 비경제적으로 높은 비용에 대한 고지의무(제152조)를 규정하고 있다. 그리고 본인의 직접적인 이행이 요구되지 않은 한 타인에 의한 이행(대체이행)이 가능하도록 규정하고 있다(제150조 제1항).

한편, 고객의 주된 의무는 대금지급의무이다(제153조). 그리고 서비스를 이행하기 위하여 건물에 접근하는 것이 필요한 경우에는 고객은 합리적인 시간에 이러한 접근가능성을 제공해야 할 의무를 부담한다(제154조).

보통유럽매매법의 큰 특징은 고객이 내용을 쉽게 찾을 수 있도록 모든 규정 내용을 나열하고 있다는 점에 있다. 이러한 성격은 본 규정에서도 잘 나타나서 친절하게 행사할 수 있는 모든 구제수단을 열거하고 있다. 고객이 갖는 기본적인 구제수단은 (1) 특정이행의 청구, (2) 이행거절, (3) 계약해제, (4) 대금감액 그리고 (5) 손해배상청구 등으로 규정되어 있으나, 사업자(기업인)가 추완이행할 권리를 행사한 경우에는 이에 따라야 한다(제155조 제1항 및 제2항). 기본적으로 제11장에 규정된 구제수단을 기초로 하고 있지만, 약간의 수정을 두고 있다(제155조 제5항). 특히 사업자(기업인) 사이의 관련 서비스에 관한 계약의 경우 고객은 상당한 기간 이내에 계약위반 사실을 통지한 경우에만 서비스 제공자에게 계약위반 사실을 주장할 수 있다(제156조 제1항 제1문).

서비스 제공자의 구제수단은 기본적으로 (1) 이행의 청구, (2) 이행거절, (3) 계약해제 그리고 (4) 대금에 대한 이자 또는 손해배상청구 등으로 규정하고 있다(제157조 제1항). 한편 고객은 언제든지 서비스 제공자에게 관련 서비스의 이행 또는 계약된 이행이 필요하지 않음을 통지할 수 있고 이러한 경우 서비스 제공자는 이와 관련하여 더 이상 아무런 권리나 의무가 없게 된다(제158조 제1항 및 제2항).

第6편 손해배상과 이자

第16장 손해배상과 이자

보통유럽매매법에 따른 손해배상은 채무불이행으로 인한 손해를 규율대상으로 한다. 이에 따르면 기본적으로 면책되지 않은 한 모든 채무불이행에 대하여 손해배상책임을 부담한다(제159조 제1항). 손해 산정의 기초는 기본적으로 이행이익을 기준으로 하고 있으며 여기에는 채권자가 상실한 손해는 물론 얻지 못한 수익도 포함된다(제160조). 더 나아가 예견가능성을 기초로 하여 손해배상책임의 범위를 한정하고 있는 점(제161조)도 우리법과 다르지 않다. 그 밖에 채권자의 과실상계에 관한 규정을 두어 채권자가 채무불이행 또는 그 결과에 기여한 한도에서는 채무자에게 책임이 없다고 규정하고 있다(제162조).

손해의 경감에 관한 명문의 규정을 두어 채권자가 적절한 조치를 함으로써 경감할 수 있었던 한도에서는 채무자가 책임이 없다고 한다(제163조 제1항). 다만 이로 인하여 비용이 발생한 경우에 채권자는 채무자에게 해당 비용의 상환을 청구할 수 있다(제163조 제2항).

계약이 해제된 경우 대체거래를 하였다면 원래 계약에서 지급된 것과 대체거래에 의하여 지급된 것의 차이를 배상받을 수 있고 대체거래를 하지 않은 경우에는 원래 계약에서 지급된 것과 시장가격의 차이를 배상받을 수 있다(제164조 및 제165조).

한편, 금전채무의 이행이 지체된 경우 최고 없이 기한이 도래한 때부터 지연배상을 청구할 수 있다(제166조 제1항). 하지만 소비자 거래의 경우 면책되지 않은 한도에서만 배상청구가 가능하고 더 나아가서 이자의 지급의무와 이자율을 명시하여 통지한 날로부터 30일까지는 지연이자가 발생하지 않는다(제167조 제1항 및 제2항).

제7편 원상회복

제17장 원상회복

보통유럽매매법 제17장은 원상회복에 관하여 정하고 있다. 그에 따르면 계약의 취소 또는 해제로 인한 원상회복의 경우 원물반환이 원칙이며 여기에는 천연과실 및 법정과실도 포함된다(제172조 제1항 및 제2항). 원물반환이 불가능하거나 디지털콘텐츠의 경우에는 가액반환을 해야 하며 과다한 노력 내지 비용이 수반하는 경우에 수령자가 가액반환을 선택할 여지가 있다(제173조 제1항). 디지털콘텐츠의 경우 이용으로 인하여 절약한 금액을 반환해야 하나, 무상으로 제공받은 경우에는 반환할 필요가 없을 것이다(제173조 제4항 및 제6항).

또한 물품의 사용이익과 수령한 금전의 이자지급에 관한 규정도 있다. 물품의 사용이익을 반환해야 하는 경우를 세 가지로 제한하고 있다. 즉, (1) 수령자가 계약의 취소 또는 해제에 대하여 책임이 있는 경우, (2) 수령자가 이용을 시작하기 전에 취소 내지 해제사유를 알고 있었던 경우 그리고 (3) 물품의 성질, 이용의 방식과 범위 그리고 해제 이외의 다른 구제수단의 활용가능성을 고려할 때, 수령자가 해당 기간 동안 상품을 무상으로 이용하도록 하는 것이 적당하지 않은 경우 등이다(제174조 제1항). 금전의 이자지급을 하는 경우도 두 가지로 제한하고 있다. 즉, (1) 상대방이 그 이용에 대해 대가를 지불해야 하는 경우 및 (2) 수령자가 사기, 강박 그리고 부당한 행위로 인하여 계약의 취소에 대하여 원인을 제공한 경우 등이다(제174조 제2항).

또한 수령자가 지출한 비용을 상환받을 수 있는 규정을 두고 있다. 이에 의하여 계약의 취소 또는 해제 사유를 몰랐고 알 것으로 기대될 수 없었던 경우에는 상대방에게 이익이 되는 한도에서 상환을 청구할 수 있고, 계약의 취소 또는 해제 사유를 알았거나 알 것으로 기대될 수 있었던 경우에는 멸실 또는 가치 훼손을 방지하는 데 필요한 비용만을 상환청구할 수 있다(제175조).

第8편 소멸시효

第18장 소멸시효

보통유럽매매법은 마지막 편인 제8편의 유일한 장 제18장에서 소멸시효를 규정하고 있는데, 제18장은 6개절로 구분되어 제178조에서 제186조의 총 9개 조문으로 구성되어 있다.

먼저, 매매에 기한 권리의 소멸시효기간을 주관적 단기소멸시효기간은 2년으로, 객관적 장기소멸시효기간은 10년으로 규율하고 있으며, 다만 생명, 신체, 건강 등의 침해와 같은 인적 손해에 기한 손해배상청구권은 그 기간을 30년으로 하고 있다(제179조, 제180조). 이어서 소멸시효의 정지(제181조), 소멸시효의 완성유예, 소멸시효의 재시작(제181조 내지 제184조), 소멸시효의 효력(제185조) 그리고 소멸시효에 대한 당사자의 변경합의(제186조)에 관하여 규정하고 있다.

보통유럽매매법의 소멸시효 규정의 주요 특징은 무엇보다 소멸시효기간의 이중구조를 채택하고 있다고 지적할 수 있겠다. 즉, 보통유럽매매법은 권리자의 권리와 채무자에 대한 주관적 인식 내지 인식가능성이라는 주관적 사정을 기초로 한 2년의 단기소멸시효기간과 함께 권리자의 인식이나 인식가능성과 상관없이 일정한 기간이 경과하면 소멸시효가 완성하는 10년의 장기소멸시효기간을 두고 있다. 이는 주관적 단기소멸시효기간을 객관적 장기소멸시효기간으로 보충하는 이중구조를 채택한 것으로서 유럽계약법원칙(PECL), 통일모델법안(DCFR), 독일채권법개정 등에서 나타나는 소멸시효에 관한 공통적인 입법경향으로 볼 수 있다. 다만, 단기소멸시효기간을 유럽계약법원칙이나 독일민법에서의 3년이 아닌 2년으로 규정하고 있다(제179조, 제180조).

한편, 보통유럽매매법은 당사자의 합의로 소멸시효기간을 단축 또는 연장할 수 있도록 하고 있는데, 단기소멸시효기간은 1년까지 단축 또는 10년까지 연장이 가능하며, 장기소멸시효기간의 경우 단축은 1년, 연장은 30년까지 합의로 연장할 수 있도록 하고 있다. 그러나 소멸시효의 적용을 배제, 제한하거나 효력을 변경히는 합의는 허용되지 않으며, 기간의 합의변경은 소비자에게 불리하게 적용될 수 없도록 하고 있다(제186조).

더 나아가 보통유럽매매법은 소멸시효의 완성으로 채무자는 이행거절을 할 수 있다고 규정함으로서, 채무자의 이행거절권이 소멸시효의 효력임을 분명히 하면서, 소멸시효완성 이후의 채무자의 급부에 대한 반환청구권은 인정되지 않음을 함께 규정하고 있다(제185조).

보통유럽매매법은 단기소멸시효기간을 2년으로 하고 있다. 이에 반해 우리나라 법무부 민법개정위원회의 소멸시효법 개정안(2010년 12월3일 입법예고되었으나 자동폐기된 법무무 민법 일부개정안 참조)에 의하면, 주관적 단기소멸시효기간을 5년, 객관적 장기소멸시효기간을 10년(불법행위로 인한 손해배상청구권의 경우 20년)으로 단순화하여 통일적으로 규정하고 있다. 소멸시효기간의 이중구조를 채택하여 현행 소멸시효규정을 단순화하여 체계적으로 규정하고자 한 점은 보통유럽매매법을 비롯한 최근의 입법(안)의 추세와 기본방향을 같이 하고 있다. 그러나, 단기소멸시효기간을 최근의 입법(안)례인 2년 내지 3년이 아닌 5년으로 하고 있는 점은 현행 단기소멸시효기간, 임금채권의 소멸시효를 3년으로 규정한 근로기준법을 비롯한 특별법과의 관계 등 여러 가지 측면에서 검토의 여지가 있다.

보통유럽매매법에서는 당사자의 합의로 소멸시효기간을 단축 또는 연장할 수 있도록 하면서 그 한계를 규정하고 있는 데 반하여, 우리나라의 현행민법에 의하면 당사자의 의사로 소멸시효를 단축할 수는 있으나, 연장할 수는 없도록 하고 있다(민법 제184조 제2항). 당사자의 기간설정의 자율성을 원칙적으로 보장하되, 소멸시효제도의 목적에 비추어 합의에 의한 기간변경의 한계를 규율해 주는 것이 원칙적으로 바람직하다는 점에서 민법개정 논의에서 참고할 수 있는 부분으로 생각된다.

III. 전망과 시사점

1. 전 망

보통유럽매매법은 유럽연합 내의 국경을 넘어선 거래의 활성화를 위하여 만들어졌다. 이를 위하여 법적 장벽, 즉 다른 계약법이 존재하는 상황 그리고 준거법 결정에 따라 소비자법이 강행적으로 적용되어 다른 나라의 입법을 반영해야 할 상황을 극복하여 하나의 통일된 입법을 마련하고자 하는 목적이 강하다. 그리고 보충성의 원칙에 따라 각 나라의 입법에 간섭을 하여서는 안 되기 때문에 당사자의 선택에 의하여 적용되는 입법이라는 형식을 취하였다.

국경을 넘어선 거래를 주된 적용영역으로 삼았기 때문에 주로 전자상거래의 영역이 규율대상이 되었다. 그러나 현재는 이러한 제한이 없으나, 논의되고 있는 모델에 따른다면 전자상거래영역으로 적용범위가 제한될 가능성이 있다. 그리고 전자상거래 영역으로 제한되면 클라우드 컴퓨팅도 함께 고려하여야 한다는 이야기가 들리고 있다. 이는 계획에 불과하고 아직 현실적으로 반영된 바는 없다. 현재는 유럽의회의 1차 검토보고서가 나온 상태이고 아직 계속하여 논의 중이라고 할 수 있다. 하지만 그 파급력은 대단하여 제안내용이 각종 세미나의 대상이 되고 있을 뿐만 아니라 심지어는 초안상태에서 주석서도 발간된 상태이다.

보통유럽매매법이 초미의 관심을 끄는 이유는 바로 이것이 통과되면 유럽의 첫 번째 통일된 계약법을 의미하게 되기 때문이다. 물론 적용범위에서는 상당한 제한이 있겠지만, 중요한 계약유형인 매매계약을 대상으로 하고 있기 때문에 그 적용이 가지는 의미는 상당할 것으로 예상된다. 물론 현재 반대도 만만치 않고 규정 내용에 대한 논의와 수정보완절차도 거쳐야 할 것이다. 특히 지적되고 있는 부분은 로마규칙 I의 적용을 배제할 수 있느냐이다. 그 적용을 배제하기 위해서는 보통유럽매매법의 내용이 항상 다른 유럽회원국의 소비자법보다 보호수준이 높아야 한다. 하지만 현재 상태는 “전체적인 차원에서 높다”라는 것이지 아직 “전부 높은 것은 아니다” 라는 점이다. 이러한 분석에 의하면 결국 로마규칙 I에 따라 부분적으로 더 높은 보호수준을 갖고 있는 회원국의 계약법이 적용될 여지를 남겨 두고 있는 것이다. 이러한 차원에서 소비자보호 수준에 대한 고찰은 계속 이루어져야 할 것이다.

그럼에도 불구하고 보통유럽매매법은 기본적으로 1) 유럽연합의 역내시장 내에서의 거래 활성화에 기여할 것이고, 2) 보충성의 원칙에 가장 근접하면서도 적합한 모델이기 때문에 논의의 경과에 따라 그 시기가 예상보다 늦어질 수는 있으나, 유럽의회에서 통과될 것으로 보고 있다. 따라서 아직 초안상태이기는 하나, 첫 법규적 성질을 갖고 있는 보통 유럽계약법에 관한 고찰은 의미 있는 것이라고 하지 않을 수 없다.

2. 시 사 점

현재 보통유럽매매법은 사업자(기업인)와 소비자 내지 중소사업자 사이의 거래를 대상으로 상품과 디지털콘텐츠 및 관련 서비스를 대상으로 하는 계약을 규율하고 있다. 그러한 측면에서 매매법은 물론 디지털콘텐츠 이용계약 및 관련 서비스 이용계약도 그 규율대상이 되고 있다. 현재 우리 입법자가 아직 디지털콘텐츠 이용계약 및 관련 서비스 이용계약에 관한 규율을 갖고 있지 않다는 점에서 비교법적으로 상당한 의미를 담고 있다. 또한 소비자보호 측면에서 소비자보호 수준을 강하게 가져가려고 한다는 측면에서도 우리나라에 많은 영향을 줄 것으로 보인다. 특히 고객 친화적으로 계약의 생성단계에 따라 당사자의 권리와 의무를 규정하는 형태는 새로운 시사점을 안겨줄 것으로 기대된다.

현재 법 형식에서 보았을 때 보통유럽매매법은 법규적 성격을 갖는 규칙의 형태를 취하고 있지만, 당사자들이 그 적용을 위하여 이 규정을 선택해야 한다는 측면에서 하나의 약관과 비슷한 측면이 있다. 즉 유럽연합 차원에서 전자상거래 영역에 적용될 수 있는 대규모 표준약관을 만들고 있다고 할 수 있다. 우리나라도 전자상거래와 관련하여 「사이버몰 이용표준약관」, 「콘텐츠 이용표준약관」 등이 제정되어 있어 그 비교도 상당히 흥미로운 작업이 될 것이고 앞으로 어느 수준에서 전자상거래 사업자가 고객 내지 소비자를 보호해야 하는지에 관한 논의에서 보통유럽매매법은 표준으로서 작용할 가능성이 크다고 할 수 있다.

보통유럽매매법

EUROPEAN COMMISSION

Brussels, 11.10.2011

COM(2011) 635 final

2011/0284 (COD)

Proposal for a

REGULATION OF THE EUROPEAN PARLIAMENT AND OF THE COUNCIL

on a Common European Sales Law

{SEC(2011) 1165 final}

{SEC(2011) 1166 final}

유럽연합 집행위원회

브뤼셀, 2001.11.10
COM(2011) 635 final

2011/0284 (COD)

유럽의회와 이사회의 보통유럽매매법에 관한 규칙을 위한 제안서

{SEC(2011) 1165 final}
{SEC(2011) 1166 final}

EXPLANATORY MEMORANDUM

1. CONTEXT OF THE PROPOSAL

• Grounds for and objectives of the proposal

Differences in contract law between Member States hinder traders and consumers who want to engage in cross-border trade within the internal market. The obstacles which stem from these differences dissuade traders, small and medium-sized enterprises (SME) in particular, from entering cross border trade or expanding to new Member States' markets. Consumers are hindered from accessing products offered by traders in other Member States.

Currently, only one in ten of Union traders, involved in the sale of goods, exports within the Union and the majority of those who do only export to a small number of Member States. Contract law related barriers are one of the major factors contributing to this situation. Surveys[1)] show that out of the range of obstacles to cross-border trade including tax regulations, administrative requirements, difficulties in delivery, language and culture, traders ranked contract-law-related obstacles among the top barriers to cross-border trade.

The need for traders to adapt to the different national contract laws that may apply in cross-border dealings makes cross-border trade more complex

1) Eurobarometers 320 on European contract law in business-to-business transactions of 2011, p. 15 an Eurobarometer 321 on European contract law in consumer transactions of 2011, p. 19.

제안 설명

1. 제안서의 배경

● 제안서의 근거와 목적

회원국들 사이에서 계약법의 상이성은 연합 역내시장에서 국경을 넘은 교역에 참여하기를 원하는 기업인(trader)들과 소비자들을 방해한다. 이러한 상이성에서 유래하는 장애들은 기업인, 특히 중소기업(SME)들이 국경을 넘는 교역을 시작하거나 새로운 회원국의 시장으로 확장할 수 없게 한다. 소비자들은 다른 회원국에서 기업인이 제공하는 제품에 접근할 수 없게 된다.

현재, 물품매매에 개입된 연합 기업인 10인 중 1인만이 연합 내에서 수출하며 그들의 대다수도 단지 소수의 회원국들로 수출할 뿐이다. 계약법과 연관된 장벽들은 이러한 사정에 기여하는 주요 요인의 하나이다. 통계조사[1]는 세제규정, 행정적 조건들, 인도의 어려움, 언어와 문화를 포함하는 국경을 넘은 교역의 장벽들 중에서 기업인들이 계약법과 연계된 장애들을 국경을 넘은 교역에 최대의 장애사유로 들고 있음을 보여준다.

국경을 넘는 교섭(dealing)에 적용될 수 있는 상이한 개별국가의 계약법을 채택하여야 하는 기업인들의 수요는 기업과 소비자 사이의 거

---

1) Eurobarometers 320 on European contract law in business-to-business transactions of 2011, p. 15 and Eurobarometer 321 on European contract law in consumer transactions of 2011, p. 19.

and costly compared to domestic trade, both for business-to-consumer and for business-to-business transactions.

Additional transaction costs compared to domestic trade usually occur for traders in cross-border situations. They include the difficulty in finding out about the provisions of an applicable foreign contract law, obtaining legal advice, negotiating the applicable law in business-to-business transactions and adapting contracts to the requirements of the consumer's law in business-to-consumer transactions.

In cross-border transactions between a business and a consumer, contract law related transaction costs and legal obstacles stemming from differences between different national mandatory consumer protection rules have a significant impact. Pursuant to Article 6 of Regulation 593/2008 of the European Parliament and of the Council of 17 June 2008 on the law applicable to contractual obligations (Rome I),[2] whenever a business directs its activities to consumers in another Member State, it has to comply with the contract law of that Member State. In cases where another applicable law has been chosen by the parties and where the mandatory consumer protection provisions of the Member State of the consumer provide a higher level of protection, these mandatory rules of the consumer's law need to be respected. Traders therefore need to find out in advance whether the law of the Member State of the consumer's habitual residence provides a higher level of protection and ensure that their contract is in compliance with its requirements. The existing harmonisation of consumer law at Union level has led to a certain approximation in some areas but the differences between Member States' laws remain substantial. In e-commerce transactions, traders incur further contract

2) OJ L 177, 4.7.2008, p. 6.

래(business-to-consumer transactions)[2]는 물론 기업과 기업 사이의 거래(business-to-business transactions)[3]에서 국내교역과 비교하여 국경을 넘은 교역을 보다 복잡하고 고비용이 되도록 한다.

국내교역과 비교하여 추가되는 거래비용이 보통 기업인에게 국경을 넘는 사정에서 발생한다. 이들은 적용되는 외국 계약법의 규정들을 발견하고 법적 자문을 받고 B2B거래에 적용되는 법을 협상하고 B2C거래의 경우 소비자[국가]의 법이 정하는 요건들을 계약에 수용하는 어려움을 포함한다.

국경을 넘는 B2C거래에서 서로 다른 개별국가의 강행법규적 소비자보호 규정들의 차이에 유래하는 계약법과 연관된 거래비용과 법적 장벽들은 커다란 영향력을 가진다. 계약상의 의무에 적용되는 법에 관한 2008년 6월 17일의 유럽의회와 이사회 규칙 593/2008(Rome I) 제6조[4]에 의하여 영업이 다른 회원국에 있는 소비자에 대한 행위를 목적하는 경우 이는 그 회원국의 계약법을 준수하여야 한다. 당사자들이 다른 적용법을 선택하고 소비자가 속하는 회원국의 강행법규적 소비자보호규정들이 보다 높은 수준의 보호를 제공하는 때에는 이러한 소비자[의 국가]의 강행규정들이 존중되어야 한다. 그러므로 기업인들은 사전에 소비자의 상거소가 위치하는 회원국의 법이 보다 높은 수준의 보호를 제공하는지를 확인하고 그들의 계약이 그 요건들을 충족하도록 하여야 한다. 지금까지 연합 차원의 소비자법의 조화는 일부 영역에서 상당히 근접하게 이루어졌으나, 회원국들의 법 사이의 차이들은 여전히 상당하다. 전자상거래에서 기업인들은 영업의 웹사이트를 그들이 활동을 지향하는 개별 회원국의 법률요건들을 수용할 필요에서 발생하는 계약법 관련비용까지 부담한다.

---

2) 역주 : 'B2C거래'로 약칭함.

3) 역주 : 'B2B거래'로 약칭함.

4) OJ L 177, 4.7.2008, p. 6.

law related costs which stem from the need to adapt the business's website to the legal requirements of each Member State where they direct their activity.

In cross-border transactions between traders, parties are not subject to the same restrictions on the applicable law. However, the economic impact of negotiating and applying a foreign law is also high. The costs resulting from dealings with various national laws are burdensome particularly for SME. In their relations with larger companies, SME generally have to agree to apply the law of their business partner and bear the costs of finding out about the content of the foreign law applicable to the contract and of complying with it. In contracts between SME, the need to negotiate the applicable law is a significant obstacle to cross-border trade. For both types of contracts (business-to-business and business-to-consumer) for SME, these additional transaction costs may even be disproportionate to the value of the transaction.

These additional transaction costs grow proportionately to the number of Member States into which a trader exports. Indeed, the more countries they export to, the greater the importance traders attach to differences in contract law as a barrier to trade. SME are particularly disadvantaged: the smaller a company's turnover, the greater the share of transaction costs.

Traders are also exposed to increased legal complexity in cross-border trade, compared to domestic trade, as they often have to deal with multiple national contract laws with differing characteristics.

Dealing with foreign laws adds complexity to cross-border transactions. Traders ranked the difficulty in finding out the provisions of a foreign contract law first among the obstacles to business-to-consumer transactions and third for business-to-business transactions.[3] Legal complexity is higher when trading

3) Eurobarometer 320 on European contract law in business-to-business transactions of 2011, p. 15 and Eurobarometer 321 on European contract law in consumer transactions of 2011, p. 19.

기업인 사이의 국경을 넘는 거래에서 당사자들은 적용법에 관하여 동일한 제한에 구속되지 않는다. 그러나 외국법을 협상하고 적용하는 경제적 영향이 또한 크다. 다양한 국내법들의 취급에서 발생하는 비용은 특히 중소기업에 부담이 된다. 대기업과의 관계에서 중소기업은 일반적으로 그의 영업 상대방의 법의 적용에 동의하여야 하며 계약에 적용되는 외국법의 내용을 발견하고 그를 준수하기 위한 비용을 부담하여야 한다. 중소기업 사이의 계약에서 적용법을 협상하여야 하는 필요는 국경을 넘는 교역에 커다란 장애사유이다. 중소기업의 경우 두 종류의 계약(B2B와 B2C) 모두에서 이 추가적인 거래비용은 심지어 거래가치와 균형이 맞지 않을 수 있다.

이러한 추가적인 거래비용은 기업인이 수출하는 회원국의 수에 비례하여 증가한다. 실제로 기업인들이 더 많은 국가로 수출할수록 그들이 교역의 장벽으로서 계약법의 상이성에 부여하는 중요도가 더욱 커진다. 중소기업이 특히 불이익을 받는다: 회사의 매출이 적을수록 거래비용의 비중이 더욱 크다.

기업인들은 또한 국내교역과 비교하여 국경을 넘는 교역에서 그들이 자주 서로 다른 특성을 가진 복수의 국내 계약법들을 취급하여야 하므로 더 큰 법적 복잡성에 노출된다.

외국법을 다루어야 한다는 사실은 국경을 넘는 거래를 보다 복잡하게 한다. 기업인들은 B2C거래의 장애사유들 중 외국의 계약법 규정들을 찾아야 하는 어려움을 가장 먼저 들며, 이는 B2B거래에서 세 번째의 장애사유이다.[5] 법적 복잡성은 그 법체계가 본질적으로 다른 국가와 교역할 경우

5) Eurobarometers 320 on European contract law in business-to-business transactions of 2011, p. 15 and Eurobarometer 321 on European contract law in consumer transactions of 2011, p. 19.

with a country whose legal system is fundamentally different while it has been demonstrated empirically that bilateral trade between countries which have a legal system based on a common origin is much higher than trade between two countries without this commonality.[4)]

Thus, differences in contract law and the additional transaction costs and complexity that they generate in cross-border transactions dissuade a considerable number of traders, in particular SME, from expanding into markets of other Member States. These differences also have the effect of limiting competition in the internal market. The value of the trade foregone each year between Member States due to differences in contract law alone amounts to tens of billions of Euros.

The missed opportunities for cross-border trade also have a negative impact upon European consumers. Less cross-border trade, results in fewer imports and less competitiveness between traders. This can lead to a more limited choice of products at a higher price in the consumer's market.

While cross-border shopping could bring substantial economic advantages of more and better offers, the majority of European consumers shop only domestically. One of the important reasons for this situation is that, because of the differences of national laws consumers are often uncertain about their rights in cross-border situations. For example, one of their main concerns is what remedies they have when a product purchased from another Member State is not in conformity with the contract. Many consumers are therefore discouraged to purchase outside their domestic market. They miss out on opportunities in

4) A. Turrini and T. Van Ypersele, Traders, courts and the border effect puzzle, Regional Science and Urban Economics, 40, 2010, p. 82: "Analysing international trade across OECD countries we show that controlling for countries specific factors, distance, the presence of common border and common language [···], similar legal systems have a significant impact on trade [···]. If two countries share common origins for their legal system, on average they exhibit trade flows 40% larger."

더욱 높아지며, 이는 공통의 기원에 자리잡은 법체계를 가진 국가들 사이의 쌍방교역이 이러한 공통성이 없는 2개 국가 사이의 교역보다 훨씬 빈번하다는 사실이 경험적으로 드러나기 때문이다.[6)]

그러므로 계약법의 상이성과 추가적인 거래비용, 그리고 이들이 국경을 넘은 거래에서 형성하는 복잡성은 상당수의 기업인들, 특히 중소기업이 다른 회원국들의 시장으로의 사업확장을 포기하게 한다. 또한 이러한 상이성들은 국내시장에서 경쟁을 제한하는 효과를 가진다. 계약법의 상이성으로 말미암아 회원국들 사이에서 얻지 못한 교역의 가치만도 매년 수백억 유로에 이른다.

나아가 상실한 국경을 넘은 교역 기회는 유럽의 소비자들에게 부정적 영향을 미친다. 국경을 넘은 교역이 적을수록 더 작은 규모의 수입과 보다 낮아진 기업인 사이의 경쟁을 불러온다. 이는 소비자 시장에서 더 높은 가격으로 보다 제한된 제품의 선택으로 이어진다.

국경을 넘은 구매가 더 많고 보다 나은 제공이라는 본질적인 경제적 이익을 동반할 수 있음에도, 다수의 유럽 소비자는 내국에서만 구매한다. 이러한 상황에 대한 중요한 이유의 하나는 국가법의 상이성으로 인하여 소비자들이 자주 국경을 넘은 상황에서 그들의 권리에 관하여 확신할 수 없기 때문이다. 예를 들면 그들의 주된 관심사의 하나는 다른 회원국으로부터 구매한 제품이 계약과 합치하지 않을 경우 그들이 어떠한 구제수단을 가지는가의 문제이다. 그 결과 많은 소비자들은 그들의 내국시장 밖에서의 구매를 꺼린다. 다른 회원국에서 종종 품질과 가격에서 보다 나은 제안이 있

---

6) A. Turrini and T. Van Ypersele, *Traders, courts and the border effect puzzle*, Regional Science and Urban Economics, 40, 2010, p. 82: "Analysing international trade across OECD countries we show that controlling for countries specific factors, distance, the presence of common border and common language [...], similar legal systems have a significant impact on trade [...]. If two countries share common origins for their legal system, on average they exhibit flows 40% larger."

the internal market, since better offers in terms of quality and price can often be found in another Member State.

E-commerce facilitates the search for offers as well as the comparison of prices and other conditions irrespective of where a trader is established. However, when consumers try to place orders with a business from another Member State, they are often faced with the business practice of refusal to sell which is often due to differences in contract law.

The overall **objective** of the proposal is to improve the establishment and the functioning of the internal market by facilitating the expansion of cross-border trade for business and cross-border purchases for consumers. This objective can be achieved by making available a self-standing uniform set of contract law rules including provisions to protect consumers, the Common European Sales Law, which is to be considered as a second contract law regime within the national law of each Member State.

Traders should be able to apply the Common European Sales Law in all their cross-border dealings within the European Union instead of having to adapt to different national contract laws, provided that the other party to the contract agrees. It should cover the full life cycle of a contract and thus comprise most of the areas which are relevant when concluding cross-border contracts. As a result, the need for traders to find out about the national laws of other Member States would be limited to only some, much less important, matters which are not covered by the Common European Sales Law. In business-to-consumer transactions there would be no further need to identify the mandatory consumer protection provisions in the consumer's law, since the Common European Sales Law would contain fully harmonised consumer protection rules providing for a high standard of protection throughout the whole of the European Union. In cross-border transactions between traders, negotiations about the applicable law could run more smoothly, as the

을 수 있으므로 그들은 역내시장에서의 기회를 잃게 된다.

전자상거래는 그 기업이 설립된 장소에 구애받지 않고 [제품의] 공급에 대한 조사는 물론 가격과 기타 조건의 비교를 촉진한다. 그러나 소비자들이 다른 회원국에 소재하는 영업소에 주문할 경우 그들은 종종 계약법의 상이성에서 유래하는 매도거부라는 상관행과 자주 마주치게 된다.

이 제안서의 일관된 **목적**은 영업목적으로 국경을 넘은 교역과 소비자를 위한 국경을 넘은 구매를 촉진함으로써 역내시장의 설립과 기능을 증진함에 있다. 이 목적은 소비자를 보호하는 규정들을 포함하는 독자적인 통일계약법 규정체계, 즉「보통유럽매매법」을 적용할 수 있도록 함으로써 달성될 수 있으며, 이 규정체계는 개별 회원국이 국내법 내에서 2차적 계약법전으로 의제된다.

기업인들은 계약 상대방이 동의할 경우 서로 다른 국내 계약법을 채용하는 대신 유럽연합 내에서 그들의 국경을 넘은 모든 거래에 보통유럽매매법을 적용할 수 있어야 한다. 이는 계약의 전체 과정에 적용될 수 있어야 하므로 국경을 넘은 계약을 체결할 당시에 연관된 대부분의 영역을 규율하여야 한다. 그 결과 기업인들이 다른 회원국의 국내법을 발견하여야 한다는 필요는 다만 보통유럽매매법이 규율하지 않는, 상대적으로 중요하지 않는, 약간의 문제로 제한될 것이다. B2C거래에서 소비자법상 강행법규적인 소비자보호 규정들을 확인할 필요는 더 이상 없을 것이며, 이는 보통유럽매매법이 유럽연합 전역에서 높은 수준의 보호를 제공하는 전면적으로 통일된 소비자보호 규정들을 포함하기 때문이다. 기업인 사이의 국경을 넘은 거래에서 체약 당사자들이 그들의 계약관계를 지배하는 —서로 평등하게 접근할 수 있는— 보통유럽매매법의 사용에 합의할 기회를 가질 것이므로 적용법에 관한 협상이 보다 원활하게 이루어질 수 있을 것이다.

contracting parties would have the opportunity to agree on the use of the Common European Sales Law —equally accessible to both of them— to govern their contractual relationship.

As a direct consequence, traders could save on the additional contract law related transaction costs and could operate in a less complex legal environment for cross-border trade on the basis of a single set of rules across the European Union. Thus, traders would be able to take better advantage of the internal market by expanding their trade across borders and, consequently, competition in the internal market would increase. Consumers would benefit from better access to offers from across the European Union at lower prices and would face fewer refusals of sales. They would also enjoy more certainty about their rights when shopping cross-border on the basis of a single set of mandatory rules which offer a high level of consumer protection.

General context

With its Communication of 2001,[5] the Commission launched a process of extensive public consultation on the fragmented legal framework in the area of contract law and its hindering effects on cross-border trade. In July 2010, the Commission launched a public consultation by publishing a 'Green Paper on policy options for progress towards a European contract law for consumers and businesses'[6] (Green Paper), which set out different policy options on how to strengthen the internal market by making progress in the area of European contract law.

5) COM (2001) 398, 11.7.2001.

6) COM (2010) 348 final, 1.7.2010.

그 직접적인 효과로 기업인들은 계약법과 관련된 추가적인 거래비용을 절감할 수 있고 유럽연합을 통괄하는 단일 규정체계를 기초로 하여 국경을 넘은 교역을 위하여 덜 복잡한 법적 환경 아래에서 거래할 수 있다. 따라서 기업인들은 국경을 넘어 그들의 교역을 확대함으로써 역내시장을 보다 잘 이용할 수 있고 결과적으로 역내시장에서 경쟁이 강화될 것이다. 소비자들은 유럽연합 전역에서 저렴한 가격으로 공급에 보다 잘 접근함으로써 이익을 얻고 보다 적게 매도거부를 마주하게 될 것이다. 그들은 또한 높은 수준의 소비자보호를 제공하는 단일한 강행규정들의 체계를 기초로 하여 국경을 넘어 구매할 경우 그들의 권리에 대하여 보다 큰 확실성을 누리게 될 것이다.

일반적 배경

2001년의 통지[7]에서 위원회는 계약법영역에서 단편적인 법적 기본구조와 국경을 넘은 교역에 대한 그의 방해효과에 관한 심도있는 공적 자문절차에 착수하였다. 2010년 7월 위원회는 유럽계약법의 영역에서 발전을 통한 역내시장의 강화방안에 관하여 다양한 정책대안들을 수록한 '소비자와 영업을 위하는 유럽계약법을 목적으로 하는 발전을 위한 정책대안에 관한 녹서(綠書)[8][정책제안]'('Green Paper on policy options for progress towards a European contract law for consumers and businesses', Green Paper)[9]를 발간하

7) COM (2001) 398, 11.7.2001.

8) 역주 : 유럽이사회의 녹서는 연합 차원에서 특별한 수준에서 논의와 자문절차의 기초가 되는 예비보고서 또는 정책제안에 관한 논의문서이다. 녹서는 일반적으로 관련된 개인 또는 단체가 의견과 정보를 제시하도록 초대함을 말한다. 녹서가 백서(白書, white paper), 즉 법률의 제정 또는 개정의 매개가 되는 공식제안서(proposal)로 이어질 경우 녹서는 제정 또는 개정의 1차적 단계가 된다.

9) COM (2010) 348 final, 1.7.2010.

In response to the Green Paper, the European Parliament issued a Resolution on 8 June 2011 in which it expressed its strong support for an instrument which would improve the establishment and the functioning of the internal market and bring benefits to traders, consumers and Member States' judicial systems.

The Commission Communication 'Europe 2020'[7] recognises the need to make it easier and less costly for traders and consumers to conclude contracts with partners in other Member States, notably by making progress towards an optional European contract law. The Digital Agenda for Europe[8] envisages an optional instrument in European contract law to overcome the fragmentation of contract law and boost consumer confidence in e-commerce.

● Existing provisions in the area of the proposal

There are significant differences between the contract laws in the Member States. The Union initially started to regulate in the field of contract law by means of minimum harmonisation Directives adopted in the field of consumer protection law. The minimum harmonisation approach meant that Member States had the possibility to maintain or introduce stricter mandatory requirements than those provided for in the acquis. In practice, this approach has led to divergent solutions in the Member States even in areas which were harmonised at Union level. In contrast, the recently adopted Consumer Rights Directive fully harmonises the areas of pre-contractual information to be given to consumers, the consumer's right of withdrawal in distance and off-premises

7) The Single Market Act, COM (2011) 206 final, 13.4.2011, p. 19, and the Annual Growth Survey, Annex 1, progress report on Europe 2020, COM (2011) 11–A1/2, 12.1.2010, p. 5, also mention the initiative on European contract law.

8) COM (2010) 245 final, 26.8.2010, p. 13.

여 공적 자문을 공개하였다.

녹서에 답하여 유럽의회는 2011년 6월 8일 역내시장의 설립과 기능을 증진하고 기업인, 소비자와 회원국의 사법체제에 이익이 될 수 있는 제도에 대하여 강한 지지를 표명하는 결의를 발하였다.

위원회 통지 '유럽 2020'[10]은 기업인과 소비자들이 특히 선택적인 유럽계약법의 발전을 실현함으로써 다른 회원국의 상대방과 보다 쉽게 그리고 저렴하게 계약을 체결하도록 하여야 할 필요성을 인정한다. 유럽 디지털의제[11]는 유럽계약법에서 계약법의 단편화를 극복하고 전자상거래에서 소비자의 신뢰를 조장하기 위한 선택적 제도를 구상한다.

● 제안서의 범위에서 실정규정들

회원국들의 계약법 사이에는 현저한 차이가 있다. 유럽연합은 처음에 소비자보호법 분야에서 채택된 최소한의 통일지침을 수단으로 하여 계약법 분야에서 규율하기 시작하였다. 최소한의 통일접근방식은 회원국들이 연합법 체계 내에서 제시된 규정들보다 강화된 강행법규적 규정들을 유지하거나 도입할 가능성을 가짐을 뜻한다. 실제로 이러한 접근방식은 회원국들에서, 심지어 연합차원에서 통일된 분야에서조차 다양한 해결로 이어졌다. 이와 대비하여 최근 채택된「소비자권리지침」은 소비자에게 제공되어야 하는 계약 전 정보의 분야, 원격계약과 영업소 밖에서 체결된 계약에서 소비자의 철회권, 그리고 물품의 인도와 위험의 이전과 같은 특정한 분야를 완전히 통일한다.

---

10) The Single Market Act, COM (2011) 206 final, 13.4.2011, p. 19, and the Annual Growth Survey, Annex 1, progress report on Europe 2020, COM (2011) 11–A1/2, 12.1.2010, p. 5, also mention the initiative on European contract law.

11) COM (2010) 245 final, 26.8.2010, p. 13.

contracts, as well as certain aspects of delivery of goods and passing of risk.

In respect of relations between traders, the Union has regulated the area of combating late payments by setting up rules on minimum interest rates. At international level, the Vienna Convention on International Sales of Goods (the Vienna Convention) applies by default whenever the parties have not chosen to apply another law. The Vienna Convention regulates certain aspects in contracts of sales of goods but leaves important matters outside its scope, such as defects in consent, unfair contract terms and prescription. Further limitations to its applicability arise as not all Member States have signed the Vienna Convention[9)] and there is no mechanism which could ensure its uniform interpretation.

Some Union legislation is relevant for both business-to-consumer and business-to-business relations. The E-commerce Directive[10)] contains rules on the validity of contracts concluded by electronic means and on certain pre-contractual requirements.

In the field of private international law, the Union has adopted instruments on choice of law, in particular Regulation (EC) No 593/2008 of the European Parliament and of the Council of 17 June 2008 on the law applicable to contractual obligations (Rome I),[11)] and, in relation to pre-contractual information duties, Regulation (EC) No 864/2007 of the European Parliament and of the Council of 11 July 2007 on the law applicable to non-contractual obligations (Rome II).[12)] The first of those instruments sets out rules for determining the applicable law in the area of contractual obligations and the

9) Exceptions are the UK, Ireland, Portugal and Malta.

10) Directive 2000/31/EC of the European Parliament and of the Council of 8 June 2000 on certain legal aspects of information society services, in particular electronic commerce, in the Internal Market, OJ L 178, 17.7.2000, p. 1-16.

11) OJ L 177, 4.7.2008, p. 6.

12) OJ L 199, 31.7.2007, p. 40.

기업인 사이의 관계에 관하여 유럽연합은 최소 이자율에 관한 규칙을 제정함으로써 대금지급 연체에 대항하는 분야를 규율하였다. 국제적 차원에서 「국제물품매매계약에 관한 국제연합협약」(CISG, 비엔나협약)은 당사자가 다른 법의 적용을 선택하지 않은 경우 불이행에 적용된다. 비엔나협약은 물품매매라는 특정 분야를 규율하지만 하자 있는 합의, 불공정한 계약 조항과 소멸시효와 같은 중요한 사항들을 그의 범위 밖에 둔다. 그의 적용 가능성에 대한 그밖의 제한은 모든 회원국들이 비엔나협약을 비준하지 않았고[12] 그의 통일적 해석을 담보하는 제도적 장치가 없다는 사실에서 발생한다.

일부 유럽연합 입법은 B2C와 B2B관계 모두와 연관성이 있다. 「전자상거래지침」[13]은 전자적 수단으로 체결된 계약의 효력과 일정한 계약 전의 요건들을 규율한다.

국제사법 분야에서 유럽연합은 법의 선택에 관한 제도를 채택하였으며 이는 특히 계약상 의무의 준거법에 관한 2008년 6월 17일의 「유럽의회와 이사회 규칙 (EC) No 593/2008」 (Rome I)[14]과 계약 전 정보안내의무와 관련하여 비계약적 의무의 준거법에 관한 2007년 7월 11일의 「유럽의회와 이사회 규칙 (EC) No 864/2007」 (Rome II)[15]에서 그러하다. 이중 첫 번째 제도는 계약상 의무영역에 적용되는 법을 결정하기 위한 규정들을 두고 두 번째 제도는 계약 전의 의사표시에서 발생하는 의무들을 포함한 비계약상 의무

---

12) 영국과 아일랜드, 포르투갈과 말타가 그 예외이다.

13) Directive 2000/31/EC of the European Parliament and of the Council of 8 June 2000 on certain legal aspects of information society services, in particular elctronic commerce, in the Internal Market, OJ L 178, 17.7.2000, p. 1-16.

14) OJ L 177, 4.7.2008, p. 6.

15) OJ L 199, 31.7.2008, p. 40.

second in the field of non-contractual obligations, including those which arise from pre-contractual statements.

The Rome I Regulation and Rome II Regulation will continue to apply and will be unaffected by the proposal. It will still be necessary to determine the applicable law for cross-border contracts. This will be done by the normal operation of the Rome I Regulation. It can be determined by the parties themselves (Article 3 of the Rome I Regulation) and, if they do not do so, this will be done on the basis of the default rules in Article 4 of the Rome I Regulation. As regards consumer contracts, under the conditions of Article 6(1) of the Rome I Regulation, if the parties have not chosen the applicable law, that law is the law of the habitual residence of the consumer.

The Common European Sales Law will be a second contract law regime within the national law of each Member State. Where the parties have agreed to use the Common European Sales Law, its rules will be the only national rules applicable for matters falling within its scope. Where a matter falls within the scope of the Common European Sales Law, there is thus no scope for the application of any other national rules. This agreement to use the Common European Sales Law is a choice between two different sets of sales law within the same national law and does therefore not amount to, and must not be confused with, the previous choice of the applicable law within the meaning of private international law rules.

Since the Common European Sales Law will not cover every aspect of a contract (e.g. illegality of contracts, representation) the existing rules of the Member State's civil law that is applicable to the contract will still regulate such residual questions.

Under the normal operation of the Rome I Regulation there are however restrictions to the choice of law for business-to-consumer transactions. If the parties choose in business-to-consumer transactions the law of another

영역에 적용되는 규정들을 두고 있다.

Rome I 규칙과 Rome II 규칙은 앞으로도 적용되며 제안서로 인하여 영향을 받지 아니한다. 국경을 넘은 계약에 적용되는 준거법을 결정할 필요가 여전히 있다. 이는 Rome I 규칙의 통상효력으로 이루어질 것이다. 준거법은 당사자 스스로 정할 수 있고 (Rome I 규칙 제3조) 그들이 정하지 않은 경우 이는 Rome I 규칙 제4조의 [약정]부재규정에 근거하여 이루어진다. 소비자계약에 관하여 Rome I 규칙 제6조 제1항의 요건이 충족될 경우 당사자들이 준거법을 정하지 않으면 준거법은 소비자의 상거소지법이다.

보통유럽매매법은 각 회원국의 국가법 내에서 2차적 계약법체계가 될 것이다. 당사자들이 보통유럽매매법을 사용하기로 합의한 경우 그 규정들은 그 적용범위에 포섭되는 사안들에 적용되는 유일한 국가법 규정이 될 것이다. 사안이 보통유럽매매법의 적용범위에 포섭되면 다른 국가법규의 적용은 그 여지가 없다. 보통유럽매매법을 사용하는 약정은 동일한 국가법 내에서 두 개의 서로 다른 매매법제 사이의 선택이므로 국제사법 규정의 의미에서 이전의 준거법의 선택과 같지 않으며 이와 혼동되어서도 아니된다.

보통유럽매매법이 계약의 모든 측면들을 규율하지 않으므로(예를 들어 계약의 불법성, 대리), 계약에 적용되는 각 회원국의 민법규정들이 계속하여 그러한 나머지 문제들을 규율한다.

그러나 Rome I 규칙이 정상적으로 작동할 경우에도 B2C거래를 위한 법의 선택에는 제한이 있다. 당사자들이 B2C거래에서 소비자의 국가법이 아니라 다른 회원국의 법을 선택할 경우 그 선택은 Rome I 규칙 제6조 제1

Member State than the consumer's law, such a choice may under the conditions of Article 6(1) of the Rome I Regulation not deprive the consumer of the protection of the mandatory provisions of the law of his habitual residence (Article 6 (2) of the Rome I Regulation). The latter provision however can have no practical importance if the parties have chosen within the applicable national law the Common European Sales Law. The reason is that the provisions of the Common European Sales Law of the country's law chosen are identical with the provisions of the Common European Sales Law of the consumer's country. Therefore the level of the mandatory consumer protection laws of the consumer's country is not higher and the consumer is not deprived of the protection of the law of his habitual residence.

● Consistency with the other policies and objectives of the Union

This proposal is consistent with the objective of attaining a high level of consumer protection as it contains mandatory rules of consumer protection from which the parties cannot derogate to the detriment of the consumer. Furthermore, the level of protection of these mandatory provisions is equal or higher than the current acquis.

The proposal is also consistent with the Union policy of helping SME benefit more from the opportunities offered by the internal market. The Common European Sales Law can be chosen in contracts between traders where at least one of them is an SME, drawing upon the Commission Recommendation 2003/361[13)] concerning the definition of micro, small and medium-sized enterprises while taking into account future developments.

Finally, the proposal is consistent with the international trade policy of the Union, in that it does not discriminate against parties from third countries who

13) OJ L 124, 20.5.2003, p. 36.

항의 요건이 충족되면 소비자로부터 그의 상거소지법의 강행법규의 보호를 빼앗지 않는다(Rome I 규칙 제6조 제2항). 그러나 후자의 규정은 당사자들이 적용되는 국내법 내에서 보통유럽매매법을 선택할 경우 실질적인 의미를 가질 수 없다. 그 이유는 선택된 국가의 법에서 보통유럽매매법의 규정들은 소비자의 국가의 보통유럽매매법의 규정과 일치하기 때문이다. 그런 까닭으로 소비자의 국가의 강행법규적인 소비자보호법의 수준이 더 높지 않고 소비자는 그의 상거소지법의 보호를 잃지 않는다.

● 연합의 다른 정책들 및 목적들과의 부합

이 제안서는 당사자들이 소비자의 불이익으로 배제할 수 없는 강행법규적 소비자보호규정들을 포함하므로 높은 수준의 소비자보호를 달성하여야 하는 목적과 합치한다. 나아가 이러한 강행법규적 규정들의 보호수준은 현재 유럽법과 같거나 높다.

이 제안서는 또한 중소기업이 역내시장에서 제공된 기회에서 더 많은 이익을 얻도록 지원하는 유럽연합의 정책과 합치한다. 보통유럽매매법은 적어도 당사자의 일방이 중소기업인 기업인 사이의 계약에서 선택될 수 있으며 이는 미래의 발전을 논의하는 과정에서 최소규모, 소규모 및 중간규모 기업의 정의에 관한 위원회 권고안 2003/361[16]으로 기안되었다.

마지막으로 이 제안서는 제3국가의 당사자들을 차별대우하지 않는 유럽연합의 국제무역정책과 합치하며, 이들은 또한 계약당사자 일방이 회원

16) OJ L 124, 20.5.2003, p. 36.

could also choose to apply the Common European Sales Law as long as one party to the contract is established in a Member State.

This proposal is without prejudice to future Commission initiatives concerning the liability for infringements of the Treaty on the functioning of the European Union, for example relating to the competition rules.

2. RESULTS OF CONSULTATIONS WITH THE INTERESTED PARTIES AND IMPACT ASSESSMENTS

● Consultation of interested parties

With the publication of the Green Paper, the Commission launched an extensive public consultation which closed on 31 January 2011. In response to the Green Paper consultation, the Commission received 320 replies from all categories of stakeholders from across the Union. Many respondents saw value in Option 1 (publication of the results of the Expert Group) and Option 2 (a toolbox for the Union legislator). Option 4 (an optional instrument of European contract law) received support either independently or in combination with a toolbox from several Member States as well as other stakeholders; provided that it fulfilled certain conditions, such as a high level of consumer protection, and clarity and user-friendliness of the provisions. One of the main concerns in the stakeholders' responses to the Green Paper was the lack of clarity in relation to the substantive content of a possible European contract law instrument. The Commission addressed this concern by giving stakeholders the opportunity to comment on the Feasibility Study developed by the Expert Group on a European contract law.

The Green Paper responses also expressed preferences for the material scope of the instrument. As a result, the proposal focuses on contracts for the sale of goods.

국에 영업소를 가지는 한 보통유럽매매법을 적용하도록 선택할 수 있다.

이 제안서는 예를 들어 공정경쟁 규정의 위반과 같이 「유럽연합의 기능에 관한 협약」(TFEU)의 위반에 대한 책임에 관한 위원회의 장래 권한에 영향을 미치지 아니한다.

2. 이해관계자들과의 협의의 결과들과 영향력 평가

● 이해관계자들의 논의

녹서(Green Paper)의 발간과 함께 위원회는 2011년 1월 31일 종결된 광범위한 공적 논의를 시작하였다. 녹서자문에 대한 답으로 위원회는 유럽연합 전역에서 모든 분야의 이해관계인으로부터 320개의 답변서를 수령하였다. 많은 답변자들은 제1안[전문가집단(Expert Group)의 연구결과의 출간]과 제2안[유럽연합 입법자를 위한 도구상자(toolbox)]에 가치를 부여하였다. 제4안(선택적 유럽계약법제도)은 6-7개의 회원국들과 다른 이해관계인들로부터 독립적으로 또는 도구상자와 결합하여 지지를 얻었다; 이는 높은 수준의 소비자보호, 명료성과 사용자 친화성과 같은 일정한 조건을 충족하는 것을 전제로 한다. 녹서에 대한 이해관계인의 답변서에서 주요 관심사 중 하나는 장래 유럽계약법 제도의 본질적 내용과 관련한 명료성의 흠결이었다. 위원회는 이해관계인들에게 유럽계약법에 관한 전문가집단이 개발한 실현가능성연구(Feasibility Study)에 대하여 논평할 수 있는 기회를 제공함으로써 이 관심에 답하였다.

녹서는 또한 명시적으로 이 제도의 실질적 적용범위에 대한 선호를 보여준다. 그 결과 이 제안서는 물품매매계약에 집중한다.

By a Decision of 26 April 2010,[14] the Commission set up the Expert Group on European contract law. This Group was tasked with developing a Feasibility Study on a possible future European contract law instrument covering the main aspects which arose in practice in cross-border transactions.

A key stakeholder group (businesses and consumer associations, representatives of the banking and insurance sectors and of the legal professions of lawyers and notaries) was set up in September 2010 with the purpose of giving practical input to the Expert Group on the user-friendliness of the rules developed for the Feasibility Study. The Feasibility Study was published on 3 May 2011 and an informal consultation was open until 1 July 2011.

● Impact Assessment

The Impact Assessment (IA) analysed the seven policy options set out in the Green Paper; the IA Report contains the full description and analysis of these options.

These options were: the baseline scenario (no policy change), a toolbox for the legislator, a Recommendation on a Common European Sales Law, a Regulation setting up an optional Common European Sales Law, a Directive (full or minimum harmonisation) on a mandatory Common European Sales Law, a Regulation establishing a European contract law and a Regulation establishing a European Civil Code.

On a comparative analysis of the impacts of these options, the IA Report arrived at the conclusion that the options of an optional uniform contract law regime, a full harmonisation Directive and a Regulation establishing a mandatory uniform contract law regime would meet the policy objectives. While the latter two would considerably reduce transaction costs for traders

14) OJ L 105, 27.4.2010, p. 109.

2010년 4월 26일의 결의[17]로써 위원회는 유럽계약법에 관한 전문가집단을 구성하였다. 이 집단은 실무상 국경을 넘은 거래에서 발생하는 주요 문제들을 포함하는 장래 가능한 유럽계약법 제도에 관한 실현가능성연구를 개발하는 업무를 맡았다.

2010년 9월 핵심적인 이해관계인 집단(기업인과 소비자단체, 은행과 보험분야와 변호사와 공증인과 같은 법률전문직의 대표)이 전문가집단에 실현가능성연구를 위하여 개발된 규정들의 사용자 친화성에 관하여 실무적인 도움을 줄 목적으로 조직되었다. 실현가능성연구는 2011년 5월 3일 발간되었고, 비공식적 논의가 2011년 7월 1일까지 개최되었다.

● 영향력 평가

영향력 평가(Impact Assessment, IA)는 녹서에 제출된 7개의 정책대안을 분석하였다; IA 보고서(IA Report)는 이러한 대안들에 대한 전면적인 설명과 분석을 담는다.

이러한 대안들은 다음과 같다: (정책변경 없는) 기본계획, 입법자를 위한 도구상자, 보통유럽매매법에 대한 권고안, 선택적인 보통유럽매매법을 제정하는 규칙, 강행법규적 보통유럽매매법에 관한 (전면적 또는 최소한의 통일) 지침, 유럽계약법을 입법하는 규칙과 유럽민법전을 제정하는 규칙.

이러한 대안들의 영향력에 관한 비교적 분석을 바탕으로 하여 IA 보고서는 선택적 통일계약법체계라는 대안, 완전한 통일지침과 강행법규적 통일계약법체계를 제정하는 규칙이 정책목적들을 충족하여야 한다는 결론에 도달하였다. 후 2자가 기업인을 위하여 거래비용을 현저하게 경감하고 국경을 넘은 교역을 원하는 사람들에게 덜 복잡한 법적 환경을 제공함에도

17) OJ L 105, 27.4.2010, p. 109.

and offer a less complex legal environment for those wishing to trade cross-border, these options would however also create a considerable burden for traders as those who only traded domestically would also need to adapt to a new legislative framework. The costs attached to familiarise themselves with such a new mandatory law would be particularly significant when compared to an optional uniform contract law regime, because they would impact upon all traders. An optional uniform contract law regime would on the other hand only create one-off costs for those traders wishing to use it for their cross-border trade. The establishment of an optional uniform contract law regime was therefore reasoned to be the most proportionate action as it would reduce transaction costs experienced by traders exporting to several Member States and give consumers more product choice at a lower price. It would also, at the same time increase the level of consumer protection offered to consumers who shopped across a border thereby creating confidence as they would experience the same set of rights across the Union.

3. LEGAL ELEMENTS OF THE PROPOSAL

● Summary of the proposed action

The Proposal provides for the establishment of a Common European Sales Law. It harmonises the national contract laws of the Member States not by requiring amendments to the pre-existing national contract law, but by creating within each Member State's national law a second contract law regime for contracts covered by its scope that is identical throughout the European Union and will exist alongside the pre-existing rules of national contract law. The Common European Sales Law will apply on a voluntary basis, upon an express agreement of the parties, to a cross-border contract.

이러한 대안들은 또한 지금까지 국내에서만 거래하였던 기업인들이 새로운 입법적 체계를 수용하여야 한다는 상당한 부담을 초래한다. 선택적 계약법체계와 비교하여 스스로 그러한 새로운 강행법규적 법에 익숙해지기 위하여 수반되는 비용이 특히 중요하며, 이는 그 비용이 모든 기업인들에게 영향을 미칠 것이기 때문이다. 다른 한편 선택적 통일계약법체계는 제한적으로 그 법을 국경을 넘은 교역에만 사용하기를 원하는 그러한 기업인들에게만 비용(one-off costs)이 발생하도록 한다. 그러므로 선택적 통일계약법체계의 도입은 그것이 6-7개의 회원국들로 수출하는 기업인들이 부딪히는 거래비용을 낮추고 소비자들에게 저렴한 가격으로 더 많은 제품선택을 줄 수 있는 가장 적절한 조치로 추론된다. 동시에 이는 또한 국경을 넘어 구매한 소비자들에게 제공되는 소비자보호의 수준을 증진하고 이로써 이들이 연합 진역에서 동일한 권리들을 경험하게 될 것이므로 신뢰를 조장한다.

3. 제안서의 법적 사항들

● 제안된 조치에 관한 요약

이 제안서는 보통유럽매매법의 제정을 준비한다. 이는 이미 존재하는 국내계약법의 개정을 요구함이 없이 개별 회원국의 국가법의 테두리 안에서 그 적용범위에 포섭되는 계약에 적용되는 유럽연합 전역에서 동일하고 기존의 국내계약법 규정들과 병존하여 존재하는 2차적인 계약법체계를 창설함으로써 회원국들의 국내계약법들을 통일한다. 보통유럽매매법은 자유의사, 즉 당사자들의 명시적인 합의에 기초하여 국경을 넘은 계약에 적용된다.

● Legal basis

This proposal is based on Article 114 Treaty on the Functioning of the European Union (TFEU). The proposal provides for a single uniform set of fully harmonised contract law rules including consumer protection rules in the form of a Common European Sales Law which is to be considered as a second contract law regime within the national law of each Member State available in cross-border transactions upon a valid agreement by the parties. This agreement does not amount to, and must not be confused with, a choice of the applicable law within the meaning of private international law rules. Instead, this choice is made within a national law which is applicable according to the private international law rules.

This solution has as its objective the establishment and the functioning of the internal market. It would remove obstacles to the exercise of fundamental freedoms which result from differences between national laws, in particular from the additional transaction costs and perceived legal complexity experienced by traders when concluding cross-border transactions and the lack of confidence in their rights experienced by consumers when purchasing from another EU country — all of which have a direct effect on the establishment and functioning of the internal market and limit competition.

In accordance with Article 114 (3) TFEU, the Common European Sales Law would guarantee a high level of consumer protection by setting up its own set of mandatory rules which maintain or improve the level of protection that consumers enjoy under the existing EU consumer law.

● Subsidiarity principle

The proposal complies with the subsidiarity principle as set out in Article 5 of the Treaty on European Union (TEU).

The objective of the proposal —i.e. to contribute to the proper functioning

● 법적 근거

이 제안서는 「유럽연합의 기능에 관한 협약」(TFEU) 제114조를 기초로 한다. 제안서는 각 회원국의 국가법에서 당사자들의 유효한 합의를 바탕으로 국경을 넘은 거래에 적용되는 2차적 계약법체계로 의제되는 보통유럽매매법의 방식으로 소비자보호규정들을 포함하는 완전히 통일된 계약법규정들의 단일 통일체계를 마련한다. 이 합의는 국제사법 규정들의 의미에서 준거법의 지정과 같지 않으며 이와 혼동되어서도 아니된다. 대신 이 지정은 국제사법 규정들에 따라 적용될 수 있는 국가법 내에서 이루어진다.

이러한 해결방안은 역내시장의 공고화와 기능화를 그 목적으로 한다. 이는 국가법들 사이의 차이, 특히 국경을 넘은 거래를 체결할 때의 추가적 거래비용과 기업인들이 경험한 알려진 법적 복잡성에서 발생하는 기본적 자유의 행사에 대한 장애사유들과 소비자들이 다른 유럽연합 국가에서 구매할 때 경험한 그들의 권리에 대한 신뢰의 흠결을 제거할 것이다 — 이들은 모두 역내시장의 공고화와 기능화에 직접적인 효과를 미치고 경쟁을 제한한다.

TFEU 제114조 제3항에 따르면, 보통유럽매매법은 소비자들이 현재의 EU 소비자법 아래에서 누리는 보호의 수준을 유지하거나 향상하는 일련의 고유한 강행법규적 규정들을 둠으로써 높은 수준의 소비자보호를 보장할 것이다.

● 보충성 원칙

제안서는 「유럽연합에 관한 협약」(TEU) 제5조가 규정한 보충성 원칙을 준수한다.

제안서의 목적 —즉, 임의적인 통일계약법 규정체계를 적용할 수 있도

of the internal market by making available a voluntary uniform set of contract law rules— has a clear cross-border dimension and cannot be sufficiently achieved by the Member States in the framework of their national systems.

As long as differences of national contract laws continue to create significant additional transaction costs for cross-border transactions, the objective of completing the internal market by facilitating the expansion of cross-border trade for traders and cross-border purchases for consumers cannot be fully achieved.

By adopting un-coordinated measures at the national level, Member States will not be able to remove the additional transaction costs and legal complexity stemming from differences in national contract laws that traders experience in cross-border trade in the EU. Consumers will continue to experience reduced choice and limited access to products from other Member States. They will also lack the confidence which comes from knowledge of their rights.

The objective of the proposal could therefore be better achieved by action at Union level, in accordance with the principle of subsidiarity. The Union is best placed to address the problems of legal fragmentation by a measure taken in the field of contract law which approximates the rules applicable to cross-border transactions. Furthermore, as market trends evolve and prompt Member States to take action independently, for example in regulating the emerging digital content market, regulatory divergences leading to increased transaction costs and gaps in the protection of consumers are likely to grow.

● Proportionality principle

The proposal complies with the principle of proportionality as set out in Article 5 TEU.

The scope of the proposal is confined to the aspects which pose real problems in cross-border transactions and does not extend to aspects which

록 함으로써 역내시장의 적정한 기능화에 기여하는— 은 명백히 국경을 넘은 특질을 가지며 이는 회원국들의 국가체제의 기본틀 내에서는 회원국들에 의하여 충분히 실현될 수 없다.

국내계약법의 차이들이 계속하여 국경을 넘은 거래에서 상당한 추가적 거래비용을 초래하는 한 기업인들을 위한 국경을 넘은 교역과 소비자의 국경을 넘은 구매확대의 촉진에 의한 역내시장의 완성이라는 목적이 완전히 달성될 수 없다.

국가적인 차원에서 서로 다른 조치를 채택할 경우 회원국들은 기업인들이 유럽연합 내에서 국경을 넘은 교역에서 부닥치는 국내계약법의 상이성에서 유래하는 추가적인 거래비용과 법적 복잡성을 제거할 수 없다. 소비자들은 계속하여 다른 회원국산의 제품에 대한 제한된 선택과 제한된 접근을 마주하게 된다. 그들은 그들의 권리의 인식에서 싹트는 신뢰를 가질 수 없게 된다.

그러므로 제안서의 목적은 보충성의 원칙에 맞추어 연합 차원의 행동에 의하여 보다 잘 실현될 수 있을 것이다. 유럽연합은 계약법 분야에서 국경을 넘은 거래에 적용되는 규정들을 서로 접근하게 하는 조치를 취함으로써 법적 파편화의 문제를 다룰 수 있는 최적의 지위에 있다. 나아가 예를 들어 성장하는 디지털콘텐츠 시장의 규율에서와 같이 시장의 추이가 변화하여 회원국이 개별적으로 행동을 하도록 조장할 경우 거래비용의 증가로 이어지는 규정의 다양성들이 증가하고 소비자보호의 틈이 더 커질 것으로 보인다.

● 비례성 원칙

제안서는 TEU 제5조가 정하는 비례성의 원칙을 준수한다.

제안서의 적용범위는 국경을 넘은 거래에서 실재의 문제들을 유발하는 측면들로 제한되고 국가법으로 가장 잘 처리될 수 있는 측면으로 확장되지

are best addressed by national laws. In respect of the material scope, the proposal contains provisions regulating the rights and obligations of the parties during the life-cycle of the contract, but it does not touch for example, upon the rules on representation which are less likely to become litigious. In terms of territorial scope, the proposal covers cross-border situations where the problems of additional transactions costs and legal complexity arise. Finally, the personal scope of the proposal is limited to transactions where the internal market problems are mainly found, i.e. business-to-business relations where at least one of the parties is an SME and business-to-consumer relations. Contracts concluded between private individuals and contracts between traders none of which is an SME are not included, as there is no demonstrable need for action for these types of cross-border contracts. The Regulation leaves Member States two options: to decide to make the Common European Sales Law also available to parties for use in an entirely domestic setting and to contracts concluded between traders neither of which is an SME.

The proposal is a proportionate action, when compared to other possible solutions analysed, because of the optional and voluntary nature of the Common European Sales Law. This means that its application is dependent upon an agreement by the parties to a contract whenever it is jointly considered beneficial for a particular cross-border transaction. The fact that the Common European Sales Law represents an optional set of rules applying only in cross-border cases means also that it can lower barriers to cross-border trade without interfering with deeply embedded national legal systems and traditions. The Common European Sales Law will be an optional regime in addition to pre-existing contract law rules without replacing them. Thus the legislative measure will only go as far as necessary to create further opportunities for traders and consumers in the single market.

않는다. 실질적 범위에서 제안서는 계약의 전 과정에서 당사자들의 권리와 의무를 규율하는 규정들을 포함하면서도, 이는 예를 들어 쉽게 소송문제가 될 수 없어 보이는 대리에 관한 규정들을 다루지 않는다. 사물관할의 범위에서 제안서는 추가적 거래비용과 법적 복잡화가 발생하는 국경을 넘은 상황을 포함한다. 마지막으로 제안서의 인적 범위는 역내시장의 문제들이 주로 발견되는 거래들, 즉 적어도 당사자 일방이 중소기업인 B2B관계와 B2C관계로 제한된다. 개인 간에 체결된 계약과 어느 누구도 중소기업이 아닌 기업인 사이에 체결된 계약은 포함되지 않으며, 이는 이러한 형태의 국경을 넘은 계약에 대하여 조치를 할 명백한 필요가 없기 때문이다. 그 규칙은 회원국에게 2개의 선택안을 제시한다: 회원국들은 또한 보통유럽매매법을 당사자들이 순전히 국내적인 사정에서도 적용할 수 있도록 하고 그들 중 어느 누구도 중소기업이 아닌 기업인 사이에 체결된 계약에 적용할 수 있도록 결정할 수 있다.

제안서는 보통유럽매매법의 선택적이고 임의적인 성질로 말미암아 분석한 다른 가능한 해결방안과 비교하여 적절한 조치이다. 이는 그 적용이 당사자 모두가 보통유럽매매법이 특정한 국경을 넘은 거래에 유익하다고 인정하는 경우 계약에 대한 당사자들의 합의에 의존함을 의미한다. 보통유럽매매법이 국경을 넘은 거래에만 적용되는 선택적 규정체계의 역할을 한다는 사실은 그것이 깊이 자리잡은 국가법 체계와 전통에 간섭함이 없이 국경을 넘은 교역의 장벽을 낮출 수 있음을 뜻한다. 보통유럽매매법은 현존하는 계약법 규정들을 대체함이 없이 이들에 덧붙여지는 선택적 제도가 될 것이다. 그러므로 입법적 조치는 단일시장에서 기업인과 소비자들에게 보다 많은 기회를 창출하기 위하여 필요한 정도에 그칠 것이다.

● Choice of instruments

The instrument chosen for this initiative is a Regulation on an optional Common European Sales Law.

A non-binding instrument such as a toolbox for the EU legislator or a Recommendation addressed to Member States would not achieve the objective to improve the establishment and functioning of the internal market. A Directive or a Regulation replacing national laws with a non-optional European contract law would go too far as it would require domestic traders who do not want to sell across borders to bear costs which are not outweighed by the cost savings that only occur when cross-border transactions take place. In addition, a Directive setting up minimum standards of a non-optional European contract law would not be appropriate since it would not achieve the level of legal certainty and the necessary degree of uniformity to decrease the transaction costs.

4. BUDGETARY IMPLICATION

After the adoption of the proposal, the Commission will set up a database for the exchange of information concerning final judgments referring to the Common European Sales Law or any other provision of the Regulation, as well as relevant judgements of the Court of Justice of the European Union. The costs associated with this data-base are likely to grow as more final judgments become available. At the same time, the Commission will organise training sessions for legal practitioners using the Common European Sales Law.[15] These costs are likely to decrease with time, as knowledge about how the Common European Sales Law works spreads.

15) Commission Communication on Building Trust in EU–wide Justice: a New Dimension to European Judicial Training, COM (2011) 551 final, 13.9.2011.

● 법의 지정

이러한 목적으로 선정된 수단이 선택적 보통유럽매매법에 관한 규칙이다.

도구상자와 같이 유럽연합 입법자에게 구속력이 없는 수단 또는 회원국에게 발송된 권고안은 역내시장의 설립과 기능을 증진하는 목적을 달성할 수 없을 것이다. 국가법을 비선택적 유럽계약법으로 대체하는 입법지침 또는 규칙이 국경을 넘어 매매를 원하지 않는 국내 기업인들에게 국경을 넘은 거래가 있을 때에만 발생하는, 비용절감으로 극복될 수 없는 비용까지 부담하도록 요구하게 되면 이는 지나칠 수 있다. 게다가, 비선택적 유럽계약법의 최소기준을 정하는 입법지침은 법적 확실성의 수준과 거래비용을 경감하기 위하여 필요한 통일의 정도에 이르지 않아 적절하지 않을 것이다.

4. 예산에 대한 영향

제안서를 채택한 후에 위원회는 보통유럽매매법 또는 그 규칙의 다른 조항을 참고한 확정판결들과 유럽연합 법원의 관련 판결들에 관한 정보의 교환을 위한 데이터베이스를 구축할 것이다. 이 데이터베이스와 결합된 비용은 더 많은 확정판결들을 이용할 수 있게 되면 더 커질 것으로 전망된다. 이와 함께 위원회는 보통유럽매매법을 사용하는 법률실무자들을 위한 교육과정을 조직할 것이다.[18] 이 비용은 보통유럽매매법이 어떻게 작동하는지에 대한 이해가 확대될수록 감소할 것으로 보인다.

---

18) Commission Communication on Building Trust in EU-wide Justice: a New Dimension to European judicial Training, COM (2011) 551 final, 13.9.2011.

5. ADDITIONAL INFORMATION

● Simplification

The proposal for an optional second contract law regime has the advantage that, without replacing the national contract laws in the Member States, it allows parties to use one single set of contract law rules across the EU. This self-standing, uniform set of rules has the potential of offering parties a solution to the most prevalent problems which could arise in cross-border situations in relation to contract law. Therefore, for traders this option would eliminate the need for research of different national laws. To help consumers understand their rights in the Common European Sales Law, a standard information notice would be presented to them which would inform them about their rights.
Finally, the proposal has the potential of ensuring the future coherence of the EU legislation in other policy areas where contract law becomes relevant.

● Review clause

The proposal provides for a review of the application of the Common European Sales Law or any other provision of the Regulation 5 years after its date of application, taking into account, amongst others, the need to extend further the scope in relation to business-to-business contracts, market and technological developments in respect of digital content and future developments of the Union acquis. For this purpose, the Commission will submit a report, if necessary accompanied by proposals to amend the Regulation, to the European Parliament, the Council and the European Economic and Social Committee.

● European Economic Area

The proposed Regulation concerns an EEA matter and should therefore

5. 이 밖의 정보들

● 단순화

선택적인 2차적 계약법체계에 대한 제안서는 회원국의 국내 계약법을 대체하지 않고 당사자들이 유럽연합 전역에서 하나의 단일한 계약법규정체계를 사용하도록 한다는 장점이 있다. 이러한 자립적인 통일 규정체계는 당사자들에게 계약법에 관하여 국경을 넘은 상황에서 발생할 수 있는 가장 대표적인 문제들에 대한 해결책을 제시하는 힘을 가진다. 그러므로 기업인들에게 이 대안은 서로 다른 국가법들을 찾아야 하는 필요를 없앤다. 소비자들이 보통유럽매매법에서 그들의 권리를 이해하도록 돕기 위하여 그들에게 그들의 권리를 알려주는 모범정보안내서가 제시될 것이다.

마지막으로 제안서는 계약법이 연계되는 다른 정책분야에서 장래 유럽연합 입법의 일관성을 보장할 수 있는 잠재력을 가진다.

● 검토조항

제안서는 그 시행일로부터 5년 후에 디지털콘텐츠와 장래 유럽법의 발달의 측면에서 무엇보다 B2B 계약, 시장과 기술발달과 연계하여 그 적용범위를 확대할 필요성을 참작하여 보통유럽매매법 또는 그 규칙의 다른 조항들의 적용에 관한 평가에 대비한다. 이러한 목적으로 위원회는 필요한 경우 이 규칙을 수정하는 제안을 첨부한 보고서를 유럽의회, 이사회와 유럽경제사회위원회에 제출할 것이다.

● 유럽경제지역(EEA)

제안된 규칙은 유럽경제지역에 관한 사항에 대하여 의미를 가지며, 따

extend to the EEA.

● Explanation of the proposal

The proposal consists of three main parts: a Regulation, Annex I to the Regulation containing the contract law rules (the Common European Sales Law) and Annex II containing a Standard Information Notice.

A. The Regulation

Article 1 sets out the objective and subject matter of the Regulation.

Article 2 contains a list of definitions for terms used in the Regulation. While some definitions already exist in the relevant acquis, others are concepts defined here for the first time.

Article 3 explains the optional nature of the contract law rules in cross-border contracts for sale of goods, supply of digital content and provision of related services.

Article 4 sets out the territorial scope of the Regulation which is limited to cross-border contracts.

Article 5 states the material scope of contracts for sale of goods and supply of digital content and related services, such as installation and repair.

Article 6 excludes mixed-purposes contracts and instalment sales from the scope of application.

Article 7 describes the personal scope of application which extends to business-to-consumer and those business-to-business contracts where at least one party is an SME.

Article 8 explains that the choice for the Common European Sales Law requires an agreement of the parties to that effect. In contracts between a business and a consumer, the choice of the Common European Sales Law is valid only if the consumer's consent is given by an explicit statement separate

라서 유럽경제지역으로 확대되어야 한다.

● 제안서에 관한 해설

제안서는 3개의 주요 부분으로 구성된다: 규칙, 계약법 규정들(보통유럽매매법)을 포함하는 규칙에 관한 부속서 I과 모범정보안내서를 포함하는 부속서 II.

A. 규 칙

제1조는 이 법의 목적과 규율대상을 규정한다.

제2조는 이 규칙에 사용된 일련의 개념의 정의를 담는다. 일부 정의들은 이미 관련된 유럽법에 존재하나, 그 밖의 개념들은 여기에서 처음으로 정의된다.

제3조는 물품의 매매, 디지털콘텐츠의 공급과 관련서비스의 제공을 위한 국경을 넘은 계약에서 계약법규정들의 선택적 성질을 설명한다.

제4조는 국경을 넘은 계약으로 제한된 규칙의 적용범위를 정한다.

제5조는 물품의 매매와 디지털콘텐츠의 공급, 그리고 설치, 수선과 같은 관련서비스의 제공을 위한 계약의 물적 적용범위를 설명한다.

제6조는 혼합목적의 계약과 할부매매를 그 적용범위에서 제외한다.

제7조는 B2C와 적어도 당사자 일방이 중소기업인 B2B 계약으로 확장되는 적용의 인적 범위를 서술한다.

제8조는 보통유럽매매법의 선택이 그러한 효과를 의도하는 당사자의 합의를 요건으로 한다는 사실을 설명한다. 기업인과 소비자 사이의 계약에서 보통유럽매매법의 선택은 소비자의 동의가 계약을 체결하는 합의를 의도하는 표시와 분리된 명시적 표시로 이루어진 때에만 유효하다.

from the statement indicating the agreement to conclude a contract.

Article 9 contains several information requirements about the Common European Sales Law in contracts between a trader and a consumer. In particular the consumer shall receive the information notice in Annex II.

Article 10 requires Member States to ensure that there are sanctions in place for breaches by the traders of the duty to comply with the special requirements established by Articles 8 and 9.

Article 11 explains that as a consequence of the valid choice of the Common European Sales Law this is the only applicable law for the matters addressed in its rules and that consequently other national rules do not apply for matters falling within its scope. The choice of the Common European Sales Law operates retroactively to cover compliance with and remedies for failure to comply with the pre-contractual information duties.

Article 12 clarifies that the Regulation is without prejudice to the information requirements of Directive 2006/123/EC on services in the internal market.[16)]

Article 13 presents the possibility for Member States to enact legislation which makes the Common European Sales Law available to parties for use in an entirely domestic setting and for contracts between traders, neither of which is an SME.

Article 14 requires Member States to notify final judgments of their courts which give an interpretation of the provisions of the Common European Sales Law or any other provision of the Regulation. The Commission will set up a database of such judgments.

Article 15 contains a review clause.

Article 16 provides that the Regulation will enter into force on the twentieth day following that of its publication in the Official Journal of the European Union.

---

16) OJ L 376, 27.12.2006, p. 36.

제9조는 기업인과 소비자 사이의 계약에서 보통유럽매매법에 관한 여러 정보요건들을 포함한다. 특히 소비자는 부속서 II의 정보안내서를 받아야 한다.

제10조는 회원국들에게 기업인들이 제8조와 제9조가 정하는 특별요건들을 준수하여야 하는 의무를 위반할 경우 제재가 있음을 보장할 것을 요구한다.

제11조는 유효하게 보통유럽매매법을 선택한 결과로 이 법이 그 규정들이 정하는 사안들에 적용되는 유일한 법이고 이로 인하여 다른 국내의 규정들은 그 적용범위에 속하는 사안들에 적용되지 않는다는 사실을 설명한다. 보통유럽매매법의 선택은 소급하여 계약전 정보안내의무를 준수하도록 하고 준수하지 않은 경우 구제하는 효력이 있다.

제12조는 이 규칙이 역내시장의 서비스에 관한 2006/123/EC 지침[19]의 정보요건에 영향이 없다는 사실을 명확하게 한다.

제13조는 회원국들이 전적으로 국내의 사정에 또는 그 당사자 중 어느 누구도 중소기업이 아닌 기업인 사이의 계약에도 보통유럽매매법을 사용할 수 있도록 입법할 수 있는 가능성을 제시한다.

제14조는 회원국들에게 보통유럽매매법의 조항들 또는 이 규칙의 다른 조항들을 해석하는 그들의 법원의 확정판결을 통지할 것을 요구한다. 위원회는 그러한 판결의 데이터베이스를 구축한다.

제15조는 검토조항을 담는다.

제16조는 이 규칙이 유럽연합 관보에 공포된 날의 다음날로부터 20일이 되는 날에 시행됨을 규정한다.

---

19) OJ L 376, 27.12.2006, p. 36.

B. Annex I

Annex I contains the text of the Common European Sales Law.

Part I 'Introductory provisions' sets out the general principles of contract law which all parties need to observe in their dealings, such as good faith and fair dealing. The principle of freedom of contract also assures parties that, unless rules are explicitly designated as mandatory, for example rules of consumer protection, they can deviate from the rules of the Common European Sales Law.

Part II 'Making a binding contract' contains provisions on the parties' right to receive essential pre-contractual information and rules on how agreements are concluded between two parties. This part also contains specific provisions which give consumers a right to withdraw from distance and off-premises contracts. Finally it includes provisions on avoidance of contracts resulting from mistake, fraud, threat or unfair exploitation.

Part III 'Assessing what is in the contract' makes general provisions for how contract terms need to be interpreted in case of doubt. It also contains rules on the content and effects of contracts as well as which contract terms may be unfair and are therefore invalid.

Part IV 'Obligations and remedies of the parties to a sales contract' looks closely at the rules specific to sales contracts and contracts for the supply of digital content which contain the obligations of the seller and of the buyer. This part also contains rules on the remedies for non-performance of buyers and sellers.

Part V 'Obligations and remedies of the parties to a related services contract' concerns cases where a seller provides, in close connection to a contract of sale of goods or supply of digital content, certain services such as installation, repair or maintenance. This part explains what specific rules apply in such a situation,

B. 부속서 I

부속서 I은 보통유럽매매법 본문을 내용으로 한다.

제1편 '총칙'은 신의성실과 공정거래와 같이 당사자들이 그들의 거래에서 준수하여야 하는 계약법의 일반원칙을 규정한다. 계약자유의 원칙은 또한 당사자들에게 규정들이 예를 들어 소비자보호 규정들과 같이 명시적으로 강행법규로 지정되지 않으면 그들이 보통유럽매매법의 규정들을 벗어날 수 있음을 보장한다.

제2편 '구속력 있는 계약의 성립'은 중요한 계약전 정보를 수령할 수 있는 당사자의 권리에 관한 조항들과 어떻게 두 당사자 사이에서 합의가 체결되는가에 관한 규정들을 포함한다. 이 편은 또한 소비자에게 원격계약과 영업소 밖에서 체결된 계약을 철회할 수 있는 권리를 수여하는 특별조항을 담고 있다. 마지막으로 이 편은 착오, 사기와 폭리행위로 인한 계약의 취소에 관한 조항들을 포함한다.

제3편 '계약내용의 확정'은 의심스러울 경우 계약조항이 어떻게 해석되어야 하는지에 관한 일반조항들을 형성한다. 이는 또한 계약의 내용과 효력에 관한 조항과 함께 어떠한 계약조항이 불공정하고 이 때문에 무효인지에 관한 조항들을 포함한다.

제4편 '매매 또는 디지털콘텐츠 제공계약의 당사자의 의무와 구제수단'은 매도인과 매수인의 의무를 포함하는 매매계약과 디지털콘텐츠의 공급을 위한 계약에 특유한 규정들을 자세히 한다. 이 편은 또한 매도인과 매수인의 불이행에 대한 구제수단에 관한 규정들을 포함한다.

제5편 '관련 서비스 계약에서 당사자의 의무와 구제수단'은 매도인이 물품매매계약 또는 디지털콘텐츠 공급계약과 밀접한 관련 아래 설치, 수선 또는 유지와 같은 일정한 서비스를 제공하는 사례들에 관한 것이다. 이 편은 어떤 특별규정들이 그러한 상황에 적용되는지, 특히 그러한 계약 아래

in particular what the parties' rights and obligations under such contracts are.

Part VI 'Damages and interest' contains supplementary common rules on damages for loss and on interest to be paid for late payment.

Part VII 'Restitution' explains the rules which apply on what must be returned when a contract is avoided or terminated.

Part VIII 'Prescription' regulates the effects of the lapse of time on the exercise of rights under a contract.

Appendix 1 contains the Model instruction on withdrawal that must be provided by the trader to the consumer before a distance or an off-premises contract is concluded, while Appendix 2 provides for a Model withdrawal form.

C. Annex Ⅱ

Annex II comprises the Standard Information Notice on the Common European Sales Law that must be provided by the trader to the consumer before an agreement to use of the Common European Sales Law is made.

당사자들의 권리와 의무가 무엇인지를 설명한다.

제6편 '손해배상과 이자'는 손해에 대한 배상과 지급연체의 경우 지급하여야 하는 이자에 관한 보충적 일반규정들을 담는다.

제7편 '원상회복'은 계약이 취소되거나 해제된 경우 무엇이 반환되어야 하는가에 관하여 적용되는 규정들을 설명한다.

제8편 '소멸시효'는 계약에서 발생한 권리들의 행사에 관하여 시간의 경과의 효과를 규율한다.

부록 1은 원격 또는 영업소 밖에서 체결된 계약이 체결되기 전에 기업인이 소비자에게 제공하여야 하는 철회에 관한 모범지침을 포함하며, **부록 2**는 모범철회양식을 제공한다.

C. 부속서 II

부속서 II는 보통유럽매매법을 적용하는 합의가 있기 전에 기업인이 소비자에게 제공하여야 하는 보통유럽매매법에 관한 모범정보안내서로 구성된다.

2011/0284 (COD)

Proposal for a

REGULATION OF THE EUROPEAN PARLIAMENT AND OF THE COUNCIL

on a Common European Sales Law

THE EUROPEAN PARLIAMENT AND THE COUNCIL OF THE EUROPEAN UNION,

Having regard to the Treaty on the Functioning of the European Union, and in particular Article 114 thereof,

Having regard to the proposal from the European Commission,

After transmission of the draft legislative act to the national Parliaments,

Having regard to the opinion of the European Economic and Social Committee,

Having regard to the opinion of the Committee of the Regions,

Acting in accordance with the ordinary legislative procedure,

Whereas:

(1) There are still considerable bottlenecks to cross-border economic activity that prevent the internal market from exploiting its full potential for growth and job creation. Currently, only one in ten traders in the Union exports goods within the Union and the majority of those who do, only export to a small number of Member States. From the range of obstacles to cross-border trade including tax regulations, administrative requirements, difficulties in delivery, language and culture, traders consider the difficulty

보통유럽매매법에 관한 규칙을 위한 제안서

유럽의회와 유럽연합 이사회는,

유럽연합의 활동에 관한 협약(Treaty on the Functioning of the European Union), 특히 제114조에 근거하여,

유럽 집행위원회의 제안에 관하여,

개별 국가 의회의 입법초안이 도달한 이후에,

유럽 경제·사회위원회의 의견을 존중하고,

지역위원회의 의견을 존중하여,

통상 입법절차에 따라,

다음의 사항을 고려하여:

(1) 유럽연합내 시장(이하 역내시장)이 성장과 고용창출을 위한 완전한 잠재력을 발휘하지 못하게 가로막는 국경을 넘은 경제활동에 상당한 애로사항들이 여전히 존재한다. 현재 연합 내에서 10명의 기업인(trader)들 중 1명의 기업인만이 연합 내로 물품을 수출하며 이들 중 대다수는 적은 수의 회원국들로만 수출한다. 조세법, 행정적 요건들, 인도의 어려움, 언어와 문화를 포함한 국경을 넘은 교역의 장애사유들에서 기업인들은 외국의 계약법 규정의 발견을 위한 어려

in finding out the provisions of a foreign contract law among the top barriers in business-to-consumer transactions and in business-to-business transactions. This also leads to disadvantages for consumers due to limited access to goods. Different national contract laws therefore deter the exercise of fundamental freedoms, such as the freedom to provide goods and services, and represent a barrier to the functioning and continuing establishment of the internal market. They also have the effect of limiting competition, particularly in the markets of smaller Member States.

(2) Contracts are the indispensable legal tool for every economic transaction. However, the need for traders to identify or negotiate the applicable law, to find out about the provisions of a foreign applicable law often involving translation, to obtain legal advice to make themselves familiar with its requirements and to adapt their contracts to different national laws that may apply in cross-border dealings makes cross-border trade more complex and costly compared to domestic trade. Contract-law-related barriers are thus a major contributing factor in dissuading a considerable number of export-oriented traders from entering cross-border trade or expanding their operations into more Member States. Their deterrent effect is particularly strong for small and medium-sized enterprises (SME) for which the costs of entering multiple foreign markets are often particularly high in relation to their turnover. As a consequence, traders miss out on cost savings they could achieve if it were possible to market goods and services on the basis of one uniform contract law for all their cross-border transactions and, in the online environment, one single web-site.

(3) Contract law related transaction costs which have been shown to be of considerable proportions and legal obstacles stemming from the differences between national mandatory consumer protection rules have a direct effect on the functioning of the internal market in relation to

움을 기업과 소비자간 거래(business to consumer transactions)와 기업과 기업간 거래(business to business transactions)를 가로막는 최대의 장벽 중의 하나로 든다. 이는 또한 물품에 대한 제한된 접근으로 말미암아 소비자들에게 불이익으로 이어진다. 그러므로 서로 다른 개별국가의 계약법은 물품과 서비스를 제공하는 자유와 같은 기본적 자유의 행사를 억압하고 역내시장의 기능화와 지속적인 정착을 가로막는 장벽이 된다. 이들은 또한 특히 조그마한 회원국의 시장에서 경쟁을 제한하는 부작용을 가진다.

(2) 계약은 모든 경제적 거래에 필수불가결한 법적 도구이다. 그러나 적용되는 법률을 인식하거나 협상하고, 종종 번역과 아울러 적용가능한 외국법의 조항들을 찾아야 하며, 스스로 그 요건에 익숙하도록 하고 그의 계약이 국경을 넘은 거래에 적용가능한 서로 다른 국가법[개별국가법]에 맞도록 법적 자문을 얻어야 하는 기업인의 필요는 국내의 교역과 비교하여 국경을 넘은 교역을 보다 복잡하게 하고 많은 비용이 들게 한다. 따라서 계약법과 연계된 장벽들은 상당한 수의 수출지향적 기업인들이 국경을 넘은 교역의 진입 또는 그의 활동을 보다 많은 회원국들로 확대하지 않게 하는 가장 주된 요인이다. 그들의 억지효는 복수의 외국 시장에 진입하는 비용이 그들의 총매출액에 비추어 특히 높은 중소기업들에게 특히 강하다. 그 결과 기업인들은 국경을 넘은 거래를 위한 하나의 통일계약법과 온라인환경의 경우 단일 웹사이트의 토대 위에서 물품과 서비스의 판로를 개척할 수 있었다면 그가 이룰 수 있었던 비용절감의 기회를 놓치게 될 것이다.

(3) 상당히 높은 것으로 드러난 계약법과 연관된 교역비용과 개별 국가의 소비자보호 강행규정 사이의 상이성에서 유래한 법적 장애는 B2C거래에서 역내시장의 기능화에 직접적인 영향을 미친다. 2008년 6월 17일 약정 채무관계에 적용되는 법에 관한 유럽의회와 이사

business-to-consumer transactions. Pursuant to Article 6 of Regulation 593/2008 of the European Parliament and of the Council of 17 June 2008 on the law applicable to contractual obligations (Regulation (EC) No 593/2008),[1] whenever a trader directs its activities to consumers in another Member State the consumer protection provisions of the Member State of the consumer's habitual residence that provide a higher level of protection and cannot be derogated from by agreement by virtue of that law will apply, even where another applicable law has been chosen by the parties. Therefore, traders need to find out in advance whether the consumer's law provides higher protection and ensure that their contract is in compliance with its requirements. In addition, in e-commerce, web-site adaptations which need to reflect mandatory requirements of applicable foreign consumer contract laws entail further costs. The existing harmonisation of consumer law at Union level has led to a certain approximation in some areas. However the differences between Member States' laws remain substantial; existing harmonisation leaves Member States a broad range of options on how to comply with the requirements of Union legislation and where to set the level of consumer protection.

(4) The contract-law-related barriers which prevent traders from fully exploiting the potential of the internal market also work to the detriment of consumers. Less cross-border trade results in fewer imports and less competition. Consumers may be disadvantaged by a limited choice of goods at higher prices both because fewer foreign traders offer their products and services directly to them and also indirectly as a result of restricted cross-border business-to-business trade at the wholesale level. While cross-border shopping could bring substantial economic advantages

1) OJ L 177, 4.7.2008, p. 6.

회 규칙 593/2008[Regulation (EC) No 593/2008][1] 제6조에 의하여 기업인이 다른 회원국의 소비자를 상대로 그의 활동을 할 때에는 그 법의 효력으로 보다 높은 수준의 보호를 제공하고 약정으로 배제될 수 없는 소비자의 상거소가 있는 회원국의 소비자보호조항이 적용되며, 이는 당사자가 다른 적용법을 선택한 때에도 그러하다. 그러므로 기업인은 사전에 소비자의 법이 높은 수준의 보호를 제공하는지 확인하고 그들의 계약이 그 요건에 부합하는지를 검토하여야 한다. 이와 함께 전자상거래에 적용되는 외국 소비자계약법의 강행법규적 요건을 반영하여야 하는 웹사이트의 적합성은 더 많은 비용을 동반한다. 현재 유럽연합의 차원에서 소비자법의 통일은 특정 분야에서 일정한 유사화로 이어졌다. 그럼에도 회원국의 법 사이의 상이성은 현저하다. 현재의 조화상태는 회원국들에게 어떻게 유럽연합 입법의 요건을 준수하여야 하고 소비자보호의 수준을 어디에 두어야 하는지에 관하여 넓은 선택의 여지를 남긴다.

(4) 기업인들이 역내시장의 역량을 완전히 발휘할 수 없도록 하는 계약법과 연관된 장벽들은 또한 소비자들에게 불이익으로 작용한다. 적은 국경을 넘은 교역은 작은 수입과 약한 경쟁을 결과로 한다. 소비자들은 높은 가격에도 불구하고 제한된 물품선택으로 불리하게 될 것이며, 이는 소수의 외국 기업인들만이 직접 소비자들에게 그의 제품과 서비스를 제공하고 간접적으로 대규모거래 수준에서 제한적인 국경을 넘은 B2B교역의 결과이기 때문이다. 국경을 넘은 구매가 더 많고 더 좋은 조건의 제공으로 본질적인 경제적 이익을 가

---

1) OJ(Official Journal of the European Union) L 177, 4.7.2008, p. 6.

in terms of more and better offers, many consumers are also reluctant to engage in cross-border shopping, because of the uncertainty about their rights. Some of the main consumer concerns are related to contract law, for instance whether they would enjoy adequate protection in the event of purchasing defective products. As a consequence, a substantial number of consumers prefer to shop domestically even if this means they have less choice or pay higher prices.

(5) In addition, those consumers who want to benefit from price differences between Member States by purchasing from a trader from another Member State are often hindered due to a trader's refusal to sell. While e-commerce has greatly facilitated the search for offers as well as the comparison of prices and other conditions irrespective of where a trader is established, orders by consumers from abroad are very frequently refused by traders which refrain from entering into cross-border transactions.

(6) Differences in national contract laws therefore constitute barriers which prevent consumers and traders from reaping the benefits of the internal market. Those contract-law-related barriers would be significantly reduced if contracts could be based on a single uniform set of contract law rules irrespective of where parties are established. Such a uniform set of contract law rules should cover the full life cycle of a contract and thus comprise the areas which are the most important when concluding contracts. It should also include fully harmonised provisions to protect consumers.

(7) The differences between national contract laws and their effect on cross-border trade also serve to limit competition. With a low level of cross-border trade, there is less competition, and thus less incentive for traders to become more innovative and to improve the quality of their products or to reduce prices. Particularly in smaller Member States with a limited number of domestic competitors, the decision of foreign traders to refrain

져올 수 있음에도 많은 소비자들은 또한 그들의 권리의 불확실성을 이유로 국경을 넘은 구매에 참여하기를 주저한다. 소비자들의 주된 관심 중 일부는, 예를 들어 그들이 결함있는 제품을 구매한 경우 적절한 보호를 누릴 수 있는가와 같이 계약법에 관한 것이다. 그 결과 많은 소비자들은 국내에서의 구매가 그들이 좁은 선택의 기회만을 가지거나 보다 높은 대금을 지급하여야 함을 뜻함에도 국내에서의 구매를 선호한다.

(5) 이에 덧붙여 다른 회원국의 기업인으로부터 구매함으로써 회원국 사이에 존재하는 가격의 차이에서 이익을 얻기를 원하는 소비자들도 종종 기업인의 판매거부 때문에 좌절할 수 있다. 전자상거래가 기업이 소재하는 장소와 무관하게 공급의 검색은 물론 가격과 다른 조건의 비교를 매우 촉진히였음에도 국경을 넘은 거래에 잠여하기를 꺼리는 기업인들은 흔히 외국으로 오는 소비자들의 주문을 거절한다.

(6) 그러므로 국내계약법의 차이들은 소비자들과 기업인들이 역내시장의 이익들을 수확하지 못하도록 가로막는 장벽을 구성한다. 이러한 계약법과 연계된 장벽들은 당사자가 소재하는 장소에 구애받지 않고 그의 계약들이 단일한 통일계약법 체계에 따라 체결된다면 현저하게 감소할 것이다. 그러한 통일계약법 체계는 특정 계약의 성립에서 소멸에 이르기까지 전체를 규율하고 계약을 체결하는 시기에 가장 중요한 분야들을 포괄하여야 한다. 이는 당연히 소비자를 보호하기 위한 전면적으로 통일된 조항들을 내용으로 하여야 한다.

(7) 국경을 넘은 교역에 관한 개별 국가 계약법들의 상이성과 그들의 효과는 또한 경쟁을 제한하게 한다. 낮은 수준의 국경을 넘은 교역에서는 경쟁이 약하고, 따라서 기업인들이 보다 혁신적이 되고 그들의 제품의 품질을 향상하거나 가격을 인하하도록 하는 자극이 약하다. 특히 제한된 수의 내국의 경쟁기업만을 가진 조그마한 회원국들에서는 비용과 복잡성을 이유로 이러한 시장에 진입하지 않으

from entering these markets due to costs and complexity may limit competition, resulting in an appreciable impact on choice and price levels for available products. In addition, the barriers to cross-border trade may jeopardise competition between SME and larger companies. In view of the significant impact of the transaction costs in relation to turnover, an SME is much more likely to refrain from entering a foreign market than a larger competitor.

(8) To overcome these contract-law-related barriers, parties should have the possibility to agree that their contracts should be governed by a single uniform set of contract law rules with the same meaning and interpretation in all Member States, a Common Sales Law. The Common European Sales Law should represent an additional option increasing the choice available to parties and open to use whenever jointly considered to be helpful in order to facilitate cross-border trade and reduce transaction and opportunity costs as well as other contract-law-related obstacles to cross-border trade. It should become the basis of a contractual relationship only where parties jointly decide to use it.

(9) This Regulation establishes a Common European Sales Law. It harmonises the contract laws of the Member States not by requiring amendments to the pre-existing national contract law, but by creating within each Member State's national law a second contract law regime for contracts within its scope. This second regime should be identical throughout the Union and exist alongside the pre-existing rules of national contract law. The Common European Sales Law should apply on a voluntary basis, upon an express agreement of the parties, to a cross-border contract.

(10) The agreement to use the Common European Sales Law should be a choice exercised within the scope of the respective national law which is applicable pursuant to Regulation (EC) No 593/2008 or, in relation

려는 외국 기업인의 결정은 경쟁을 제한하여 이용가능한 제품에 대한 선택과 가격수준에 뚜렷한 영향을 남기게 된다. 여기에 덧붙여 국경을 넘은 교역의 장벽은 중소기업과 대규모 회사 사이의 경쟁을 위태롭게 할 수 있다. 총매출에 관하여 결정적인 거래비용의 파급효의 관점에서 중소기업은 대규모의 경쟁자와 비교하여 외국시장에의 진입을 보다 꺼릴 것으로 생각된다.

(8) 그러한 계약법과 연관된 장벽을 극복하기 위하여 당사자들은 모든 회원국에서 그들의 계약이 동일한 의미와 해석을 기초로 하는 단일한 통일계약법 체계, 즉 보통매매법(Common Sales Law)으로 규율되어야 한다는 사실에 합의할 가능성을 가져야 한다. 보통유럽매매법은 계약당사자가 사용할 수 있는 선택을 넓히는 추가적인 사양이 되어야 하고 국경을 넘은 교역을 증진하고 거래와 기회비용과 함께 이 밖의 계약법과 연관된 국경을 넘은 교역의 장애들을 줄이기 위하여 모두 유용하다고 인정할 때에는 언제든지 사용할 수 있어야 한다. 이는 당사자들이 서로 이를 사용하기로 결정한 때에만 계약관계의 기초가 되어야 할 것이다.

(9) 이 규칙은 보통유럽매매법을 제정한다. 이는 기존의 국내계약법의 수정을 요구하지 않고 개별 회원국의 국가법 안에서 그 범위에 속하는 계약에 적용되는 제2의 계약법체계를 창설함으로써 회원국들의 계약법을 일치하게 한다. 이 제2의 체계는 유럽연합 전역에서 동일하여야 하며 기존의 국내계약법의 규정들과 병행적으로 존재한다. 보통유럽매매법은 자유결정을 근거로, 즉 당사자들의 명시적 약정을 근거로 하여 국경을 넘은 계약에 적용되어야 한다.

(10) 보통유럽매매법을 사용하는 약정은 규칙 (EC) No 593/2008 또는 계약 전의 정보안내의무에 대하여 2007년 7월 11일의 계약외적 의무에 적용되는 법에 관한 유럽의회와 이사회 규칙 (EC) No

to pre-contractual information duties, pursuant to Regulation (EC) No 864/2007 of the European Parliament and of the Council of 11 July 2007 on the law applicable to non-contractual obligations (Regulation (EC) No 864/2007),[2] or any other relevant conflict of law rule. The agreement to use the Common European Sales Law should therefore not amount to, and not be confused with, a choice of the applicable law within the meaning of the conflict-of-law rules and should be without prejudice to them. This Regulation will therefore not affect any of the existing conflict of law rules.

(11) The Common European Sales Law should comprise of a complete set of fully harmonised mandatory consumer protection rules. In line with Article 114(3) of the Treaty, those rules should guarantee a high level of consumer protection with a view to enhancing consumer confidence in the Common European Sales Law and thus provide consumers with an incentive to enter into cross-border contracts on that basis. The rules should maintain or improve the level of protection that consumers enjoy under Union consumer law.

(12) Since the Common European Sales Law contains a complete set of fully harmonised mandatory consumer protection rules, there will be no disparities between the laws of the Member States in this area, where the parties have chosen to use the Common European Sales Law. Consequently, Article 6(2) Regulation (EC) No 593/2008, which is predicated on the existence of differing levels of consumer protection in the Member States, has no practical importance for the issues covered by the Common European Sales Law.

(13) The Common European Sales Law should be available for cross-border

---

2) OJ L 199, 31.7.2007, p. 40.

864/2007[Regulation (EC) No 864/2007][2] 또는 이 밖에 법률의 저촉에 관한 법을 근거로 적용되는 개별 국가법의 범주 내에서 행사된 [법의] 지정이다. 그러므로 보통유럽매매법을 적용하는 약정은 법의 저촉에 관한 규정의 의미에서 준거법의 지정과 같지 않고 혼동되어서도 아니된다. 따라서 이 규칙은 기존의 법의 저촉에 관한 규정에 영향을 미치지 않는다.

(11) 보통유럽매매법은 완전히 통일된 강행법규적 소비자보호규정들의 완전한 체계를 이루어야 한다. 협약 제114조 제3항에 따라 보통유럽매매법에서 이러한 규정들은 소비자신뢰를 강화할 목적으로 높은 수준의 소비자보호를 보장함으로써 소비자들에게 그 기초 위에서 국경을 넘은 계약에 참여할 동기를 제공하여야 한다. 그 규정들은 소비자가 유럽연합 소비자법 아래에서 향유하는 수준의 보호를 유지하거나 이를 높여야 한다.

(12) 보통유럽매매법은 잘 조화된 강행법규적 소비자보호규정들의 완전한 체계를 내용으로 하므로 당사자들이 보통유럽매매법을 적용할 것을 선택한 경우 이 영역에서 회원국들의 법 사이에 불일치는 없게 된다. 그 결과 회원국들에서 서로 다른 소비자보호수준의 존재를 전제로 한 (EC) No 593/2008 규칙 제6조 제2항은 보통유럽매매법이 관할하는 문제에 대하여는 실질적인 중요성을 갖지 않는다.

(13) 그러한 배경에서 국가법의 차이들이 복잡화와 추가비용을 발생하

2) OJ L 199, 31.7.2007, p. 40.

contracts, because it is in that context that the disparities between national laws lead to complexity and additional costs and dissuade parties from entering into contractual relationships. The cross-border nature of a contract should be assessed on the basis of the habitual residence of the parties in business-to-business contracts. In a business-to-consumer contract the cross-border requirement should be met where either the general address indicated by the consumer, the delivery address for the goods or the billing address indicated by the consumer are located in a Member State, but outside the State where the trader has its habitual residence.

(14) The use of the Common European Sales Law should not be limited to cross-border situations involving only Member States, but should also be available to facilitate trade between Member States and third countries. Where consumers from third countries are involved, the agreement to use the Common European Sales Law, which would imply the choice of a foreign law for them, should be subject to the applicable conflict-of-law rules.

(15) Traders engaging in purely domestic as well as in cross-border trade transactions may also find it useful to make use of a single uniform contract for all their transactions. Therefore Member States should be free to decide to make the Common European Sales Law available to parties for use in an entirely domestic setting.

(16) The Common European Sales Law should be available in particular for the sale of movable goods, including the manufacture or production of such goods, as this is the economically single most important contract type which could present a particular potential for growth in cross-border trade, especially in e-commerce.

(17) In order to reflect the increasing importance of the digital economy, the

게 하고 당사자들이 계약관계에 들어서지 않게 하므로 보통유럽매매법은 국경을 넘은 계약에 적용되어야 한다. 계약의 초국경적 성질은 B2B 계약에서 당사자의 상거소를 기준으로 평가되어야 한다. B2C 계약에서 초국경적 요건은 소비자가 적시한 일반 주소, 소비자가 지시한 물품의 인도장소 또는 대금청구서 수령주소가 회원국 내에 있지만 기업인이 그의 상거소를 가지는 국가 밖에 위치하는 경우에 인정되어야 한다.

(14) 보통유럽매매법의 적용은 회원국들만이 개입된 국경을 넘는 상황으로 제한되지 않아야 하고 회원국과 제3국들 사이의 교역을 촉진하기 위하여 적용될 수 있어야 한다. 제3국의 소비자가 개입된 경우 그에게 외국법의 지정이 될 수 있는 보통유럽매매법을 적용하는 약정은 적용되는 법의 저촉에 관한 규정을 따라야 한다.

(15) 단순히 국내의 교역 거래만이 아니라 국외교역 거래에 참여하는 기업인들은 그들의 모든 거래에 단일한 통일계약을 적용하는 것이 유용하다고 볼 수 있다. 그러므로 회원국들은 또한 당사자가 순전히 내국적 사정에 적용하기 위하여 보통유럽매매법을 이용할 것을 자유롭게 결정할 수 있다.

(16) 보통유럽매매법은 특히 동산의 제작과 생산을 포함한 동산의 매매에 적용될 수 있어야 하며, 이는 동산의 매매가 국경을 넘은 교역, 특히 전자상거래에서 성장을 위한 특별한 잠재력을 보여주는 경제적으로 가장 중요한 계약유형이기 때문이다.

(17) 증대하는 디지털경제의 중요성을 반영하기 위하여 보통유럽매매

scope of the Common European Sales Law should also cover contracts for the supply of digital content. The transfer of digital content for storage, processing or access, and repeated use, such as a music download, has been growing rapidly and holds a great potential for further growth but is still surrounded by a considerable degree of legal diversity and uncertainty. The Common European Sales Law should therefore cover the supply of digital content irrespective of whether or not that content is supplied on a tangible medium.

(18) Digital content is often supplied not in exchange for a price but in combination with separate paid goods or services, involving a non-monetary consideration such as giving access to personal data or free of charge in the context of a marketing strategy based on the expectation that the consumer will purchase additional or more sophisticated digital content products at a later stage. In view of this specific market structure and of the fact that defects of the digital content provided may harm the economic interests of consumers irrespective of the conditions under which it has been provided, the availability of the Common European Sales Law should not depend on whether a price is paid for the specific digital content in question.

(19) With a view to maximising the added value of the Common European Sales Law its material scope should also include certain services provided by the seller that are directly and closely related to specific goods or digital content supplied on the basis of the Common European Sales Law, and in practice often combined in the same or a linked contract at the same time, most notably repair, maintenance or installation of the goods or the digital content.

(20) The Common European Sales Law should not cover any related contracts by which the buyer acquires goods or is supplied with a service, from a

법의 적용범위는 디지털콘텐츠의 공급을 위한 계약들을 포함한다. 음원내려받기 등과 같은 저장, 가공 또는 접근과 반복이용을 위한 디지털콘텐츠의 전송은 빠른 속도로 성장하였으며 커다란 장래 성장의 잠재력이 있으나, 여전히 상당한 정도의 법적 상이성과 불확실성으로 둘러싸여 있다. 그러므로 보통유럽매매법은 디지털콘텐츠가 유체적 매체로 공급되는지의 여부에 구애받음이 없이 디지털콘텐츠의 공급을 규율하여야 한다.

(18) 디지털콘텐츠는 종종 대금과 교환하여 공급되지 않고, 개인자료에 대한 접근을 허용하는 경우와 같이 금전이 아닌 대가를 포함하거나 소비자가 이후 추가적으로 또는 보다 복잡한 제품을 구매할 것이라는 기대에 근거한 영업전략의 측면에서 무상공급하는 경우와 같이 별도로 지급되는 물품 또는 서비스와 결합하여 공급된다. 이와 같은 특수한 시장구조와 제공된 디지털콘텐츠의 하자가 디지털콘텐츠를 공급하게 된 조건들과 무관하게 소비자의 경제적 이익을 해칠 수도 있다는 사실에서 보통유럽매매법의 적용가능성은 문제된 특정한 디지털콘텐츠에 대하여 대금이 지급되었는가의 여부에 종속되지 않아야 한다.

(19) 보통유럽매매법의 부가적 가치를 극대화하기 위하여 그의 실질적인 적용범위는 매도인이 제공하는 일정한 서비스를 포함하여야 하며, 이들은 보통유럽매매법을 근거로 하여 제공된 특정 물품 또는 디지털콘텐츠와 직접적이고 밀접하게 연관되고 현실적으로는 자주 특히 물품 또는 디지털콘텐츠의 수선, 유지 또는 설치와 같이 같은 계약으로 또는 같은 시기에 연계된 계약에 의하여 결합된다.

(20) 보통유럽매매법은 매수인이 제3자로부터 물품을 취득하거나 그에게 서비스가 제공되는 근거가 된 어떠한 관련계약도 규율하지 않

third party. This would not be appropriate because the third party is not part of the agreement between the contracting parties to use the rules of the Common European Sales Law. A related contract with a third party should be governed by the respective national law which is applicable according pursuant to Regulations (EC) No 593/2008 and (EC) No 864/2007 or any other relevant conflict of law rule.

(21) In order to tackle the existing internal market and competition problems in a targeted and proportionate fashion, the personal scope of the Common European Sales Law should focus on parties who are currently dissuaded from doing business abroad by the divergence of national contract laws with the consequence of a significant adverse impact on cross-border trade. It should therefore cover all business-to-consumer transactions and contracts between traders where at least one of the parties is an SME drawing upon Commission Recommendation 2003/361 of 6 May 2003 concerning the definition of micro, small and medium-sized enterprises.[3] This should, however, be without prejudice to the possibility for Member States to enact legislation which makes the Common European Sales Law available for contracts between traders, neither of which is an SME. In any case, in business-to-business transactions, traders enjoy full freedom of contract and are encouraged to draw inspiration from the Common European Sales Law in the drafting of their contractual terms.

(22) The agreement of the parties to a contract is indispensable for the application of the Common European Sales Law. That agreement should be subject to strict requirements in business-to-consumer transactions. Since, in practice, it will usually be the trader who proposes the use of the

---

3) OJ L 124, 20.5.2003, p. 36.

아야 한다. 이는 제3자는 계약당사자 사이의 보통유럽매매법 규정을 적용하려는 약정의 구성부분이 아니기 때문이다. 제3자와의 관련계약은 규칙 (EC) No 593/2008과 규칙 (EC) No 864/2007 또는 이 밖의 관계되는 법의 저촉에 관한 규정에 따라 적용되는 해당 국가법으로 규율되어야 한다.

(21) 현존하는 역내시장과 경쟁문제를 목적으로 하여 적절한 정도로 다루기 위하여 보통유럽매매법의 인적 적용범위는 현재 국경을 넘은 교역에서 결정적으로 불리한 효과를 가지는 국내 계약법들의 다양성으로 말미암아 국외영업을 주저하는 당사자들에 초점을 두어야 한다. 따라서 이는 모든 B2C거래와 적어도 일방 당사자가 최소형, 소형과 중형기업의 정의에 관한 2003년 5월 6일의 위원회 권고안 2003/361에서 연역한 중소기업인 기업인 사이의 계약을 포괄하여야 한다. 그러나 이는 회원국들이 보통유럽매매법을 계약 당사자 중 어느 누구도 중소기업이 아닌 계약에 적용할 수 있도록 하는 법률을 시행할 가능성을 침해하지 않아야 한다. 어느 경우를 막론하고 B2B거래에서 기업인들은 완전한 계약자유를 누리고 그들의 계약내용의 확정을 보통유럽매매법에서 착안할 수 있도록 고무되어야 한다.

(22) 계약에 관한 당사자의 합의는 보통유럽매매법의 적용에 반드시 필요하다. B2C거래에서 그 합의는 엄격한 요건을 충족하여야 한다. 실무에서 보통유럽매매법의 적용을 제안하는 사람이 일반적으로 기업인일 것이므로 소비자들은 그들이 그들의 기존의 국가법과 상이한 규정들의 적용에 합의한다는 사실을 잘 인식하여야 한다. 그러므로 보통유럽매매법의 적용에 대한 소비자들의 동의

Common European Sales Law, consumers must be fully aware of the fact that they are agreeing to the use of rules which are different from those of their pre-existing national law. Therefore, the consumer's consent to use the Common European Sales Law should be admissible only in the form of an explicit statement separate from the statement indicating the agreement to the conclusion of the contract. It should therefore not be possible to offer the use of the Common European Sales Law as a term of the contract to be concluded, particularly as an element of the trader's standard terms and conditions. The trader should provide the consumer with a confirmation of the agreement to use the Common European Sales Law on a durable medium.

(23) In addition to being a conscious choice, the consent of a consumer to the use of the Common European Sales Law should be an informed choice. The trader should therefore not only draw the consumer's attention to the intended use of the Common European Sales Law but should also provide information on its nature and its salient features. In order to facilitate this task for traders, thereby avoiding unnecessary administrative burdens, and to ensure consistency in the level and the quality of the information communicated to consumers, traders should supply consumers with the standard information notice provided for in this Regulation and thus readily available in all official languages in the Union. Where it is not possible to supply the consumer with the information notice, for example in the context of a telephone call, or where the trader has failed to provide the information notice, the agreement to use the Common European Sales Law should not be binding on the consumer until the consumer has received the information notice together with the confirmation of the agreement and has subsequently expressed consent.

(24) In order to avoid a selective application of certain elements of the

는 계약체결의 합의를 지향하는 표시와 분리된 명시적인 표시로서만 인정되어야 한다. 따라서 체결되는 계약의 내용으로, 특히 기업인의 약관의 구성요소로서 보통유럽매매법의 적용을 청약하는 것은 가능하지 않다. 기업인은 내구적 저장장치로 소비자에게 보통유럽매매법의 적용에 관한 합의의 확인을 제공하여야 한다.

(23) 인식 있는 선택에 덧붙여 보통유럽매매법의 사용에 대한 소비자의 동의는 안내된 선택이 되어야 한다. 그러므로 기업인은 의도하는 보통유럽매매법의 적용에 소비자의 관심을 끌어야 할 뿐 아니라 그의 본질과 핵심적인 사항에 관한 정보를 제공하여야 한다. 불필요한 행정적 부담을 피하면서 기업인에게 그 업무를 장려하고 소비자에게 전달되는 정보의 수준과 질에 있어서 일관성을 보장하기 위하여 기업인들은 이 규칙에서 준비되어 연합 내에서 모든 공식언어로 쉽게 이용 가능한 모범정보안내서를 소비자들에게 제공하여야 한다. 예를 들어 전화통화를 배경으로 하는 경우와 같이 소비자에게 정보안내서를 제공할 수 없거나 기업인이 정보안내서를 제공하지 않은 경우 보통유럽매매법을 사용하는 합의는 소비자가 약정의 확인과 함께 정보안내를 수령하고 이어서 동의를 표시할 때까지 소비자에게 구속효가 없다.

(24) 당사자들의 권리와 의무 사이의 균형을 깨어 소비자보호의 수준

Common European Sales Law, which could disturb the balance between the rights and obligations of the parties and adversely affect the level of consumer protection, the choice should cover the Common European Sales Law as a whole and not only certain parts of it.

(25) Where the United Nations Convention on Contracts for the International Sale of Goods would otherwise apply to the contract in question, the choice of the Common European Sales Law should imply an agreement of the contractual parties to exclude that Convention.

(26) The rules of the Common European Sales Law should cover the matters of contract law that are of practical relevance during the life cycle of the types of contracts falling within the material and personal scope, particularly those entered into online. Apart from the rights and obligations of the parties and the remedies for non-performance, the Common European Sales Law should therefore govern pre-contractual information duties, the conclusion of a contract including formal requirements, the right of withdrawal and its consequences, avoidance of the contract resulting from a mistake, fraud, threats or unfair exploitation and the consequences of such avoidance, interpretation, the contents and effects of a contract, the assessment and consequences of unfairness of contract terms, restitution after avoidance and termination and the prescription and preclusion of rights. It should settle the sanctions available in case of the breach of all the obligations and duties arising under its application.

(27) All the matters of a contractual or non-contractual nature that are not addressed in the Common European Sales Law are governed by the pre-existing rules of the national law outside the Common European Sales Law that is applicable under Regulations (EC) No 593/2008 and (EC) No 864/2007 or any other relevant conflict of law rule. These issues include

에 불리하게 작용할 수 있는 보통유럽매매법의 특정 내용의 선별적 적용을 방지하기 위하여, 그 선택은 보통유럽매매법 전체를 포함하여야 하고 특정부분을 대상으로 하여서는 아니된다.

(25) 국제물품매매계약에 관한 국제연합협약(CISG)이 문제된 계약에 적용될 수 있을 경우 보통유럽매매법의 선택은 그 협약을 배제하는 계약당사자의 합의를 의미한다.

(26) 보통유럽매매법의 규정들은 이의 물적, 인적 범위에 포함되는 계약, 특히 전자적으로 체결된 계약유형의 존속기간 동안 실질적인 연관성을 가지는 계약법의 문제들을 규율한다. 그러므로 보통유럽매매법은 당사자들의 권리와 의무와 불이행에 대한 구제수단과 별개로 계약 전의 정보안내의무, 형식적 요건을 포함한 계약의 체결, 철회권과 그 효과, 착오, 사기, 강박 또는 폭리행위와 취소의 효과, 해석, 계약의 내용과 효과, 계약규정의 불공정성에 대한 평가와 효과, 취소와 해제로 인한 원상회복과 소멸시효와 권리의 배제를 규율하여야 한다. 보통유럽매매법은 그의 적용 아래 일어나는 모든 의무들의 침해사안에 적용되는 제재를 확정하여야 한다.

(27) 보통유럽매매법에 열거되지 않은 모든 계약적 또는 비계약적 성질의 문제는 보통유럽매매법이 아닌 규칙 (EC) No 593/2008과 규칙 (EC) No 864/2007 또는 이 밖에 관계된 법의 저촉에 관한 규정에 따라 적용되는 기존의 국가법 규정으로 규율된다. 이 문제들은 법인격, 행위능력의 흠결로 인한 계약의 무효, 불법과 반윤리성,

legal personality, the invalidity of a contract arising from lack of capacity, illegality or immorality, the determination of the language of the contract, matters of non-discrimination, representation, plurality of debtors and creditors, change of parties including assignment, set-off and merger, property law including the transfer of ownership, intellectual property law and the law of torts. Furthermore, the issue of whether concurrent contractual and non-contractual liability claims can be pursued together falls outside the scope of the Common European Sales Law.

(28) The Common European Sales Law should not govern any matters outside the remit of contract law. This Regulation should be without prejudice to the Union or national law in relation to any such matters. For example, information duties which are imposed for the protection of health and safety or environmental reasons should remain outside the scope of the Common European Sales Law. This Regulation should further be without prejudice to the information requirements of Directive 2006/123/EC of the European Parliament and of the Council of 12 December 2006 on services in the internal market.[4)]

(29) Once there is a valid agreement to use the Common European Sales Law, only the Common European Sales Law should govern the matters falling within its scope. The rules of the Common European Sales Law should be interpreted autonomously in accordance with the well-established principles on the interpretation of Union legislation. Questions concerning matters falling within the scope of the Common European Sales Law which are not expressly settled by it should be resolved only by interpretation of its rules without recourse to any other law. The rules of the Common European Sales Law should be interpreted on the basis

4) OJ L 376, 27.12.2006, p. 36.

계약언어의 결정, 비차별대우, 대리, 다수의 채권자와 채무자, 양도를 포함한 당사자의 변경, 상계와 혼동, 소유권양도를 포함한 재산법, 지적재산권법과 불법행위법을 포괄한다. 뿐만 아니라 경합하는 계약상 청구권과 계약 외의 책임들이 함께 행사될 수 있는지에 관한 문제도 보통유럽매매법의 범위 밖에 위치한다.

(28) 보통유럽매매법은 계약법의 소관 밖의 문제들을 규율할 수 없다. 이 규칙은 그러한 문제에 관하여 유럽연합 또는 국가법을 침해하지 않아야 한다. 예를 들면 건강과 안전의 보호 또는 환경적 이유로 부과된 정보안내의무들은 보통유럽매매법의 영역 밖에 놓여야 한다. 이 밖에도 이 규칙은 역내시장의 서비스에 관한 2006년 12월 12일 유럽의회와 이사회 입법지침 2006/123/EC의 정보안내 요건을 침해하지 않아야 한다.

(29) 일단 보통유럽매매법을 적용하기로 하는 유효한 합의가 있으면 보통유럽매매법이 그의 적용범위에 포섭되는 사항들을 규율하여야 한다. 보통유럽매매법 규정들은 연합입법의 해석으로 정립된 원칙에 따라 자율적으로 해석되어야 한다. 보통유럽매매법에서 명시적으로 규정되지는 않았으나 보통유럽매매법의 영역에 포섭되는 사항에 관한 문제들은 다른 법에 기대지 않고 오직 그 규정들의 해석으로 해결되어야 한다. 보통유럽매매법의 규정들은 그 기저에 놓인 원칙들과 목적들, 그리고 그 조항들을 기초로 하여 해석되어야 한다.

of the underlying principles and objectives and all its provisions.

(30) Freedom of contract should be the guiding principle underlying the Common European Sales Law. Party autonomy should be restricted only where and to the extent that this is indispensable, in particular for reasons of consumer protection. Where such a necessity exists, the mandatory nature of the rules in question should be clearly indicated.

(31) The principle of good faith and fair dealing should provide guidance on the way parties have to cooperate. As some rules constitute specific manifestations of the general principle of good faith and fair dealing, they should take precedent over the general principle. The general principle should therefore not be used as a tool to amend the specific rights and obligations of parties as set out in the specific rules. The concrete requirements resulting from the principle of good faith and fair dealing should depend, amongst others, on the relative level of expertise of the parties and should therefore be different in business-to-consumer transactions and in business-to-business transactions. In transactions between traders, good commercial practice in the specific situation concerned should be a relevant factor in this context.

(32) The Common European Sales Law should aim at the preservation of a valid contract whenever possible and appropriate in view of the legitimate interests of the parties.

(33) The Common European Sales Law should identify well-balanced solutions taking account the legitimate interests of the parties in designating and exercising the remedies available in the case of non-performance of the contract. In business-to-consumer contracts the system of remedies should reflect the fact that the non-conformity of goods, digital content or services falls within the trader's sphere of responsibility.

(34) In order to enhance legal certainty by making the case-law of the Court of

(30) 계약의 자유는 보통유럽매매법의 기저에 위치한 지도원칙이다. 당사자자치는 그 제한이 불가결한 경우, 특히 소비자보호를 이유로 하는 경우에만 그 한도에서 제한되어야 한다. 그러한 필요성이 존재할 경우 문제되는 규정들의 강행법규적 성질이 분명히 적시되어야 한다.

(31) 신의성실과 공정거래의 원칙은 당사자들이 협력하여야 하는 방법에 지침이 된다. 일부 규정들이 신의성실과 공정거래의 일반원칙의 구체적인 발현이 되는 경우 이들은 일반원칙에 우선하여야 한다. 그러므로 일반원칙은 개별적인 규정들에 명시된 당사자들의 구체적인 권리와 의무를 수정하는 도구로 사용되어서는 아니 된다. 신의성실과 공정거래의 원칙에서 발생하는 구체적인 요건들은 무엇보다 이와 관계있는 당사자들의 전문성의 수준에 의존하므로 B2C거래와 B2B거래에서 서로 달라야 한다. 이러한 맥락에서 기업인 사이의 거래의 경우 구체적인 상황에서 선량한 상관행은 관련요소가 되어야 한다.

(32) 보통유럽매매법은 당사자들의 정당한 이익의 관점에서 가능하고 적절한 때에는 유효한 계약의 유지를 목적으로 하여야 한다.

(33) 보통유럽매매법은 계약불이행의 경우 적용되는 구제수단의 확정과 행사에서 당사자들의 정당한 이익을 참작하여 균형있는 해결을 확립하여야 한다. B2C 계약에서 구제수단체계는 물품, 디지털 콘텐츠 또는 서비스의 부적합성이 기업인의 책임영역에 속한다는 사실을 반영하여야 한다.

(34) 대중이 보통유럽매매법과 이 밖에 이 규칙의 다른 조항들의 해석

Justice of the European Union and of national courts on the interpretation of the Common European Sales Law or any other provision of this Regulation accessible to the public, the Commission should create a database comprising the final relevant decisions. With a view to making that task possible, the Member States should ensure that such national judgments are quickly communicated to the Commission.

(35) It is also appropriate to review the functioning of the Common European Sales Law or any other provision of this Regulation after five years of operation. The review should take into account, amongst other things, the need to extend further the scope in relation to business-to-business contracts, market and technological developments in respect of digital content and future developments of the Union acquis.

(36) Since the objective of this Regulation, namely to contribute to the proper functioning of the internal market by making available a uniform set of contract law rules that can be used for cross-border transactions throughout the Union, cannot be sufficiently achieved by the Member States and can therefore be better achieved at Union level, the Union may adopt measures, in accordance with the principle of subsidiarity as set out in Article 5 of the Treaty on the European Union. In accordance with the principle of proportionality, as set out in that Article, this Regulation does not go beyond what is necessary in order to achieve that objective.

(37) This Regulation respects the fundamental rights and observes the principles recognised in particular by the Charter of Fundamental Rights of the European Union and specifically Articles 16, 38 and 47 thereof,

HAVE ADOPTED THIS REGULATION:

에 관한 유럽법원과 국가법원들의 판례법에 접근할 수 있도록 함으로써 법적 확실성을 높이기 위하여 위원회는 확정된 관련판결들로 구성되는 데이터베이스를 구축하여야 한다. 그러한 과제를 가능하게 하기 위하여 회원국들은 그러한 국내의 판결들이 신속하게 위원회에 보고되도록 보장하여야 한다.

(35) 5년간의 시행 이후에 보통유럽매매법과 이 밖에 이 규칙의 다른 조항들의 기능들을 검토하는 것이 또한 적절하다. 그 검토는 무엇보다 B2B 계약, 시장과 디지털콘텐츠에 관한 기술발달과 장래의 연합법의 발전과 관련하여 그 적용범위를 확장할 필요성을 참작하여야 한다.

(36) 유럽연합 전역에서 국경을 넘은 거래에 적용될 수 있는 통일계약법 체계를 이용할 수 있도록 함으로써 올바른 역내시장의 기능화에 기여하여야 하는 이 규칙의 목적이 회원국들에 의하여는 충분히 수행될 수 없고 따라서 연합의 차원에서 보다 잘 이루어질 수 있으므로, 연합은 유럽연합협약 제5조가 규정한 보충성의 원칙에 따라 조치를 내릴 수 있다. 그 조항이 규정한 비례성의 원칙에 따라 이 규칙은 그 목적을 달성하기 위하여 필요한 정도를 넘지 못한다.

(37) 이 규칙은 기본권을 존중하며, 특히 유럽연합 기본권헌장, 그 중에서도 특히 제16조, 제38조와 제47조에서 인정된 원칙들을 준수하여,

이 규칙을 채택하였다:

Article 1

Objective and subject matter

1. The purpose of this Regulation is to improve the conditions for the establishment and the functioning of the internal market by making available a uniform set of contract law rules as set out in Annex I ('the Common European Sales Law'). These rules can be used for cross-border transactions for the sale of goods, for the supply of digital content and for related services where the parties to a contract agree to do so.
2. This Regulation enables traders to rely on a common set of rules and use the same contract terms for all their cross-border transactions thereby reducing unnecessary costs while providing a high degree of legal certainty.

3. In relation to contracts between traders and consumers, this Regulation comprises a comprehensive set of consumer protection rules to ensure a high level of consumer protection, to enhance consumer confidence in the internal market and encourage consumers to shop across borders.

Article 2

Definitions

For the purpose of this Regulation, the following definitions shall apply:

(a) 'contract' means an agreement intended to give rise to obligations or other legal effects;

(b) 'good faith and fair dealing' means a standard of conduct characterised by honesty, openness and consideration for the interests of the other party to the transaction or relationship in question;

(c) 'loss' means economic loss and non-economic loss in the form of pain and suffering, excluding other forms of non-economic loss such as impairment of the quality of life and loss of enjoyment;

제1조 [목적과 대상]

1. 이 규칙의 목적은 부속서 I(보통유럽매매법)에 규정된 통일계약법 체계를 이용할 수 있도록 함으로써 역내시장의 확립과 기능화를 위한 조건을 증진하는 것이다. 이 규정들은 당사자들이 그렇게 하기로 합의한 경우 물품의 매매, 디지털콘텐츠의 공급과 관련 서비스에 관한 국경을 넘은 거래에 적용될 수 있다.

2. 이 규칙은 기업인들이 그들의 모든 국경을 넘은 거래에 공통의 규정체계를 신뢰하고 동일한 계약내용을 사용할 수 있도록 하여 높은 수준의 법적 안정성을 제공하면서 불필요한 비용을 절감하게 한다.

3. 기업인과 소비자 사이의 계약에서 이 규칙은 높은 수준의 소비자보호를 보장하고 역내시장에서 소비자의 신뢰를 높여 소비자들이 국경을 넘어 구매하도록 장려하는 소비자보호를 위한 규정들의 종합체계를 구성한다.

제2조 [정 의]

이 규정의 목적을 위하여 다음의 정의가 적용된다:

(a) '계약'은 채무 또는 그 밖의 법적 효과를 발생하게 하는 합의를 뜻한다;

(b) '신의성실과 공정거래'는 정직, 공개, 문제되는 거래 또는 관계에서 상대방의 이익에 대한 고려로 표상되는 행위기준을 뜻한다;

(c) '손실'은 경제적 손실과 삶의 질에 대한 장애와 즐거움의 상실을 비롯한 비경제적 상실의 형태를 제외한 신체적 고통과 정신적 고통의 형태의 비경제적 상실을 뜻한다;

(d) 'standard contract terms' means contract terms which have been drafted in advance for several transactions involving different parties, and which have not been individually negotiated by the parties within the meaning of Article 7 of the Common European Sales Law;

(e) 'trader' means any natural or legal person who is acting for purposes relating to that person's trade, business, craft, or profession;

(f) 'consumer' means any natural person who is acting for purposes which are outside that person's trade, business, craft, or profession;

(g) 'damages' means a sum of money to which a person may be entitled as compensation for loss, injury or damage;

(h) 'goods' means any tangible movable items; it excludes:
    (i) electricity and natural gas; and
    (ii) water and other types of gas unless they are put up for sale in a limited volume or set quantity;

(i) 'price' means money that is due in exchange for goods sold, digital content supplied or a related service provided;

(j) 'digital content' means data which are produced and supplied in digital form, whether or not according to the buyer's specifications, including video, audio, picture or written digital content, digital games, software and digital content which makes it possible to personalise existing hardware or software; it excludes:
    (i) financial services, including online banking services;
    (ii) legal or financial advice provided in electronic form;
    (iii) electronic healthcare services;
    (iv) electronic communications services and networks, and associated facilities and services;
    (v) gambling;

(d) '약관'은 서로 다른 당사자를 포괄하는 다수 거래를 위하여 사전에 준비된 계약내용으로서 보통유럽매매법 제7조의 의미에서 당사자들이 개별적으로 교섭하지 않은 내용을 뜻한다;

(e) '기업인(사업자)'은 그의 교역, 영업, 수공업 또는 직업에 관한 목적으로 행위하는 자연인 또는 법인을 뜻한다;

(f) '소비자'는 그 사람의 교역, 영업, 수공업 또는 직업 이외의 목적으로 행위하는 자연인을 뜻한다;

(g) '손해배상'은 특정인이 손실, 상해 또는 손해에 대한 배상으로 지급하여야 하는 금액을 뜻한다;

(h) '물품'은 유체동산을 뜻한다; 이는 다음을 제외한다:

 (i) 전기와 천연가스; 그리고

 (ii) 물과 다른 종류의 가스들. 그러나 판매를 위하여 제한된 용량 또는 일정한 양으로 포장된 물과 다른 종류의 가스는 그러하지 아니하다.

(i) '대금'은 매도한 물품, 공급된 디지털콘텐츠 또는 제공한 관련 서비스와 교환하여 지급하여야 하는 금전을 뜻한다;

(j) '디지털콘텐츠'는 매수인의 특정과 관계없이 비디오, 오디오, 사진 또는 기록된 디지털콘텐츠, 디지털게임, 소프트웨어와 기존의 하드웨어 또는 소프트웨어를 개인화할 수 있도록 하는 디지털콘텐츠를 포함한, 디지털방식으로 제작되어 공급된 정보들을 뜻한다; 이는 다음을 제외한다:

 (i) 전자은행거래서비스를 포함하는 금융서비스;

 (ii) 전자방식으로 제공된 법적 또는 금융자문;

 (iii) 전자적 보건서비스;

 (iv) 전자적 통신서비스와 통신망, 그리고 부속 설비들과 서비스;

 (v) 도박;

 (vi) 새로운 디지털콘텐츠의 제작과 소비자에 의한 기존의 디지털

(vi) the creation of new digital content and the amendment of existing digital content by consumers or any other interaction with the creations of other users;

(k) 'sales contract' means any contract under which the trader ('the seller') transfers or undertakes to transfer the ownership of the goods to another person ('the buyer'), and the buyer pays or undertakes to pay the price thereof; it includes a contract for the supply of goods to be manufactured or produced and excludes contracts for sale on execution or otherwise involving the exercise of public authority;

(l) 'consumer sales contract' means a sales contract where the seller is a trader and the buyer is a consumer;

(m) 'related service' means any service related to goods or digital content, such as installation, maintenance, repair or any other processing, provided by the seller of the goods or the supplier of the digital content under the sales contract, the contract for the supply of digital content or a separate related service contract which was concluded at the same time as the sales contract or the contract for the supply of digital content; it excludes:

(i) transport services,

(ii) training services,

(iii) telecommunications support services; and

(iv) financial services;

(n) 'service provider' means a seller of goods or supplier of digital content who undertakes to provide a customer with a service related to those goods or that digital content;

(o) 'customer' means any person who purchases a related service;

(p) 'distance contract' means any contract between the trader and the consumer under an organised distance sales scheme concluded without the simultaneous physical presence of the trader or, in case the trader is a

콘텐츠의 수정 또는 이 밖에 다른 사용자의 제작과의 상호작용.

(k) '매매계약'은 사업자('매도인')가 물품의 소유권을 다른 사람('매수인')에게 이전하거나 이전할 것을 약정하고 매수인이 그의 대금을 지급하거나 지급할 것을 약정하는 모든 계약을 뜻한다; 이는 생산되거나 제조되어야 하는 물품의 공급을 위한 계약을 포함하고 강제집행 또는 이 밖에 공권력의 행사를 동반하는 매매계약을 제외한다;

(l) '소비자매매계약'은 매도인이 기업인이고 매수인이 소비자가 되는 매매계약을 뜻한다;

(m) '관련 서비스'는 매매계약, 디지털콘텐츠의 공급을 위한 계약 또는 매매계약이나 디지털콘텐츠의 공급을 위한 계약과 동시에 체결된 독립된 관련 서비스계약에 따라 물품의 매도인 또는 디지털콘텐츠의 공급자가 제공하는 설치, 유지, 보수 또는 이 밖의 작업과 같은 물품 또는 디지털콘텐츠와 관계있는 모든 서비스를 뜻한다; 이는 다음을 제외한다:

(i) 운송서비스,

(ii) 교육서비스,

(iii) 통신지원서비스,

(iv) 금융서비스;

(n) '서비스제공자'는 고객에게 물품 또는 디지털콘텐츠에 관한 서비스를 제공할 것을 약정한 그러한 물품의 매도인 또는 디지털콘텐츠의 공급자를 뜻한다;

(o) '고객'은 관련 서비스를 구매하는 모든 사람을 뜻한다;

(p) '원격[판매]계약'은 조직적인 원격매매제도 내에서 기업인 또는 기업인이 법인일 경우 기업인을 대리하는 자연인과 소비자의 동시간적·신체적 참석이 없이, 계약이 체결되는 시기에 이르기까지 그리

legal person, a natural person representing the trader and the consumer, with the exclusive use of one or more means of distance communication up to and including the time at which the contract is concluded;

(q) 'off-premises contract' means any contract between a trader and a consumer:

(i) concluded in the simultaneous physical presence of the trader or, where the trader is a legal person, the natural person representing the trader and the consumer in a place which is not the trader's business premises, or concluded on the basis of an offer made by the consumer in the same circumstances; or

(ii) concluded on the trader's business premises or through any means of distance communication immediately after the consumer was personally and individually addressed in a place which is not the trader's business premises in the simultaneous physical presence of the trader or, where the trader is a legal person, a natural person representing the trader and the consumer; or

(iii) concluded during an excursion organised by the trader or, where the trader is a legal person, the natural person representing the trader with the aim or effect of promoting and selling goods or supplying digital content or related services to the consumer;

(r) 'business premises' means:

(i) any immovable retail premises where a trader carries out activity on a permanent basis, or

(ii) any movable retail premises where a trader carries out activity on a usual basis;

(s) 'commercial guarantee' means any undertaking by the trader or a producer to the consumer, in addition to legal obligations under Article 106 in case of lack of conformity to reimburse the price paid or to replace or repair,

고 계약체결시기를 포함하여 하나 또는 그 이상의 원격통신 수단만을 사용하여 기업인과 소비자 사이에 체결된 계약을 뜻한다;

(q) '영업소 밖의 계약'은 기업인과 소비자 사이에 체결된 다음의 모든 계약을 뜻한다:

(i) 기업인, 또는 기업인이 법인일 경우 기업인을 대리하는 자연인과 소비자의 동시간적·신체적 참석 아래 기업인의 영업소가 아닌 장소에서 체결되었거나 동일한 사정에서 소비자가 제시한 청약을 근거로 체결된 계약; 또는

(ii) 소비자가 기업인의 영업소가 아닌 장소에서 기업인 또는 기업인이 법인일 경우 법인을 대리하는 자연인과 소비자의 동시적인 신체적 참석 아래 소비자에게 인적, 개별적으로 신청된 직후 기업인의 영업소에서 또는 원격통신을 수단으로 하여 체결된 계약; 또는

(iii) 사업자(기업인) 또는 사업자(기업인)가 법인일 경우 기업을 대리하는 자연인이 주최한 판매기획행사 동안 소비자에게 물품의 판매를 증진하고 물품을 판매하거나 디지털콘텐츠와 관련 서비스를 제공할 목적 또는 효과를 가지고 체결된 계약;

(r) '영업소'는 다음을 뜻한다:

(i) 기업인이 영속적인 근거지로 하여 활동하는 부동산으로서 소매영업소, 또는;

(ii) 기업인이 일상적인 근거지로 하여 활동하는 동산으로서 소매영업소;

(s) '품질보증'은 제106조의 법적 의무 외에 [계약과] 합치하지 않은 경우 물품이나 디지털콘텐츠가 그 성질을 충족하지 않거나 이 밖에 적합성과 연관이 없이 계약체결시 또는 계약체결 전에 유효한 보증의사

or service goods or digital content in any way if they do not meet the specifications or any other requirements not related to conformity set out in the guarantee statement or in the relevant advertising available at the time of, or before the conclusion of the contract;

(t) 'durable medium' means any medium which enables a party to store information addressed personally to that party in a way accessible for future reference for a period of time adequate for the purposes of the information and which allows the unchanged reproduction of the information stored;

(u) 'public auction' means a method of sale where goods or digital content are offered by the trader to the consumer who attends or is given the possibility to attend the auction in person, through a transparent, competitive bidding procedure run by an auctioneer and where the successful bidder is bound to purchase the goods or digital content;

(v) 'mandatory rule' means any provision the application of which the parties cannot exclude, or derogate from or the effect of which they cannot vary;

(w) 'creditor' means a person who has a right to performance of an obligation, whether monetary or non-monetary, by another person, the debtor;

(x) 'debtor' means a person who has an obligation, whether monetary or non-monetary, to another person, the creditor;

(y) 'obligation' means a duty to perform which one party to a legal relationship owes to another party.

Article 3

Optional nature of the Common European Sales Law

The parties may agree that the Common European Sales Law governs their cross-border contracts for the sale of goods, for the supply of digital content and for the provision of related services within the territorial, material and

의 표시 또는 관련된 광고에서 제시된 요건들을 충족하지 않는 모든 경우 지급한 대금을 반환하거나 물품 또는 디지털콘텐츠를 교환 또는 수선하거나 서비스를 제공하여야 하는, 기업인 또는 제조자가 소비자에게 부담하는 모든 의무를 뜻한다;

(t) '내구적 매체'는 당사자가 그 당사자에게 인적으로 전달된 정보를 장래 참조를 위하여 그 정보의 목적에 적합한 일정한 기간 동안 접근할 수 있는 방법으로 저장할 수 있도록 하고 저장된 정보를 수정하지 않고 재생산할 수 있도록 하는 저장장치를 뜻한다;

(u) '공개경매'는 경매인이 진행하는 투명하고 경쟁적인 입찰절차를 통한 경매에 참석하거나 직접 참석할 수 있는 기회가 주어진 소비자에게 기업인에 의하여 물품 또는 디지털콘텐츠가 제공되고 성공적인 매수신청인이 물품 또는 디지털콘텐츠를 매수할 의무를 부담하는 매매방법을 뜻한다;

(v) '강행규정'은 당사자들이 그 적용을 배제 · 제한하거나 변경할 수 없는 모든 규정을 뜻한다;

(w) '채권자'는 금전적, 비금전적을 구분하지 않고 타인, 즉 채무자로부터 채무의 이행에 대하여 권리를 가지는 사람을 뜻한다;

(x) '채무자'는 금전적, 비금전적을 구분하지 않고 타인, 즉 채권자에게 채무를 부담하는 사람을 뜻한다;

(y) '채무'는 법률관계의 일방 당사자가 상대방 당사자에게 부담하는 이행할 의무를 뜻한다.

제3조 [보통유럽매매법의 선택성]

당사자들은 보통유럽매매법이 제4조에서 제7조에 규정된 영토적, 물적, 인적 범위 내에서 물품의 매매, 디지털콘텐츠의 공급과 서비스의 제공을 위한 국경을 넘은 계약에 적용됨을 합의할 수 있다.

personal scopc as set out in Articles 4 to 7.

Article 4

Cross-border contracts

1. The Common European Sales Law may be used for cross-border contracts.
2. For the purposes of this Regulation, a contract between traders is a cross-border contract if the parties have their habitual residence in different countries of which at least one is a Member State.
3. For the purposes of this Regulation, a contract between a trader and a consumer is a cross-border contract if:
   (a) either the address indicated by the consumer, the delivery address for goods or the billing address are located in a country other than the country of the trader's habitual residence; and
   (b) at least one of these countries is a Member State.

4. For the purposes of this Regulation, the habitual residence of companies and other bodies, corporate or unincorporated, shall be the place of central administration. The habitual residence of a trader who is a natural person shall be that person's principal place of business.
5. Where the contract is concluded in the course of the operations of a branch, agency or any other establishment of a trader, the place where the branch, agency or any other establishment is located shall be treated as the place of the trader's habitual residence.
6. For the purpose of determining whether a contract is a cross-border contract the relevant point in time is the time of the agreement on the use of the Common European Sales Law.

제4조 [국경을 넘은 계약들]

1. 보통유럽매매법은 국경을 넘은 계약에 적용된다.
2. 이 규칙의 목적에서 기업인(사업자) 사이의 계약은 당사자들이 그의 상거소를 서로 다른 국가에 가지고 적어도 1의 국가가 회원국일 경우 국외계약이다.
3. 이 규칙의 목적에서 기업인과 소비자 사이의 계약은 국경을 넘은 계약으로
   (a) 소비자가 적시한 주소, 물품의 인도주소 또는 대금청구서 수령 주소가 기업인의 상거소가 아닌 국가에 위치하고; 또한

   (b) 이 국가들 중 적어도 1개 국가가 회원국일 경우

4. 이 규칙의 목적에서 회사와 법인 여부와 관계없이 다른 사업체의 상거소는 주된 사무소의 소재지이다. 기업인이 자연인일 경우 그의 상거소는 그의 주된 영업지이다.

5. 계약이 기업인의 지점, 대리점, 이 밖의 분점의 행위로 인하여 체결된 경우 기업인의 지점, 대리점, 이 밖에 분점이 위치한 장소를 기업인의 상거소로 본다.

6. 계약이 국경을 넘은 계약인지를 결정하는 연결시기는 보통 유럽계약법의 적용을 합의한 시기이다.

Article 5

Contracts for which the Common European Sales Law can be used

The Common European Sales Law may be used for:

(a) sales contracts;

(b) contracts for the supply of digital content whether or not supplied on a tangible medium which can be stored, processed or accessed, and re-used by the user, irrespective of whether the digital content is supplied in exchange for the payment of a price.

(c) related service contracts, irrespective of whether a separate price was agreed for the related service.

Article 6

Exclusion of mixed-purpose contracts and contracts linked to a consumer credit

1. The Common European Sales Law may not be used for mixed-purpose contracts including any elements other than the sale of goods, the supply of digital content and the provision of related services within the meaning of Article 5.
2. The Common European Sales Law may not be used for contracts between a trader and a consumer where the trader grants or promises to grant to the consumer credit in the form of a deferred payment, loan or other similar financial accommodation. The Common European Sales Law may be used for contracts between a trader and a consumer where goods, digital content or related services of the same kind are supplied on a continuing basis and the consumer pays for such goods, digital content or related services for the duration of the supply by means of instalments.

제5조 [보통유럽매매법이 적용될 수 있는 계약들]

보통유럽매매법은 다음의 경우 적용된다:

(a) 매매계약;

(b) 디지털콘텐츠가 대금지급의 대가로 공급되는지에 영향이 없이 저장, 가공 또는 접근가능한 유체적 매체로 공급되는지, 그리고 이용자가 재사용하는지의 여부를 묻지 않고 디지털콘텐츠의 공급을 위한 계약;

(c) 관련 서비스에 대한 별도의 대금이 약정된 사실에 영향이 없이 관련 서비스계약.

제6조 [혼합목적의 계약들과 소비자금융[신용]과 결합된 계약들]

1. 보통유럽매매법은 제5조의 의미에서 물품의 매매, 디지털 자료의 공급과 관련 서비스제공이 아닌 다른 요소들을 포함하는 혼합목적의 계약들에는 적용되지 아니한다.

2. 보통유럽매매법은 기업인과 소비자에게 지급연기, 대여금 또는 다른 유사한 금융합의의 형태로 금융을 제공하거나 금융을 제공할 것을 약정한 때에는 기업인과 소비자 사이의 계약들에 적용되지 아니한다. 보통유럽매매법은 같은 종류의 물품, 디지털콘텐츠 또는 관련 서비스가 계속적으로 제공되고 소비자가 공급이 계속되는 동안 그러한 물품, 디지털콘텐츠 또는 관련 서비스에 대하여 할부로 지급하는 그러한 기업인과 소비자 사이의 계약에 적용될 수 있다.

Article 7

Parties to the contract

1. The Common European Sales Law may be used only if the seller of goods or the supplier of digital content is a trader. Where all the parties to a contract are traders, the Common European Sales Law may be used if at least one of those parties is a small or medium-sized enterprise ('SME').
2. For the purposes of this Regulation, an SME is a trader which
   (a) employs fewer than 250 persons; and
   (b) has an annual turnover not exceeding EUR 50 million or an annual balance sheet total not exceeding EUR 43 million, or, for an SME which has its habitual residence in a Member State whose currency is not the euro or in a third country, the equivalent amounts in the currency of that Member State or third country.

Article 8

Agreement on the use of the Common European Sales Law

1. The use of the Common European Sales Law requires an agreement of the parties to that effect. The existence of such an agreement and its validity shall be determined on the basis of paragraphs 2 and 3 of this Article and Article 9, as well as the relevant provisions in the Common European Sales Law.
2. In relations between a trader and a consumer the agreement on the use of the Common European Sales Law shall be valid only if the consumer's consent is given by an explicit statement which is separate from the statement indicating the agreement to conclude a contract. The trader shall provide the consumer with a confirmation of that agreement on a durable medium.
3. In relations between a trader and a consumer the Common European Sales Law may not be chosen partially, but only in its entirety.

제7조[계약당사자]

1. 보통유럽매매법은 물품의 매도인 또는 디지털콘텐츠의 공급인이 기업인일 경우에만 적용된다. 모든 계약당사자들이 기업인일 경우 보통유럽매매법은 그 당사자 중 적어도 1인이 중소기업일 때에만 적용된다.
2. 이 규칙의 목적을 위하여 중소기업은 기업인으로서
   (a) 250명 미만을 고용하고;
   (b) 최고 5,000만 유로를 초과하지 않는 연매출 또는 총 4,300만 유로를 초과하지 않는 연간자산을 가지거나, 그 통화가 유로가 아닌 회원국 또는 제3국에 그의 상거소를 가진 중소기업의 경우 그 회원국 또는 제3국의 통화로 그에 상당하는 금액을 가져야 한다.

제8조 [보통유럽매매법을 적용하는 합의]

1. 보통유럽매매법의 적용은 그 효과를 목적하는 당사자의 합의를 요건으로 한다. 그러한 합의의 존재와 유효는 본조 제2항과 제3항과 제9조와 보통유럽매매법의 관련조항에 따라 결정된다.

2. 기업인과 소비자의 관계에서 보통유럽매매법의 적용에 관한 합의는 소비자의 동의가 계약을 체결하는 합의를 지향하는 표시와 분리된 명시적 표시로 이루어진 때에만 효력이 생긴다. 기업인은 내구적 매체로 소비자에게 그 합의에 대한 확인을 주어야 한다.

3. 기업인과 소비자의 관계에서 보통유럽매매법은 부분으로 지정될 수 없고 전체로서 지정되어야 한다.

Article 9

Standard Information Notice in contracts between a trader and a consumer

1. In addition to the pre-contractual information duties laid down in the Common European Sales Law, in relations between a trader and a consumer the trader shall draw the consumer's attention to the intended application of the Common European Sales Law before the agreement by providing the consumer with the information notice in Annex II in a prominent manner. Where the agreement to use the Common European Sales Law is concluded by telephone or by any other means that do not make it possible to provide the consumer with the information notice, or where the trader has failed to provide the information notice, the consumer shall not be bound by the agreement until the consumer has received the confirmation referred to in Article 8(2) accompanied by the information notice and has expressly consented subsequently to the use of the Common European Sales Law.
2. The information notice referred to in paragraph 1 shall, if given in electronic form, contain a hyperlink or, in all other circumstances, include the indication of a website through which the text of the Common European Sales Law can be obtained free of charge.

Article 10

Penalties for breach of specific requirements

Member States shall lay down penalties for breaches by traders in relations with consumers of the requirements set out in Articles 8 and 9 and shall take all the measures necessary to ensure that those penalties are applied. The penalties thus provided shall be effective, proportionate and dissuasive. Member States shall notify the relevant provisions to the Commission no later than [1 year after the date of application of this Regulation] and shall notify any subsequent changes as soon as possible.

제9조 [기업인과 소비자 사이의 계약에서 모범정보안내서]

1. 보통유럽매매법에 규정된 계약 전의 정보안내의무 외에 기업인과 소비자의 관계에서 기업인은 합의에 앞서 소비자에게 분명한 방법으로 부속서 II의 정보를 고지함으로써 그가 의도하는 보통유럽매매법의 적용에 소비자가 주목하게 할 수 있다. 보통유럽매매법의 적용에 관한 합의가 소비자에 대한 정보의 안내를 가능하게 하지 않는 전화 또는 다른 수단으로 체결된 경우 소비자는 그가 정보안내가 첨부된 제8조 제2항에 언급된 확인을 수령함으로써 보통유럽매매법의 적용에 명시적으로 동의할 때까지 그 합의에 구속되지 아니한다.

2. 제1항에 언급된 정보안내가 전자적 형식으로 전달되는 경우 가상연계(hyperlink)를 포함하거나 그렇지 않으면 보통유럽매매법 원문을 무상으로 얻을 수 있는 웹사이트의 지정을 포함하여야 한다.

제10조 [특정 요건의 침해에 대한 제재]

회원국들은 소비자와 관련하여 제8조와 제9조가 정한 요건들에 대한 기업인의 침해에 대한 제재를 규정하고 그러한 제재가 적용되도록 보장하기 위하여 필요한 모든 조치를 하여야 한다. 마련된 제재들은 효과적이고, 적절하고 금지적이어야 한다. 회원국들은 [이 규정의 적용일로부터 1년] 내에 위원회에 관련된 규정들을 보고하여야 하고 최대한 빠른 시간 내에 후속변경을 보고하여야 한다.

Article 11

Consequences of the use of the Common European Sales Law

Where the parties have validly agreed to use the Common European Sales Law for a contract, only the Common European Sales Law shall govern the matters addressed in its rules. Provided that the contract was actually concluded, the Common European Sales Law shall also govern the compliance with and remedies for failure to comply with the pre-contractual information duties.

Article 12

Information requirements resulting from the Services Directive

This Regulation is without prejudice to the information requirements laid down by national laws which transpose the provisions of Directive 2006/123/EC of the European Parliament and of the Council of 12 December 2006 on services in the internal market and which complement the information requirements laid down in the Common European Sales Law.

Article 13

Member States' options

A Member State may decide to make the Common European Sales Law available for:

(a) contracts where the habitual residence of the traders or, in the case of a contract between a trader and a consumer, the habitual residence of the trader, the address indicated by the consumer, the delivery address for goods and the billing address, are located in that Member State; and/or

(b) contracts where all the parties are traders but none of them is an SME within the meaning of Article 7(2).

제11조 [보통유럽매매법 적용의 효과]

당사자들이 유효하게 계약에 대한 보통유럽매매법의 적용을 합의한 경우 보통유럽매매법만이 그 규정들에 정하여진 사항들을 규율한다. 계약이 실제로 체결된 경우 보통유럽매매법은 또한 계약 전의 정보안내의무의 준수와 이를 준수하지 않은 경우에 대한 구제방법을 규율한다.

제12조 [서비스제공에 관한 입법지침에 따른 정보제공요건]

이 규칙은 역내시장의 서비스에 관한 2006년 12월 12일의 유럽의회와 이사회의 입법지침 2006/123/EC의 규정들을 입법화하고 보통유럽매매법이 정한 정보안내요건들을 충족하는 국가법이 규정하는 정보안내요건들에 영향을 미치지 아니한다.

제13조 [회원국의 선택]

회원국은 다음의 경우에 보통유럽매매법이 적용됨을 결정할 수 있다:

(a) 기업인의 상거소 또는 기업인과 소비자 사이의 계약의 경우 기업인의 상거소, 소비자가 적시한 주소, 물품의 인도장소 또는 대금청구서 수령주소가 회원국에 소재하는 계약;

(b) 당사자들이 기업인들이고 그들 중 어느 누구도 제7조 제2항의 의미에서 중소기업이 아닌 계약.

Article 14

Communication of judgments applying this Regulation

1. Member States shall ensure that final judgments of their courts applying the rules of this Regulation are communicated without undue delay to the Commission.
2. The Commission shall set up a system which allows the information concerning the judgments referred to in paragraph 1 and relevant judgements of the Court of Justice of the European Union to be consulted. That system shall be accessible to the public.

Article 15

Review

1. By … [4 years after the date of application of this Regulation], Member States shall provide the Commission with information relating to the application of this Regulation, in particular on the level of acceptance of the Common European Sales Law, the extent to which its provisions have given rise to litigation and on the state of play concerning differences in the level of consumer protection between the Common European Sales Law and national law. That information shall include a comprehensive overview of the case law of the national courts interpreting the provisions of the Common European Sales Law.
2. By … [5 years after the date of application of this Regulation], the Commission shall present to the European Parliament, the Council and the Economic and Social Committee a detailed report reviewing the operation of this Regulation, and taking account of, amongst others, the need to extend the scope in relation to business-to-business contracts, market and technological developments in respect of digital content and future developments of the Union acquis.

제14조 [이 규칙을 적용한 판결의 통지]

1. 회원국들은 이 규칙을 적용한 그들의 법원의 확정판결을 부당한 지체 없이 위원회에 통지되도록 하여야 한다.

2. 위원회는 참고할 수 있도록 제1항에 따른 판결과 유럽법원의 관련 판결들에 관한 정보제공을 가능하게 하는 체제를 구축하여야 한다. 이 체계는 대중이 접근할 수 있어야 한다.

제15조 [검 토]

1. …에 [이 규칙의 시행일로부터 4년 후에] 회원국들은 위원회에 이 규정의 적용, 특히 보통유럽매매법의 수용수준, 그 조항들이 소송의 원인이 되는 정도와 보통유럽매매법과 국가법 사이에 존재하는 소비자보호수준의 차이에 관한 사정에 관한 현황을 보고하여야 한다. 그 정보는 보통유럽매매법의 규정을 해석하는 국내법원의 판례법에 관한 종합적인 개관을 포함하여야 한다.

2. …에 [이 규칙의 시행일로부터 5년 후에] 위원회는 유럽의회, 이사회, 경제사회위원회에 이 규정의 운영을 평가하고 무엇보다 B2B 계약, 디지털콘텐츠와 장래의 연합법의 발전을 유의하여 시장과 기술발달에 관하여 그 영역을 확장할 필요성을 고려한 상세한 보고서를 제출하여야 한다.

Article 16

Entry into force and application

1. This Regulation shall enter into force on the 20th day following that of its publication in the Official Journal of the European Union.
2. It shall apply from [6 months after its the entry into force].

This Regulation shall be binding in its entirety and directly applicable in the Member States.

Done at Brussels,

For the European Parliament	For the Council
The President	The President

제16조 [효력발생과 시행]

1. 이 규칙은 유럽연합 공보에 공포한 날의 다음날로부터 20일이 되는 날에 효력이 생긴다.
2. 이 규칙은 [효력발생일로부터 6개월 후에] 시행된다.

이 규정은 회원국들에서 전면적으로 효력이 있고 직접 적용된다.

브뤼셀에서 이상과 같이

유럽의회	이사회
의장	의장

ANNEX I

COMMON EUROPEAN SALES LAW

TABLE OF CONTENTS

부속서 I

보통유럽매매법

목 차

Part I Introductory provisions

Chapter 1 General principles and application

SECTION 1 GENERAL PRINCIPLES

Article 1

Freedom of contract

1. Parties are free to conclude a contract and to determine its contents, subject to any applicable mandatory rules.
2. Parties may exclude the application of any of the provisions of the Common European Sales Law, or derogate from or vary their effects, unless otherwise stated in those provisions.

Article 2

Good faith and fair dealing

1. Each party has a duty to act in accordance with good faith and fair dealing.
2. Breach of this duty may preclude the party in breach from exercising or relying on a right, remedy or defence which that party would otherwise have, or may make the party liable for any loss thereby caused to the other party.
3. The parties may not exclude the application of this Article or derogate from or vary its effects.

제1편 총 칙

제1장 일반원칙과 적용

제1절 일반원칙

제1조 [계약의 자유]

1. 당사자는 적용되는 강행법규에 반하지 않는 범위에서 자유롭게 계약을 체결하고 그 내용을 결정할 수 있다.
2. 당사자는 보통유럽매매법 규정의 적용을 배제 또는 제한하거나 효력을 변경할 수 있다. 그러나 보통유럽매매법 규정에 다른 정함이 있으면 그러하지 아니하다.

제2조 [신의성실과 공정거래]

1. 각 당사자는 신의성실과 공정거래에 따라 행동할 의무가 있다.
2. 이 의무를 위반한 당사자는 그렇지 않았다면 그가 가졌을 권리, 구제방법 및 항변의 행사나 원용이 배제되거나 위반으로 인하여 상대방에게 발생한 모든 손해에 대하여 책임을 지게 될 수 있다.

3. 당사자는 본조의 적용을 배제 또는 제한하거나 효력을 변경할 수 없다.

Article 3

Co-operation

The parties are obliged to co-operate with each other to the extent that this can be expected for the performance of their contractual obligations.

SECTION 2 APPLICATION

Article 4

Interpretation

1. The Common European Sales Law is to be interpreted autonomously and in accordance with its objectives and the principles underlying it.
2. Issues within the scope of the Common European Sales Law but not expressly settled by it are to be settled in accordance with the objectives and the principles underlying it and all its provisions, without recourse to the national law that would be applicable in the absence of an agreement to use the Common European Sales Law or to any other law.
3. Where there is a general rule and a special rule applying to a particular situation within the scope of the general rule, the special rule prevails in any case of conflict.

Article 5

Reasonableness

1. Reasonableness is to be objectively ascertained, having regard to the nature and purpose of the contract, to the circumstances of the case and to the usages and practices of the trades or professions involved.
2. Any reference to what can be expected of or by a person, or in a particular situation, is a reference to what can reasonably be expected.

제3조 [협 력]

당사자들은 그들의 계약상 의무의 이행을 위하여 기대되는 범위에서 서로 협력할 의무가 있다.

제2절 적 용

제4조 [해 석]

1. 보통유럽매매법은 자치적으로 그리고 이 법의 근간에 놓인 목적과 원칙에 따라 해석되어야 한다.
2. 보통유럽매매법의 적용범위에 속하지만 이 법에서 명시적으로 규정하지 않은 사항은 보통유럽매매법을 적용하는 합의가 없을 때 적용되는 국가법이나 기타 다른 법에 의존하지 않고 이 법의 전체규정과 이 법의 근간에 놓인 목적과 원칙에 따라 해결되어야 한다.

3. 일반규정과 일반규정의 적용범위 내에서 개별사정에 적용되는 특별규정이 있을 경우 특별규정이 우선한다.

제5조 [합리성]

1. '합리성'은 계약의 성질과 목적, 개별사례의 정황 그리고 거래 또는 직업의 관습이나 관행을 고려하여 객관적으로 확정된다.

2. 어떤 사람에 대하여 또는 어떤 사람에 의하여, 또한 특수한 상황에서 기대될 수 있다는 것은 합리적으로 기대될 수 있다는 것을 뜻한다.

Article 6

No form required

Unless otherwise stated in the Common European Sales Law, a contract, statement or any other act which is governed by it need not be made in or evidenced by a particular form.

Article 7

Not individually negotiated contract terms

1. A contract term is not individually negotiated if it has been supplied by one party and the other party has not been able to influence its content.
2. Where one party supplies a selection of contract terms to the other party, a term will not be regarded as individually negotiated merely because the other party chooses that term from that selection.
3. A party who claims that a contract term supplied as part of standard contract terms has since been individually negotiated bears the burden of proving that it has been.
4. In a contract between a trader and a consumer, the trader bears the burden of proving that a contract term supplied by the trader has been individually negotiated.
5. In a contract between a trader and a consumer, contract terms drafted by a third party are considered to have been supplied by the trader, unless the consumer introduced them to the contract.

Article 8

Termination of a contract

1. To 'terminate a contract' means to bring to an end the rights and obligations of the parties under the contract with the exception of those arising under any contract term providing for the settlement of disputes or any other

제6조 [방식의 자유]

보통유럽매매법에 다른 정함이 없으면 이 법의 규율을 받는 계약, 언명 또는 그 밖의 행위는 특정한 방식으로 이루어지거나 증명될 필요가 없다.

제7조 [개별적으로 교섭되지 않은 계약조항]

1. 일방 당사자가 계약조항을 제시하였고 상대방이 그 내용에 영향을 미칠 수 없었다면, 그 계약조항은 개별적으로 교섭되지 아니한 것이다.
2. 일방 당사자가 상대방에게 계약조항에 관한 선택안을 제시한 경우 상대방이 계약조항을 그 선택안에서 선택하였다는 사실만으로 이를 개별적으로 교섭되었다고 볼 수 없다.
3. 따라서 약관의 일부로 제시된 계약조항이 개별적으로 교섭되었다고 주장하는 당사자는 그 조항이 개별적으로 교섭되었다는 사실을 증명할 책임이 있다.
4. 사업자(기업인)와 소비자 사이의 계약에서 사업자(기업인)는 그가 제시한 계약조항이 개별적으로 교섭되었다는 사실을 증명할 책임이 있다.
5. 사업자(기업인)와 소비자 간의 계약에서 제3자가 작성한 계약조건은 사업자(기업인)가 제시한 계약조항으로 본다. 그러나 소비자가 그 조항들을 계약에 편입한 때에는 그러하지 아니하다.

제8조 [계약의 해제]

1. '계약의 해제'는 분쟁해결을 위한 계약조항 또는 이 밖에 해제 후에 효력을 갖는 계약조건에서 발생하는 권리와 의무를 제외한 계약에 따른 당사자의 권리와 의무를 종료하게 함을 뜻한다.

contract term which is to operate even after termination.

2. Payments due and damages for any non-performance before the time of termination remain payable. Where the termination is for non-performance or for anticipated non-performance, the terminating party is also entitled to damages in lieu of the other party's future performance.
3. The effects of termination on the repayment of the price and the return of the goods or the digital content, and other restitutionary effects, are governed by the rules on restitution set out in Chapter 17.

Article 9

Mixed-purpose contracts

1. Where a contract provides both for the sale of goods or the supply of digital content and for the provision of a related service, the rules of Part IV apply to the obligations and remedies of the parties as seller and buyer of goods or digital content and the rules of Part V apply to the obligations and remedies of the parties as service provider and customer.
2. Where, in a contract falling under paragraph 1, the obligations of the seller and the service provider under the contract are to be performed in separate parts or are otherwise divisible, then if there is a ground for termination for non-performance of a part to which a part of the price can be apportioned, the buyer and customer may terminate only in relation to that part.
3. Paragraph 2 does not apply where the buyer and customer cannot be expected to accept performance of the other parts or the non-performance is such as to justify termination of the contract as a whole.
4. Where the obligations of the seller and the service provider under the contract are not divisible or a part of the price cannot be apportioned, the buyer and the customer may terminate only if the non-performance is such as to justify termination of the contract as a whole.

2. 계약해제 전에 이미 이행기에 달한 채무불이행에 따른 금전지급의무와 손해배상급부는 이행되어야 한다. 해제가 채무불이행 또는 예견되는 불이행을 원인으로 하는 경우, 해제 당사자는 또한 상대방의 장래의 이행에 갈음하는 손해배상청구권을 가진다.
3. 대금의 반환과 물품 또는 디지털콘텐츠의 반환에 관한 해제의 효과와 이 밖의 원상회복적 효과는 제17장에 규정된 원상회복에 관한 규정에 따라 규율된다.

제9조 [혼합계약]

1. 하나의 계약이 물품의 판매 또는 디지털콘텐츠의 공급와 함께 관련 서비스의 제공을 규정하는 경우 물품 또는 디지털콘텐츠의 매도인과 매수인이 되는 당사자들의 의무와 구제수단에 관하여는 제4편의 규정이 적용되고, 서비스 제공자와 고객이 되는 당사자들의 의무와 구제수단에 대해서는 제5편 규정이 적용된다.
2. 제1항의 계약에 있어서 계약상 매도인과 서비스 제공자의 의무가 분리하여 이행될 수 있거나 가분일 경우 대금의 일부가 분리 확정될 수 있는 부분의 불이행에 대한 해제사유가 있으면 매수인과 고객은 그 부분에 관하여만 계약을 해제할 수 있다.
3. 제2항은 매수인과 고객에게 다른 부분의 이행을 수령하도록 기대할 수 없거나 불이행이 계약전체의 해제를 정당화하는 그러한 불이행일 경우에는 적용되지 아니한다.
4. 계약상 매도인과 서비스 제공자의 의무가 불가분이거나 대금의 일부를 분리 확정할 수 없는 경우 매수인과 고객은 불이행이 계약전체의 해제를 정당화하는 그러한 불이행일 때에만 계약을 해제할 수 있다.

Article 10

Notice

1. This Article applies in relation to the giving of notice for any purpose under the rules of the Common European Sales Law and the contract. 'Notice' includes the communication of any statement which is intended to have legal effect or to convey information for a legal purpose.
2. A notice may be given by any means appropriate to the circumstances.
3. A notice becomes effective when it reaches the addressee, unless it provides for a delayed effect.
4. A notice reaches the addressee:
   (a) when it is delivered to the addressee;
   (b) when it is delivered to the addressee's place of business or, where there is no such place of business or the notice is addressed to a consumer, to the addressee's habitual residence;
   (c) in the case of a notice transmitted by electronic mail or other individual communication, when it can be accessed by the addressee; or
   (d) when it is otherwise made available to the addressee at such a place and in such a way that the addressee could be expected to obtain access to it without undue delay.

   The notice has reached the addressee after one of the requirements in point (a), (b), (c) or (d) is fulfilled, whichever is the earliest.
5. A notice has no effect if a revocation of it reaches the addressee before or at the same time as the notice.
6. In relations between a trader and a consumer the parties may not, to the detriment of the consumer, exclude the application of paragraphs 3 and 4 or derogate from or vary its effects.

제10조 [통 지]

1. 본조는 유럽공통매매법의 규정과 계약에 따른 모든 통지에 적용된다. '통지'는 법률효과를 가지거나 법적 목적으로 정보를 전달하는 모든 언명의 전달을 포함한다.

2. 통지는 상황에 따른 적절한 수단으로 이루어질 수 있다.
3. 통지는 수령자에게 도달하면 효력이 생긴다. 그러나 지연된 효과를 규정한 때에는 그러하지 아니하다.
4. 통지는 다음 각 호의 시기에 수령자에게 도달한다.
   (a) 수령자에게 전달된 때;
   (b) 수령자의 영업소 또는 그러한 영업소가 없거나 소비자에게 통지가 이루어진 경우 수령자의 상거소에 전달된 때;
   (c) 전자우편 또는 그 밖의 개인 통신수단으로 전송된 통지의 경우 수령자가 이에 접속할 수 있는 때;
   (d) 이 밖에 수령자가 부당한 지체 없이 통지에 접근할 수 있다고 기대될 수 있는 장소와 방법으로 수령자에게 이용가능하도록 통지가 이루어진 때.

   (a)호, (b)호, (c)호, (d)호의 요건 중 어느 하나가 충족되면 도달된 것이 되고, 어떤 통지이든 가장 먼저 이루어진 통지가 수령자에게 도달한 것이다.
5. 통지는 그 철회가 통지 이전 또는 통지와 동시에 수령자에게 도달한 경우 효력이 없다.
6. 사업자(기업인)와 소비자 사이에서 당사자는 소비자에게 불리하게 제3항과 제4항의 적용을 배제 또는 제한하거나 그 효력을 변경할 수 없다.

Article 11

Computation of time

1. The provisions of this Article apply in relation to the computation of time for any purpose under the Common European Sales Law.
2. Subject to paragraphs 3 to 7:
   (a) a period expressed in days starts at the beginning of the first hour of the first day and ends with the expiry of the last hour of the last day of the period;
   (b) a period expressed in weeks, months or years starts at the beginning of the first hour of the first day of the period, and ends with the expiry of the last hour of whichever day in the last week, month or year is the same day of the week, or falls on the same date, as the day from which the period runs; with the qualification that if, in a period expressed in months or in years, the day on which the period should expire does not occur in the last month, it ends with the expiry of the last hour of the last day of that month.
3. Where a period expressed in days, weeks, months or years is to be calculated from a specified event, action or time the day during which the event occurs, the action takes place or the specified time arrives does not fall within the period in question.
4. The periods concerned include Saturdays, Sundays and public holidays, save where these are expressly excepted or where the periods are expressed in working days.
5. Where the last day of a period is a Saturday, Sunday or public holiday at the place where a prescribed act is to be done, the period ends with the expiry of the last hour of the following working day. This provision does not apply to periods calculated retroactively from a given date or event.
6. Where a person sends another person a document which sets a period of

제11조 [기간의 계산]

1. 본조의 규정은 보통유럽매매법에서 정한 모든 기간의 계산에 적용된다.
2. 제3항부터 제7항까지를 제외하고는
   (a) 日에 따라 정해진 기간은 첫 날(初日) 0시로부터 시작하여 기간의 마지막 날(末日) 24시의 종료로 기간이 만료한다.

   (b) 週, 月 또는 年으로 정해진 기간은 기간의 첫 날 0시로부터 시작하여 마지막 週, 月 또는 年의 기산일과 같은 요일 혹은 날짜에 해당하는 마지막 날(末日) 24시의 종료로 만료하며, 月 또는 年에 따라서 정해진 기간의 경우 최종의 월에 해당일이 없는 경우에는 그 달의 마지막 날(末日) 24시의 종료로 기간이 만료한다.

3. 日, 週, 月 또는 年으로 정해진 기간이 특정한 사건, 특정한 행동 또는 특정한 시점으로부터 기산된다면, 그 사건이 일어난 날, 그 행동이 행해진 날, 그 시점이 도래한 날은 기간산정에 포함되는 날짜로 계산하지 않는다.
4. 토요일, 일요일 그리고 공휴일이 명시적으로 제외되거나 근무일만이 계산되는 경우가 아니라면, 기간은 토요일, 일요일 그리고 공휴일을 포함한다.
5. 기간의 마지막 날이 토요일, 일요일 또는 예정된 행위가 행해질 지역의 공휴일에 해당한다면, 기간은 다음 근무일의 종료로 만료한다. 이 규정은 특정한 날짜나 특정한 사건으로부터 소급하여 기간을 계산하는 경우에는 적용하지 않는다.
6. 일방 당사자가 타방 당사자에게 기간을 정하여 회신 혹은 다른 행동

time within which the addressee has to reply or take other action but does not state when the period is to begin, then, in the absence of indications to the contrary, the period is calculated from the moment the document reaches the addressee.

7. For the purposes of this Article:
   (a) "public holiday" with reference to a Member State, or part of a Member State, of the European Union means any day designated as such for that Member State or part in a list published in the Official Journal of the European Union; and
   (b) "working days" means all days other than Saturdays, Sundays and public holidays.

Article 12

Unilateral statements or conduct

1. A unilateral statement indicating intention is to be interpreted in the way in which the person to whom it is addressed could be expected to understand it.
2. Where the person making the statement intended an expression used in it to have a particular meaning and the other party was aware, or could be expected to have been aware, of that intention, the expression is to be interpreted in the way intended by the person making the statement.
3. Articles 59 to 65 apply with appropriate adaptations to the interpretation of unilateral statements indicating intention.
4. The rules on defects in consent in Chapter 5 apply with appropriate adaptations to unilateral statements indicating intention.
5. Any reference to a statement referred to in this Article includes a reference to conduct which can be regarded as the equivalent of a statement.

을 할 것을 내용으로 하는 문서를 보냈으나 언제 그 기간이 시작되는 지를 언명하지 않았다면, 기간은 이에 반하는 다른 지시가 없다면 문서가 그 수령자에게 도달한 시점으로부터 기산한다.

7. 본조에서,
   (a) "공휴일"은 유럽연합의 공보를 통해 공포된 목록에 회원국 또는 회원국의 일부지역의 공휴일로 지정된 날을 의미하며,

   (b) "근무일"은 토요일, 일요일 그리고 공휴일을 제외한 모든 날을 의미한다.

제12조 [일방적 언명 또는 일방적 행동]

1. 일방적 언명이 의도한 바는 이를 전달받은 사람이 이해하는 것으로 기대될 수 있는 바에 따라 해석되어야 한다.
2. 언명을 하는 사람이 그 언명에서 사용된 표현이 특정한 의미를 갖게 의도하였고 상대방이 그러한 의사를 인식하였거나 인식하였을 것으로 기대될 수 있는 경우 그 표현은 언명을 하는 사람이 의도한 바에 따라 해석되어야 한다.
3. 제59조부터 제65조까지의 규정은 의도를 표시하는 일방적 언명의 해석에 준용된다.
4. 하자 있는 합의에 관한 제5장의 규정은 의사를 표시하는 일방적 언명에 준용된다.
5. 언명에 준하는 것으로 볼 수 있는 행동도 본조에서 규정된 언명으로 이해되어야 한다.

Part II Making a binding contract

Chapter 2 Pre-contractual information

SECTION 1 PRE-CONTRACTUAL INFORMATION TO BE GIVEN BY A TRADER DEALING WITH A CONSUMER

Article 13

Duty to provide information when concluding a distance or off-premises contract

1. A trader concluding a distance contract or off-premises contract has a duty to provide the following information to the consumer, in a clear and comprehensible manner before the contract is concluded or the consumer is bound by any offer:
   (a) the main characteristics of the goods, digital content or related services to be supplied, to an extent appropriate to the medium of communication and to the goods, digital content or related services;
   (b) the total price and additional charges and costs, in accordance with Article 14;
   (c) the identity and address of the trader, in accordance with Article 15;
   (d) the contract terms, in accordance with Article 16;
   (e) the rights of withdrawal, in accordance with Article 17;
   (f) where applicable, the existence and the conditions of the trader's after-sale customer assistance, after-sale services, commercial guarantees and complaints handling policy;
   (g) where applicable, the possibility of having recourse to an Alternative Dispute Resolution mechanism to which the trader is subject and the

제2편 구속력 있는 계약의 성립

제2장 계약 전 정보

제1절 소비자와 거래하는 사업자(기업인)가 제공하여야 하는 계약 전 정보

제13조 [원격 또는 영업소 밖에서 계약을 체결하는 경우 정보를 안내할 의무]

1. 원격 또는 영업소 밖에서 계약을 체결하는 기업인은 명확하고 이해할 수 있는 방식으로 소비자에게 계약을 체결하기 전에 또는 소비자가 그의 청약에 구속되기 전에 아래의 사항에 관한 정보를 안내할 의무가 있다:
   (a) 통신매체와 물품, 디지털콘텐츠와 관련 서비스에 적합한 정도로 공급되어야 하는 물품, 디지털콘텐츠 또는 관련 서비스의 주된 성질;
   (b) 제14조의 전체대금과 추가요금과 비용;
   (c) 제15조의 사업자(기업인)의 신원과 주소;
   (d) 제16조의 계약내용;
   (e) 제17조의 철회권;
   (f) 적용할 경우, 사업자(기업인)의 매도후 고객지원, 매도후 서비스, 품질보증과 불만처리정책의 존재와 그 조건들;
   (g) 적용할 경우, 사업자(기업인)가 준수하여야 하는 대안적 분쟁조정장치에 소구할 수 있는 가능성과 그 이용을 위한 방법들;

methods for having access to it;

(h) where applicable, the functionality, including applicable technical protection measures, of digital content; and

(i) where applicable, any relevant interoperability of digital content with hardware and software which the trader is aware of or can be expected to have been aware of.

2. The information provided, except for the addresses required by point (c) of paragraph 1, forms an integral part of the contract and shall not be altered unless the parties expressly agree otherwise.

3. For a distance contract, the information required by this Article must:

(a) be given or made available to the consumer in a way that is appropriate to the means of distance communication used;

(b) be in plain and intelligible language; and

(c) insofar as it is provided on a durable medium, be legible.

4. For an off-premises contract, the information required by this Article must:

(a) be given on paper or, if the consumer agrees, on another durable medium; and

(b) be legible and in plain, intelligible language.

5. This Article does not apply where the contract is:

(a) for the supply of foodstuffs, beverages or other goods which are intended for current consumption in the household, and which are physically supplied by a trader on frequent and regular rounds to the consumer's home, residence or workplace;

(b) concluded by means of an automatic vending machine or automated commercial premises;

(c) an off-premises contract if the price or, where multiple contracts were concluded at the same time, the total price of the contracts does not exceed EUR 50 or the equivalent sum in the currency agreed for the

(h) 적용할 경우, 사용가능한 기술적 보호조치를 포함한 디지털콘텐츠의 기능성;

(i) 경우에 따라 사업자(기업인)가 알거나 알았어야 했던 디지털콘텐츠와 하드웨어 및 소프트웨어 사이의 연관된 호환성.

2. 안내된 정보는 제1항 (c)호가 규정하는 주소를 제외하고 계약의 필수요소를 구성하며 변경될 수 없다. 그러나 당사자가 명시적으로 달리 약정한 때에는 그러하지 아니하다.

3. 원격계약의 경우 본조가 규정한 정보들은:

(a) 사용된 원격통신수단에 적합한 방법으로 소비자에게 주어지거나 이용할 수 있어야 하고;

(b) 명료하고 알기 쉬운 언어로 작성되어야 하며; 그리고

(c) 내구적인 저장장치로 제공되는 경우 읽을 수 있어야 한다.

4. 영업소 밖에서 체결된 계약의 경우 본조가 규정한 정보들은:

(a) 서면 또는 소비자가 동의하는 경우 그 밖의 내구적인 저장장치로 제시되어야 하며; 그리고

(b) 읽을 수 있고 명료하고 알기 쉬운 언어로 작성되어야 한다.

5. 본조는 다음의 계약에는 적용되지 아니한다:

(a) 식품, 음료 또는 이 밖에 가사에서 일상의 소비를 목적으로 하고 사업자(기업인)가 직접 소비자의 주거, 거소 또는 사업장으로 자주 그리고 정기적으로 공급하는 물품의 공급을 목적으로 하거나;

(b) 자판기 또는 자동화된 상업 영업소에서 체결되거나;

(c) 대금 또는 수개의 계약이 동시에 체결되는 때에 계약의 전체 대금이 50유로 또는 계약대금으로 합의한 통화로 동등한 금액을 넘지 않는 영업소 밖에서 체결된 계약.

contract price.

Article 14

Information about price and additional charges and costs

1. The information to be provided under point (b) of Article 13 (1) must include:
   (a) the total price of the goods, digital content or related services, inclusive of taxes, or where the nature of the goods, digital content or related services is such that the price cannot reasonably be calculated in advance, the manner in which the price is to be calculated; and
   (b) where applicable, any additional freight, delivery or postal charges and any other costs or, where these cannot reasonably be calculated in advance, the fact that such additional charges and costs may be payable.
2. In the case of a contract of indeterminate duration or a contract containing a subscription, the total price must include the total price per billing period. Where such contracts are charged at a fixed rate, the total price must include the total monthly price. Where the total price cannot be reasonably calculated in advance, the manner in which the price is to be calculated must be provided.
3. Where applicable, the trader must inform the consumer of the cost of using the means of distance communication for the conclusion of the contract where that cost is calculated other than at the basic rate.

Article 15

Information about the identity and address of the trader

The information to be provided under point (c) of Article 13 (1) must include:

(a) the identity of the trader, such as its trading name;

제14조 [대금과 추가요금 및 비용에 관한 정보]

1. 제13조 제1항 (b)호에서 안내되는 정보는 다음을 포함하여야 한다;

   (a) 조세를 포함한 상품, 디지털콘텐츠 또는 관련 서비스의 전체 대금 또는 상품, 디지털콘텐츠 또는 관련 서비스의 성질이 대금이 사전에 합리적으로 산정될 수 없는 그러한 것일 경우 대금이 산정될 수 있는 방법;

   (b) 적용할 경우, 추가적 운송, 인도 또는 우송요금과 그 밖의 비용 또는 이들이 사전에 합리적으로 산정될 수 없는 경우 그러한 추가요금과 비용이 청구될 수 있다는 사실.

2. 기간의 정함이 없는 계약 또는 예약을 포함하는 계약의 경우 전체대금은 청구기간별 전체대금을 포함하여야 한다. 그러한 계약이 확정된 요율로 청구되는 경우 전체대금은 전체의 월별대금을 포함하여야 한다. 전체대금이 사전에 합리적으로 산정될 수 없는 경우 대금이 산정되는 방법을 안내하여야 한다.

3. 적용할 경우, 사업자(기업인)는 원격통신수단을 사용하는 비용이 기본요율과 달리 산정되는 때에는 계약체결을 위한 원격통신수단을 사용하는 비용을 소비자에게 알려야 한다.

제15조 [사업자(기업인)의 신원과 주소에 관한 정보]

제13조 제1항 (c)호에서 안내되어야 하는 정보는 다음을 포함하여야 한다:

(a) 상호를 비롯한 사업자(기업인)의 신원;

(b) the geographical address at which the trader is established;
(c) the telephone number, fax number and e-mail address of the trader, where available, to enable the consumer to contact the trader quickly and communicate with the trader efficiently;
(d) where applicable, the identity and geographical address of any other trader on whose behalf the trader is acting; and
(e) where different from the address given pursuant to points (b) and (d) of this Article, the geographical address of the trader, and where applicable that of the trader on whose behalf it is acting, where the consumer can address any complaints.

Article 16

Information about the contract terms

The information to be provided under point (d) of Article 13 (1) must include:

(a) the arrangements for payment, delivery of the goods, supply of the digital content or performance of the related services and the time by which the trader undertakes to deliver the goods, to supply the digital content or to perform the related services;
(b) where applicable, the duration of the contract, the minimum duration of the consumer's obligations or, if the contract is of indeterminate duration or is to be extended automatically, the conditions for terminating the contract; and
(c) where applicable, the existence and conditions for deposits or other financial guarantees to be paid or provided by the consumer at the request of the trader;
(d) where applicable, the existence of relevant codes of conduct and how copies of them can be obtained.

(b) 사업자(기업인)가 소재하는 장소의 주소;
(c) 적용할 경우 소비자가 신속하게 사업자(기업인)와 접촉하고 그와 효율적으로 연락할 수 있도록 사업자(기업인)의 전화번호, 팩스번호와 전자우편주소;
(d) 적용할 경우 사업자(기업인)가 대리하는 다른 사업자(기업인)의 신원과 주소; 그리고
(e) 주소가 본조 (b)호와 (d)호에 따라 주어진 주소와 다른 경우 사업자(기업인)의 주소 또는 적용할 경우, 사업자(기업인)가 대리하는 사업자(기업인)의 주소로서 소비자가 불만을 제기할 수 있는 주소.

제16조 [계약내용에 관한 정보]

제13조 제1항 (d)호에서 안내되어야 하는 정보는 다음을 포함하여야 한다:

(a) 대금지급에 관한 협의, 물품의 인도, 디지털콘텐츠의 공급 또는 관련 서비스의 이행과 사업자(기업인)가 물품을 인도하고 디지털콘텐츠를 공급하거나 관련 서비스를 이행하여야 하는 시기;

(b) 적용할 경우, 계약의 존속기간, 소비자의 의무의 최단존속기간 또는 계약이 기한이 없거나 자동적으로 갱신될 경우 계약관계를 종료하기 위한 조건들; 그리고

(c) 적용할 경우, 사업자(기업인)의 요구로 소비자가 지급하거나 제공하는 보증금 또는 이 밖의 금전적 담보의 존재 여부와 그 조건들;

(d) 적용할 경우, 관련된 행위준칙의 존재 여부와 그의 사본을 얻을 수 있는 방법.

Article 17

Information about rights of withdrawal when concluding a distance or off-premises contract

1. Where the consumer has a right of withdrawal under Chapter 4, the information to be provided under point (e) of Article 13 (1) must include the conditions, time limit and procedures for exercising that right in accordance with Appendix 1, as well as the model withdrawal form set out in Appendix 2.
2. Where applicable, the information to be provided under point (e) of Article 13(1) must include the fact that the consumer will have to bear the cost of returning the goods in case of withdrawal and, for distance contracts, that the consumer will have to bear the cost of returning the goods in the event of withdrawal if the goods by their nature cannot be normally returned by post.
3. Where the consumer can exercise the right of withdrawal after having made a request for the provision of related services to begin during the withdrawal period, the information to be provided under point (e) of Article 13(1) must include the fact that the consumer would be liable to pay the trader the amount referred to in Article 45 (5).
4. The duty to provide the information required by paragraphs 1, 2 and 3 may be fulfilled by supplying the Model instructions on withdrawal set out in Appendix 1 to the consumer. The trader will be deemed to have fulfilled these information requirements if he has supplied these instructions to the consumer correctly filled in.
5. Where a right of withdrawal is not provided for in accordance with points (c) to (i) of Article 40 (2) and paragraph 3 of that Article, the information to be provided under point (e) of Article 13 (1) must include a statement that the consumer will not benefit from a right of withdrawal or, where applicable, the circumstances under which the consumer loses the right of withdrawal.

제17조 [원격 또는 영업소 밖에서 계약을 체결하는 경우 철회권에 관한 정보]

1. 제4장에서 소비자가 철회권을 가지는 경우 제13조 제1항 (e)호에 따라 안내되는 정보는 부록 1에 따른 권리를 행사하기 위한 조건, 기간과 절차와 함께 부록 2에 따른 모범철회양식을 포함하여야 한다.

2. 적용할 경우, 제13조 제1항 (e)호에서 안내하여야 하는 정보는 철회의 경우 소비자가 물품의 반송비용을 부담하여야 하고 원격계약에서 철회한 때에 물품이 그 성질상 일반적으로 우편으로 반송될 수 없을 경우 소비자가 물품의 반송비용을 부담하여야 한다는 사항을 포함하여야 한다.
3. 소비자가 철회기간 중에 관련 서비스의 제공을 요구한 후에 철회권을 행사할 수 있을 경우 제13조 제1항 (e)호에 따라 안내하여야 하는 정보는 소비자가 사업자(기업인)에게 제45조 제5항이 정하는 금액을 지급할 책임을 질 수 있다는 사항을 포함하여야 한다.

4. 제1, 2, 3항이 요구하는 정보의 안내의무는 부록 1에 제시된 철회에 관한 모범지침을 소비자에게 제공함으로써 이행될 수 있다. 사업자(기업인)는 소비자에게 그가 정확하게 작성된 이 양식을 소비자에게 공급함으로써 그 정보요건들을 이행한 것으로 본다.

5. 제40조 제2항 (c)호에서 (i)호와 제3항에 따라 철회권이 안내되지 않은 경우 제13조 제1항 (e)호에서 제공되어야 하는 정보는 소비자가 철회권의 이익을 얻을 수 없거나 적용할 경우, 소비자가 철회권을 상실하는 사유들에 대한 설명을 포함하여야 한다.

Article 18

Off-premises contracts: additional information requirements and confirmation

1. The trader must provide the consumer with a copy of the signed contract or the confirmation of the contract, including where applicable, the confirmation of the consumer's consent and acknowledgment as provided for in point (d) of Article 40(3) on paper or, if the consumer agrees, on a different durable medium.
2. Where the consumer wants the provision of related services to begin during the withdrawal period provided for in Article 42(2), the trader must require that the consumer makes such an express request on a durable medium.

Article 19

Distance contracts: additional information and other requirements

1. When a trader makes a telephone call to a consumer, with a view to concluding a distance contract, the trader must, at the beginning of the conversation with the consumer, disclose its identity and, where applicable, the identity of the person on whose behalf it is making the call and the commercial purpose of the call.
2. If the distance contract is concluded through a means of distance communication which allows limited space or time to display the information, the trader must provide at least the information referred to in paragraph 3 of this Article on that particular means prior to the conclusion of such a contract. The other information referred to in Article 13 shall be provided by the trader to the consumer in an appropriate way in accordance with Article 13(3).
3. The information required under paragraph 2 is:

   (a) the main characteristics of the goods, digital content or related services,

제18조 [영업소 밖에서 체결된 계약 – 추가 정보안내요건과 그 확인]

1. 사업자(기업인)는 소비자에게 서명된 계약서의 사본 또는 계약 확인서를 제공하여야 하며, 이는 적용가능한 경우 소비자가 제40조 제3항 (d)호의 내용을 인식하고 동의하였음을 확인하는 서면, 또는 그 소비자가 동의한 경우 별도의 내구적인 매체를 포함한다.

2. 소비자가 제42조 제2항의 철회기간이 경과하기 전에 관련 서비스의 이행을 개시할 것을 원하는 경우, 사업자(기업인)는 소비자가 내구적인 저장장치에서 명시적으로 신청하도록 요구하여야 한다.

제19조 [원격계약 – 추가 정보와 그 밖의 요건]

1. 사업자(기업인)가 원격계약을 체결할 의도로 소비자에게 전화통화를 한 경우 사업자(기업인)는 소비자와의 통화의 처음에 그의 신원과 적용할 경우 그가 대리하여 통화를 하는 사람의 신원과 함께 통화의 상업적 목적을 공개하여야 한다.

2. 원격계약이 제한된 공간과 시간에만 정보의 공개를 가능하게 하는 원격통신을 수단으로 하여 체결된 경우, 사업자(기업인)는 최소한 그러한 계약의 체결에 앞서 그러한 특별한 수단에 본조 제3항에 규정된 정보를 안내하여야 한다. 사업자(기업인)는 제13조에 규정된 이 밖의 정보를 제13조 제3항에 따라 적절한 방법으로 소비자에게 안내할 수 있다.

3. 제2항에 규정된 정보는:
   (a) 제13조 제1항 (a)호에 규정된 상품, 디지털콘텐츠 또는 관련 서

as required by point (a) of Article 13 (1);

(b) the identity of the trader, as required by point (a) of Article 15;

(c) the total price, including all items referred to in point (b) of Article 13 (1) and Article 14(1) and (2);

(d) the right of withdrawal; and

(e) where relevant, the duration of the contract, and if the contract is for an indefinite period, the requirements for terminating the contract, referred to in point (b) of Article 16.

4. A distance contract concluded by telephone is valid only if the consumer has signed the offer or has sent his written consent indicating the agreement to conclude a contract. The trader must provide the consumer with a confirmation of that agreement on a durable medium.

5. The trader must give the consumer a confirmation of the contract concluded, including where applicable, of the consent and acknowledgement of the consumer referred to in point (d) of Article 40(3), and all the information referred to in Article 13 on a durable medium. The trader must give that information in reasonable time after the conclusion of the distance contract, and at the latest at the time of the delivery of the goods or before the supply of digital content or the provision of the related service begins, unless the information has already been given to the consumer prior to the conclusion of the distance contract on a durable medium.

6. Where the consumer wants the provision of related services to begin during the withdrawal period provided for in Article 42(2), the trader must require that the consumer makes an express request to that effect on a durable medium.

비스의 주된 성질;

(b) 제15조 (a)호에 규정된 사업자(기업인)의 신원;

(c) 제13조 제1항 (b)호와 제14조 제1항과 제2항에 규정된 모든 사항을 포함하는 전체대금;

(d) 철회권; 그리고

(e) 관련된 경우 계약의 존속기간과 만일 계약이 불확정의 기간으로 존속하는 경우 제16조 (b)호에 규정된 계약종료를 위한 요건들.

4. 전화상으로 체결된 원격계약은 소비자가 그 청약서에 서명하였거나 그 계약을 체결하는 합의를 표시하는 서면동의를 발송한 때에만 그 효력이 있다. 사업자(기업인)는 소비자에게 내구적인 매체에 그 합의에 대한 확인을 제시하여야 한다.

5. 사업자(기업인)는 적용할 경우, 제40조 제3항 (d)호의 사항에 관한 소비자의 동의와 인정에 대한 확인을 포함하여 체결된 계약에 대한 확인과 함께 제13조에 규정된 모든 정보를 내구적인 매체로 소비자에게 주어야 한다. 사업자는 그 정보를 원격계약의 체결로부터 상당한 기간 내에, 그리고 적어도 물품의 인도, 디지털콘텐츠의 공급 또는 관련 서비스의 제공이 개시되기 전에 제시하여야 한다. 그러나 정보가 이미 원격계약의 체결 전에 내구적인 매체로 소비자에게 주어진 때에는 그러하지 아니하다.

6. 소비자가 제42조 제2항에 제시된 철회기간 중에 관련 서비스의 제공을 원할 경우 사업자(기업인)는 소비자가 내구적인 매체로 그러한 효과에 대하여 명시적으로 요청할 것을 요구하여야 한다.

Article 20

Duty to provide information when concluding contracts other than distance and off-premises contracts

1. In contracts other than distance and off-premises contracts, a trader has a duty to provide the following information to the consumer, in a clear and comprehensible manner before the contract is concluded or the consumer is bound by any offer, if that information is not already apparent from the context:
   (a) the main characteristics of the goods, digital content or related services to be supplied, to an extent appropriate to the medium of communication and to the goods, digital content or related services;
   (b) the total price and additional charges and costs, in accordance with Article 14(1);
   (c) the identity of the trader, such as the trader's trading name, the geographical address at which it is established and its telephone number;
   (d) the contract terms in accordance with points (a) and (b) of Article 16;
   (e) where applicable, the existence and the conditions of the trader's after-sale services, commercial guarantees and complaints handling policy;
   (f) where applicable, the functionality, including applicable technical protection measures of digital content; and
   (g) where applicable, any relevant interoperability of digital content with hardware and software which the trader is aware of or can be expected to have been aware of.
2. This Article does not apply where the contract involves a day-to-day transaction and is performed immediately at the time of its conclusion.

제20조 [원격 또는 영업소 밖에서 체결된 계약이 아닌 계약을 체결하는 경우 정보를 안내할 의무]

1. 원격계약과 영업소 밖에서 체결된 계약이 아닌 계약에서 사업자(기업인)는 계약이 체결되거나 소비자가 일정한 청약에 구속되기 전에 명료하고 이해할 수 있는 방법으로 다음의 정보를 안내할 의무가 있다. 그러나 그 정보가 이미 그 사정에서 명백한 때에는 그러하지 아니하다:
   (a) 통신매체와 물품, 디지털콘텐츠 또는 관련 서비스에 적절한 정도에서 제공되어야 하는 물품, 디지털콘텐츠 또는 관련 서비스의 주된 성질;
   (b) 제14조 제1항에 따른 전체대금과 추가요금과 비용;
   (c) 사업자(기업인)의 상호를 비롯한 사업자(기업인)의 신원, 사업자(기업인)가 소재하는 장소의 주소와 전화번호;
   (d) 제16조 (a)호와 (b)호에 규정된 사항과 합치하는 계약내용;
   (e) 적용할 경우, 사업자(기업인)의 매매 후의 서비스, 품질보증과 불만처리정책의 존재 여부와 그 조건들;
   (f) 적용할 경우, 사용가능한 기술적 보호조치를 포함한 디지털콘텐츠의 기능성;
   (g) 적용할 경우, 사업자(기업인)가 알거나 알았어야 했던 디지털콘텐츠와 하드웨어 및 소프트웨어 사이의 연관된 호환성.

2. 본조는 계약이 일상의 거래로서 계약체결 즉시 이행되는 때에는 적용되지 아니한다.

Article 21

Burden of proof

The trader bears the burden of proof that it has provided the information required by this Section.

Article 22

Mandatory nature

The parties may not, to the detriment of the consumer, exclude the application of this Section or derogate from or vary its effects.

SECTION 2 PRE-CONTRACTUAL INFORMATION TO BE GIVEN BY A TRADER DEALING WITH ANOTHER TRADER

Article 23

Duty to disclose information about goods and related services

1. Before the conclusion of a contract for the sale of goods, supply of digital content or provision of related services by a trader to another trader, the supplier has a duty to disclose by any appropriate means to the other trader any information concerning the main characteristics of the goods, digital content or related services to be supplied which the supplier has or can be expected to have and which it would be contrary to good faith and fair dealing not to disclose to the other party.
2. In determining whether paragraph 1 requires the supplier to disclose any information, regard is to be had to all the circumstances, including:
   (a) whether the supplier had special expertise;
   (b) the cost to the supplier of acquiring the relevant information;
   (c) the ease with which the other trader could have acquired the

제21조 [증명책임]

사업자(기업인)는 그가 이 절에 규정된 정보를 안내하였는지를 증명할 책임이 있다.

제22조 [강행법규성]

당사자들은 소비자의 불이익으로 이 절의 적용을 배제하거나, 우회하거나 그 효력을 변경하지 못한다.

제2절 다른 사업자(기업인)와 거래하는 사업자(기업인)가 제공하여야 하는 계약 전 정보

제23조 [물품과 관련 서비스에 관한 정보를 공개할 의무]

1. 사업자(기업인)의 상대방 사업자(기업인)에 대한 물품의 매매, 디지털콘텐츠의 공급 또는 관련 서비스의 제공을 위한 계약이 체결되기 전에 공급자는 모든 적절한 수단으로 상대방 사업자(기업인)에게 제공되어야 하는 물품, 디지털콘텐츠 또는 관련 서비스의 주된 성질에 관하여 공급자가 가지거나 가졌을 것이 기대될 수 있고 이를 상대방에게 공개하지 않는 것이 신의성실과 공정거래에 위반하는 그러한 정보를 공개할 의무가 있다.
2. 제1항이 공급자가 어떤 정보를 공개하도록 요구하는지를 결정하기 위하여 다음을 포함한 모든 사정을 참작하여야 한다:
   (a) 공급자가 특별한 전문지식을 보유하는지 여부;
   (b) 관련 정보를 취득하기 위한 공급자의 비용;
   (c) 상대방 사업자(기업인)가 다른 수단으로 정보를 취득할 수 있는

information by other means;

(d) the nature of the information;

(e) the likely importance of the information to the other trader; and

(f) good commercial practice in the situation concerned.

SECTION 3 CONTRACTS CONCLUDED BY ELECTRONIC MEANS

Article 24

Additional duties to provide information in distance contracts concluded by electronic means

1. This Article applies where a trader provides the means for concluding a contract and where those means are electronic and do not involve the exclusive exchange of electronic mail or other individual communication.
2. The trader must make available to the other party appropriate, effective and accessible technical means for identifying and correcting input errors before the other party makes or accepts an offer.
3. The trader must provide information about the following matters before the other party makes or accepts an offer:
   (a) the technical steps to be taken in order to conclude the contract;
   (b) whether or not a contract document will be filed by the trader and whether it will be accessible;
   (c) the technical means for identifying and correcting input errors before the other party makes or accepts an offer;
   (d) the languages offered for the conclusion of the contract;
   (e) the contract terms.
4. The trader must ensure that the contract terms referred to in point (e)

용이성;

(d) 정보의 성질;

(e) 상대방 사업자(기업인)에게 인정되는 정보의 중요성; 그리고

(f) 해당 사정에서 선량한 상관행.

제3절 전자적 수단으로 체결된 계약

제24조 [전자적 수단으로 체결된 원격계약에서 정보를 안내하여야 하는 추가적 의무]

1. 본조는 사업자(기업인)가 계약을 체결하기 위한 수단을 제공하고 그러한 수단이 전자적이며 순수하게 전자우편 또는 이 밖의 개별적 통신의 교환만을 포함하지 않는 경우에 적용된다.
2. 사업자(기업인)는 상대방 당사자에게 그가 청약을 하거나 청약을 승낙하기 전에 입력의 잘못을 확인하고 수정하기 위한 적절하고 효과적이며 접근가능한 기술적 수단을 사용할 수 있도록 하여야 한다.
3. 사업자(기업인)는 상대방 당사자가 청약하거나 청약을 승낙하기 전에 다음의 사항에 관한 정보를 제공하여야 한다:
   (a) 계약을 체결하기 위하여 거쳐야 하는 기술적 단계;
   (b) 계약문서가 사업자(기업인)에 의하여 보관되는지, 그리고 이에 접근가능한지 여부;
   (c) 상대방이 청약하거나 청약을 승낙하기 전에 입력의 잘못을 확인하고 수정할 수 있는 기술적 수단;
   (d) 계약체결을 위하여 제시된 언어;
   (e) 계약내용.
4. 사업자(기업인)는 제3항 (e)호에 규정된 계약내용을 알파벳 문자나

of paragraph 3 are made available in alphabetical or other intelligible characters and on a durable medium by means of any support which permits reading, recording of the information contained in the text and its reproduction in tangible form.

5. The trader must acknowledge by electronic means and without undue delay the receipt of an offer or an acceptance sent by the other party.

Article 25

Additional requirements in distance contracts concluded by electronic means

1. Where a distance contract which is concluded by electronic means would oblige the consumer to make a payment, the trader must make the consumer aware in a clear and prominent manner, and immediately before the consumer places the order, of the information required by point (a) of Article 13 (1), Article 14(1) and (2), and point (b) of Article 16.
2. The trader must ensure that the consumer, when placing the order, explicitly acknowledges that the order implies an obligation to pay. Where placing an order entails activating a button or a similar function, the button or similar function must be labelled in an easily legible manner only with the words "order with obligation to pay" or similar unambiguous wording indicating that placing the order entails an obligation to make a payment to the trader. Where the trader has not complied with this paragraph, the consumer is not bound by the contract or order.
3. The trader must indicate clearly and legibly on its trading website at the latest at the beginning of the ordering process whether any delivery restrictions apply and what means of payment are accepted.

그 밖에 알기 쉬운 기호를 사용하여 읽기, 그 본문에 포함된 정보의 기록과 유체적인 형태로 그의 재생산을 가능하게 하는 지원수단에 의하여 내구적 매체에서 사용할 수 있도록 보장하여야 한다.

5. 사업자(기업인)는 전자적 수단으로 그리고 부당한 지체없이 상대방 당사자가 발송한 청약 또는 승락의 수령을 표시하여야 한다.

제25조 [전자적 수단으로 체결된 원격계약에서 추가적 요건들]

1. 전자적 수단으로 체결된 원격계약이 소비자에게 대금지급의무를 발생하게 하는 경우 사업자(기업인)는 소비자가 주문하기 전에 명료하고 뚜렷한 방법으로, 그리고 소비자가 주문하기 직전까지 제13조 제1항 (a)호, 제14조 제1항과 제2항, 그리고 제16조 (b)호에 규정된 정보를 인식하도록 하여야 한다.
2. 사업자(기업인)는 소비자가 주문하는 때에 주문이 대금지급의무를 수반한다는 사실을 분명하게 인식하도록 하여야 한다. 주문하는 행위가 버튼 또는 유사한 기능의 작동을 요구하는 경우 버튼 또는 유사한 기능은 단지 "대금지급의무를 수반하는 주문"이라는 문언을 사용하여 알기 쉬운 방법으로 표시되어야 한다. 사업자(기업인)가 본항을 준수하지 않은 경우 소비자는 계약 또는 청약에 구속되지 아니한다.

3. 사업자(기업인)는 그의 영업웹사이트에 늦어도 주문절차가 개시되는 시기까지 인도제한의 적용 여부와 어떠한 지급수단이 허용되는지를 명료하고 알기 쉽게 게시하여야 한다.

Article 26

Burden of proof

In relations between a trader and a consumer, the trader bears the burden of proof that it has provided the information required by this Section.

Article 27

Mandatory nature

In relations between a trader and a consumer, the parties may not, to the detriment of the consumer, exclude the application of this Section or derogate from or vary its effects.

SECTION 4
DUTY TO ENSURE THAT INFORMATION SUPPLIED IS CORRECT

Article 28

Duty to ensure that information supplied is correct

1. A party who supplies information before or at the time a contract is concluded, whether in order to comply with the duties imposed by this Chapter or otherwise, has a duty to take reasonable care to ensure that the information supplied is correct and is not misleading.
2. A party to whom incorrect or misleading information has been supplied in breach of the duty referred to in paragraph 1, and who reasonably relies on that information in concluding a contract with the party who supplied it, has the remedies set out in Article 29.
3. In relations between a trader and a consumer the parties may not, to the detriment of the consumer, exclude the application of this Article or derogate from or vary its effects.

제26조 [증명책임]

사업자(기업인)와 소비자의 관계에서 사업자(기업인)는 그가 이 절에서 요구되는 정보를 안내하였다는 사실을 증명할 책임이 있다.

제27조 [강행법규성]

사업자(기업인)와 소비자의 관계에서 당사자들은 소비자의 불이익으로 이 절의 적용을 배제 또는 제한하거나 그 효력을 변경할 수 없다.

제4절 제공된 정보가 정확하다는 사실을 보장할 의무

제28조 [제공된 정보가 정확하다는 사실을 보장할 의무]

1. 이 장에서 부과되는 의무를 준수하거나 다른 이유로 계약이 체결되기 전 또는 계약체결시에 정보를 제공하는 당사자는 제공된 정보가 정확하고 잘못되지 않다는 사실을 보장하기 위하여 상당한 주의를 할 의무가 있다.
2. 제1항에 규정된 의무를 위반하여 부정확하거나 잘못된 정보가 제공되었고 그 정보를 제공한 당사자와 계약을 체결함에 있어서 정당하게 그 정보를 신뢰한 상대방 당사자는 제29조에 규정된 구제수단을 가진다.
3. 사업자(기업인)와 소비자 사이의 관계에서 당사자들은 소비자의 불이익으로 이 법률규정의 적용을 배제 또는 제한하거나 그 효력을 변경할 수 없다.

SECTION 5 REMEDIES FOR BREACH OF INFORMATION DUTIES

Article 29

Remedies for breach of information duties

1. A party which has failed to comply with any duty imposed by this Chapter is liable for any loss caused to the other party by such failure.
2. Where the trader has not complied with the information requirements relating to additional charges or other costs as referred to in Article 14 or on the costs of returning the goods as referred to in Article 17(2) the consumer is not liable to pay the additional charges and other costs.
3. The remedies provided under this Article are without prejudice to any remedy which may be available under Article 42 (2), Article 48 or Article 49.
4. In relations between a trader and a consumer the parties may not, to the detriment of the consumer, exclude the application of this Article or derogate from or vary its effects.

제5절 정보안내의무의 위반에 대한 구제수단

제29조 [정보안내의무의 위반에 대한 구제수단]

1. 이 장이 규정한 의무를 준수하지 않은 당사자 일방은 그 불이행으로 상대방 당사자에게 발생한 모든 손해에 대하여 책임이 있다.
2. 사업자(기업인)가 제14조에 규정된 추가요금과 비용 또는 제17조 제2항에 규정된 물품의 반환비용에 관한 정보요건들을 준수하지 않은 경우 소비자는 추가요금과 그 밖의 비용을 지급할 책임이 없다.

3. 본조에서 제시된 구제수단들은 제42조 제2항, 제48조 또는 제49조에서 적용가능한 구제수단에 영향을 미치지 아니한다.

4. 사업자(기업인)와 소비자 사이의 관계에서 당사자들은 소비자의 불이익으로 이 법률규정의 적용을 배제 또는 제한하거나 그 효력을 변경할 수 없다.

Chapter 3 Conclusion of contract

Article 30

Requirements for the conclusion of a contract

1. A contract is concluded if:
   (a) the parties reach an agreement;
   (b) they intend the agreement to have legal effect; and
   (c) the agreement, supplemented if necessary by rules of the Common European Sales Law, has sufficient content and certainty to be given legal effect.
2. Agreement is reached by acceptance of an offer. Acceptance may be made explicitly or by other statements or conduct.
3. Whether the parties intend the agreement to have legal effect is to be determined from their statements and conduct.
4. Where one of the parties makes agreement on some specific matter a requirement for the conclusion of a contract, there is no contract unless agreement on that matter has been reached.

Article 31

Offer

1. A proposal is an offer if:
   (a) it is intended to result in a contract if it is accepted; and
   (b) it has sufficient content and certainty for there to be a contract.
2. An offer may be made to one or more specific persons.
3. A proposal made to the public is not an offer, unless the circumstances indicate otherwise.

제3장 계약체결

제30조 [계약체결을 위한 요건]

1. 계약은 다음의 경우에 체결된다.
   (a) 당사자들이 합의에 이르고;
   (b) 그들이 그 합의에 법적 효력을 부여하려 하며;
   (c) 이러한 합의가, 필요하다면 보통유럽매매법 규정에 의한 보충을 통해서, 법적 효력이 발생할 정도의 충분한 내용과 확정성을 가질 때,
2. 합의는 청약에 대한 승낙으로 이루어진다. 승낙은 명시적으로 또는 다른 언명이나 행동으로 이루어질 수 있다.
3. 당사자들이 그 합의에 법적 효력을 부여하려 하는지 여부는 그들의 언명과 그들의 행동으로부터 결정한다.
4. 당사자 중 1인이 특정사항에 관한 합의를 계약체결의 요건으로 정하는 경우, 그 사항에 관한 합의가 이루어지지 않는 한 계약은 존재하지 않는다.

제31조 [청 약]

1. 제안은 다음의 경우에 청약이 된다:
   (a) 그 제안이 승낙될 경우 계약으로 귀결될 의도에서 제시되고;
   (b) 계약이 성립할 정도로 충분한 내용과 확정성을 가지고 있을 때.
2. 청약은 1인 또는 다수의 특정인에 대해서 행해질 수 있다.
3. 공중을 향한 제안은 청약이 아니다. 다만 다른 사정이 있을 경우에는 그러하지 아니하다.

Article 32

Revocation of offer

1. An offer may be revoked if the revocation reaches the offeree before the offeree has sent an acceptance or, in cases of acceptance by conduct, before the contract has been concluded.
2. Where a proposal made to the public is an offer, it can be revoked by the same means as were used to make the offer.
3. A revocation of an offer is ineffective if:
   (a) the offer indicates that it is irrevocable;
   (b) the offer states a fixed time period for its acceptance; or
   (c) it was otherwise reasonable for the offeree to rely on the offer as being irrevocable and the offeree has acted in reliance on the offer.

Article 33

Rejection of offer

When a rejection of an offer reaches the offeror, the offer lapses.

Article 34

Acceptance

1. Any form of statement or conduct by the offeree is an acceptance if it indicates assent to the offer.
2. Silence or inactivity does not in itself constitute acceptance.

Article 35

Time of conclusion of the contract

1. Where an acceptance is sent by the offeree the contract is concluded when the acceptance reaches the offeror.
2. Where an offer is accepted by conduct, the contract is concluded when

第32조 [청약의 철회]

1. 상대방이 승낙을 표시하기 전 또는 행동에 의한 승낙의 경우 그 계약이 체결되기 전에 그 철회의 의사표시가 상대방에게 도달할 경우 청약은 철회될 수 있다.
2. 공중을 향한 제안이 청약이 된다면, 이는 표시된 것과 같은 방법으로 철회될 수 있다.
3. 청약의 철회는 다음의 경우 무효이다:
   (a) 그 청약이 철회불가능한 것으로 명시된 때;
   (b) 그 청약이 고정된 승낙기간을 정하고 있을 때; 또는
   (c) 그 밖에 상대방이 청약이 철회불가능하다고 믿은 것이 합리적이었고 그 청약에 근거해서 행위를 하였을 때.

第33조 [청약의 거절]

청약은 그에 대한 거절이 청약자에게 도달하는 때에 소멸한다.

第34조 [승 낙]

1. 그 청약에 대한 동의가 표시되기만 한다면, 그 상대방에 의한 어떤 방식의 언명 또는 행동도 승낙이 될 수 있다.
2. 침묵 또는 부작위는 그 자체로 승낙을 구성하지 못한다.

第35조 [계약체결의 시기]

1. 승낙이 청약의 상대방에 의해 표시되는 경우에, 그 승낙의 표시가 청약자에게 도달하는 때에 계약이 체결된다.
2. 청약이 행동에 의해 승낙되는 경우에, 그 행동이 청약자에게 도달하

notice of the conduct reaches the offeror.

3. Notwithstanding paragraph 2, where by virtue of the offer, of practices which the parties have established between themselves, or of a usage, the offeree may accept the offer by conduct without notice to the offeror, the contract is concluded when the offeree begins to act.

Article 36

Time limit for acceptance

1. An acceptance of an offer is effective only if it reaches the offeror within any time limit stipulated in the offer by the offeror.
2. Where no time limit has been fixed by the offeror the acceptance is effective only if it reaches the offeror within a reasonable time after the offer was made.
3. Where an offer may be accepted by doing an act without notice to the offeror, the acceptance is effective only if the act is done within the time for acceptance fixed by the offeror or, if no such time is fixed, within a reasonable time.

Article 37

Late acceptance

1. A late acceptance is effective as an acceptance if without undue delay the offeror informs the offeree that the offeror is treating it as an effective acceptance.
2. Where a letter or other communication containing a late acceptance shows that it has been sent in such circumstances that if its transmission had been normal it would have reached the offeror in due time, the late acceptance is effective as an acceptance unless, without undue delay, the offeror informs the offeree that the offer has lapsed.

는 때에 계약이 체결된다.

3. 제2항의 규정에도 불구하고, 청약이나 당사자들 간에 발생한 관습 또는 관행에 의해서, 상대방이 청약자에 대한 통지 없이 그 행동에 의해 청약을 승낙할 수 있는 경우라면, 그 상대방이 행동을 시작하는 때에 계약이 체결된다.

제36조 [승낙기간]

1. 청약의 승낙은 청약자에 의한 청약을 통해서 정한 기간 내에 청약자에게 도달할 때에만 유효하다.
2. 청약자에 의해서 기간이 정해지지 않은 경우에, 승낙은 청약이 있은 후 합리적인 기간 내에 청약자에게 도달한 때에만 유효하다.

3. 청약자에 대한 통지 없이 행동으로 청약이 승낙될 수 있는 경우에, 그 승낙은 그 행위가 청약자에 의해 정해진 승낙기간 내에 또는, 그러한 기간의 정함이 없으면, 합리적인 기간 내에 행해진 때에만 유효하다.

제37조 [연착된 승낙]

1. 연착된 승낙은 부당한 지체 없이 청약자가 상대방에게 이를 유효한 승낙으로 보겠다고 통지한 경우에 승낙으로서 유효하다.

2. 연착된 승낙을 포함하고 있는 서면 기타의 통신방법이 정상적으로 전달되었을 경우 청약자에게 적시에 도달하였을 것이라는 상황을 보여준다면, 그 연착된 승낙은 승낙으로서 유효하다. 그러나 청약자가 부당한 지체 없이 상대방에게 그 청약을 소멸한 것으로 본다고 통지하는 경우에는 그러하지 아니하다.

Article 38

Modified acceptance

1. A reply by the offeree which states or implies additional or different contract terms which materially alter the terms of the offer is a rejection and a new offer.
2. Additional or different contract terms relating, among other things, to the price, payment, quality and quantity of the goods, place and time of delivery, extent of one party's liability to the other or the settlement of disputes are presumed to alter the terms of the offer materially.
3. A reply which gives a definite assent to an offer is an acceptance even if it states or implies additional or different contract terms, provided that these do not materially alter the terms of the offer. The additional or different terms then become part of the contract.
4. A reply which states or implies additional or different contract terms is always a rejection of the offer if:
   (a) the offer expressly limits acceptance to the terms of the offer;

   (b) the offeror objects to the additional or different terms without undue delay; or
   (c) the offeree makes the acceptance conditional upon the offeror's assent to the additional or different terms, and the assent does not reach the offeree within a reasonable time.

Article 39

Conflicting standard contract terms

1. Where the parties have reached agreement except that the offer and acceptance refer to conflicting standard contract terms, a contract is nonetheless concluded. The standard contract terms are part of the contract

第38조 [변경을 가한 승낙]

1. 명시적 또는 묵시적으로 부가적이거나 상이한 계약내용을 제시하는 상대방의 응답이 청약의 내용을 실질적으로 변경할 경우, 이는 거절 및 새로운 청약으로 본다.
2. 부가적이거나 상이한 계약규정이 무엇보다도 가격, 지불방법, 물품의 품질과 수량, 배송의 장소와 시기, 일방의 타방에 대한 책임범위 또는 분쟁의 조정 및 중재와 관련된 경우, 이는 청약의 내용을 실질적으로 변경한 것으로 추정한다.
3. 청약에 대한 명백한 동의를 담고 있는 응답이 명시적 또는 묵시적으로 부가적이거나 상이한 계약규정을 담고 있다 하더라도, 그것이 청약의 내용을 실질적으로 변경하지 않는다면, 이는 승낙이다. 그 부가적이거나 상이한 규정은 이 경우 계약의 일부분이 된다.
4. 명시적이거나 묵시적으로 부가적이거나 상이한 계약내용을 담고 있는 응답은 다음의 경우 항상 청약의 거절이 된다:
   (a) 청약이 명시적으로 그 청약의 내용들에 대한 승낙으로 제한하는 때;
   (b) 청약자가 그 부가적이거나 상이한 계약내용에 대해서 부당한 지체 없이 이의를 제기할 때; 또는
   (c) 청약의 상대방이 그 부가적이거나 상이한 계약내용에 대한 청약자의 동의를 조건으로 승낙하고, 그 동의가 청약상대방에게 합리적인 기간 내에 도달하지 않은 때.

第39조 [충돌하는 약관]

1. 청약과 승낙이 서로 충돌하는 약관을 언급하는 점을 제외하고 당사자들이 합의에 도달하였을 경우, 계약은 그럼에도 불구하고 체결된다. 약관은 그것이 내용적으로 일치하는 한도에서 계약의 부분이

to the extent that they are common in substance.

2. Notwithstanding paragraph 1, no contract is concluded if one party:
   (a) has indicated in advance, explicitly, and not by way of standard contract terms, an intention not to be bound by a contract on the basis of paragraph 1; or
   (b) without undue delay, informs the other party of such an intention.

된다.

2. 제1항의 규정에도 불구하고 다음의 경우 그 어떤 계약도 체결되지 않은 것이다:
   (a) 당사자 일방이 사전에, 명시적으로, 약관에 의하지 않고, 제1항에 근거해서는 계약에 구속되지 않을 의사를 표시한 때; 또는
   (b) 당사자 일방이 부당한 지체 없이 그러한 의도를 상대방에게 알렸을 때.

Chapter 4 Right to withdraw in distance and off-premises contracts between traders and consumers

Article 40

Right to withdraw

1. During the period provided for in Article 42, the consumer has a right to withdraw from the contract without giving any reason, and at no cost to the consumer except as provided in Article 45, from:
   (a) a distance contract;
   (b) an off-premises contract, provided that the price or, where multiple contracts were concluded at the same time, the total price of the contracts exceeds EUR 50 or the equivalent sum in the currency agreed for the contract price at the time of the conclusion of the contract.
2. Paragraph 1 does not apply to:
   (a) a contract concluded by means of an automatic vending machine or automated commercial premises;
   (b) a contract for the supply of foodstuffs, beverages or other goods which are intended for current consumption in the household and which are physically supplied by the trader on frequent and regular rounds to the consumer's home, residence or workplace;
   (c) a contract for the supply of goods or related services for which the price depends on fluctuations in the financial market which cannot be controlled by the trader and which may occur within the withdrawal period;
   (d) a contract for the supply of goods or digital content which are made to the consumer's specifications, or are clearly personalised;
   (e) a contract for the supply of goods which are liable to deteriorate or expire rapidly;

제4장 사업자와 소비자 간의 원격판매계약과 방문판매계약에 있어서 철회권

제40조 [철회권]

1. 제42조에 규정된 기간 동안 소비자는 다음의 계약들을 이유의 제시 없이, 그리고 제45조에서 달리 정함이 없는 한, 비용의 부담 없이 철회할 수 있다:
   (a) 원격판매계약;
   (b) 그 대금액, 또는 다수의 계약이 동시에 체결된 경우, 그 계약들의 대금총액이 50유로를 초과하거나 계약체결 당시 그 계약대금을 위해 약정된 통화로 50유로에 상응하는 금액을 초과할 경우, 영업소 밖에서 체결된 계약.
2. 제1항은 다음의 경우 적용되지 않는다:
   (a) 자동판매기 또는 자동화된 영업소의 사용에 의해서 체결된 계약;
   (b) 가정에서의 소비를 위한 것으로서 사업자(기업인)에 의해서 수시로 또는 규칙적으로 소비자의 주거나 거소지나 근무장소에 배송되는 식료품, 음료품 기타 일상수요물품의 공급과 관련된 계약;
   (c) 사업자(기업인)가 영향을 미칠 수 없을 뿐 아니라 철회기간 내에 발생할 수 있는 금융시장의 변동에 따라 그 가격이 결정되는 물품 또는 관련 서비스의 공급과 관련된 계약;
   (d) 소비자의 특별한 요구에 따라 제작되거나 명백히 개인화된 물품 또는 디지털콘텐츠의 제공과 관련된 계약;
   (e) 쉽게 상할 수 있거나 그 유효기간이 신속히 도과될 물품의 공급에 관련된 계약;

(f) a contract for the supply of alcoholic beverages, the price of which has been agreed upon at the time of the conclusion of the sales contract, the delivery of which can only take place after 30 days from the time of conclusion of the contract and the actual value of which is dependent on fluctuations in the market which cannot be controlled by the trader;

(g) a contract for the sale of a newspaper, periodical or magazine with the exception of subscription contracts for the supply of such publications;

(h) a contract concluded at a public auction; and

(i) a contract for catering or services related to leisure activities which provides for a specific date or period of performance.

3. Paragraph 1 does not apply in the following situations:

(a) where the goods supplied were sealed, have been unsealed by the consumer and are not then suitable for return due to health protection or hygiene reasons;

(b) where the goods supplied have, according to their nature, been inseparably mixed with other items after delivery;

(c) where the goods supplied were sealed audio or video recordings or computer software and have been unsealed after delivery;

(d) where the supply of digital content which is not supplied on a tangible medium has begun with the consumer's prior express consent and with the acknowledgement by the consumer of losing the right to withdraw;

(e) the consumer has specifically requested a visit from the trader for the purpose of carrying out urgent repairs or maintenance. Where on the occasion of such a visit the trader provides related services in addition to those specifically requested by the consumer or goods other than replacement parts necessarily used in performing the maintenance or in making the repairs, the right of withdrawal applies to those additional related services or goods.

(f) 그 가격이 계약체결시에 합의되었지만 그 인도는 계약체결 이후 30일이 지나서야 이루어질 수 있고 그 실제가치는 사업자(기업인)가 영향을 미칠 수 없는 시장의 변동에 의존하는 주류(酒類) 물품의 공급에 관련된 계약;

(g) 신문, 정기간행물 또는 잡지의 매매에 관련된 계약; 단 이러한 출판물의 정기구독계약은 제외한다;
(h) 공개경매에서 체결된 계약; 그리고
(i) 특정한 일자와 기간에 이행하여야 하는 여가활동과 관련된 음식물공급 또는 서비스에 관련된 계약.

3. 제1항은 다음의 경우에 적용되지 않는다:
(a) 공급되는 물품이 봉인 포장되어 소비자에 의해 개봉되고 그 개봉 이후 건강보호 내지 위생상의 이유로 더 이상 반환에 적합하지 않게 되는 때;
(b) 공급되는 물품이 그 성질상 인도 이후에 다른 물건들과 불가분으로 혼합되는 때;
(c) 공급되는 물품이 봉인된 음향녹음이나 영상녹화물 또는 컴퓨터 소프트웨어이고 인도 이후 개봉되었을 때;
(d) 유체적 저장장치로 제공되지 않는 디지털콘텐츠의 제공에 관하여 소비자가 사전에 명시적으로 동의했고 철회권의 상실이 소비자에게 확인되었을 때;
(e) 소비자가 사업자(기업인)에게 긴급한 수선 또는 유지작업을 위하여 특별히 방문을 청했을 때. 다만 사업자(기업인)가 그러한 방문 당시에 소비자가 특별히 요구한 것 이외의 관련 서비스나 그 수선 또는 보전작업 당시에 필수적으로 사용되는 대체부분이 아닌 물품을 제공하는 경우, 이러한 관련 서비스나 물품에 대해서는 철회권이 적용된다.

4. Where the consumer has made an offer which, if accepted, would lead to the conclusion of a contract from which there would be a right to withdraw under this Chapter, the consumer may withdraw the offer even if it would otherwise be irrevocable.

Article 41

Exercise of right to withdraw

1. The consumer may exercise the right to withdraw at any time before the end of the period of withdrawal provided for in Article 42.
2. The consumer exercises the right to withdraw by notice to the trader. For this purpose, the consumer may use either the Model withdrawal form set out in Appendix 2 or any other unequivocal statement setting out the decision to withdraw.
3. Where the trader gives the consumer the option to withdraw electronically on its trading website, and the consumer does so, the trader has a duty to communicate to the consumer an acknowledgement of receipt of such a withdrawal on a durable medium without delay. The trader is liable for any loss caused to the other party by a breach of this duty.
4. A communication of withdrawal is timely if sent before the end of the withdrawal period.
5. The consumer bears the burden of proof that the right of withdrawal has been exercised in accordance with this Article.

Article 42

Withdrawal period

1. The withdrawal period expires after fourteen days from:
   (a) the day on which the consumer has taken delivery of the goods in the case of a sales contract, including a sales contract under which the

4. 청약이 승낙되어봤자 본장의 규정에 따라 철회될 수 있는 경우, 그 소비자는 달리 철회가 허용되지 않는 경우에도 그 청약을 철회할 수 있다.

제41조 [철회권의 행사]

1. 소비자는 제42조에 규정된 철회기간이 만료하기 전에는 언제든지 철회권을 행사할 수 있다.
2. 소비자는 사업자(기업인)에 대해 통지함으로써 철회권을 행사한다. 이러한 목적으로, 소비자는 부록 제2에 따른 모범철회양식이나 철회의 결정을 표시하는 다른 명확한 언명을 사용할 수 있다.
3. 사업자(기업인)가 소비자에게 그의 거래 웹사이트상에서 전자적으로 철회할 수 있게 하고, 소비자가 그렇게 하는 경우, 사업자(기업인)는 그러한 철회가 내구적 저장장치에 수신되었다는 확인의 회신을 소비자에게 지체 없이 전달할 의무를 부담한다. 사업자(기업인)는 이러한 의무의 위반으로 상대방이 입은 모든 손실에 대해서 책임을 진다.
4. 철회의 통지는 철회기간의 만료 전에 발송되는 경우 적시에 이루어진 것이다.
5. 소비자는 철회권이 본장에 부합하게 행사되었다는 것에 대해서 증명책임을 부담한다.

제42조 [철회기간]

1. 철회기간은 다음의 날로부터 14일이 경과하면 만료한다:
   (a) 매도인이 관련된 서비스의 제공 역시 동의한 경우를 포함한 매매계약의 경우에 소비자가 그 물품을 수령한 날;

seller also agrees to provide related services;

(b) the day on which the consumer has taken delivery of the last item in the case of a contract for the sale of multiple goods ordered by the consumer in one order and delivered separately, including a contract under which the seller also agrees to provide related services;

(c) the day on which the consumer has taken delivery of the last lot or piece in the case of a contract where the goods consist of multiple lots or pieces, including a contract under which the seller also agrees to provide related services;

(d) the day on which the consumer has taken delivery of the first item where the contract is for regular delivery of goods during a defined period of time, including a contract under which the seller also agrees to provide related services;

(e) the day of the conclusion of the contract in the case of a contract for related services concluded after the goods have been delivered;

(f) the day when the consumer has taken delivery of the tangible medium in accordance with point (a) in the case of a contract for the supply of digital content where the digital content is supplied on a tangible medium;

(g) the day of the conclusion of the contract in the case of a contract where the digital content is not supplied on a tangible medium.

2. Where the trader has not provided the consumer with the information referred to in Article 17 (1), the withdrawal period expires:

(a) after one year from the end of the initial withdrawal period, as determined in accordance with paragraph 1; or

(b) where the trader provides the consumer with the information required within one year from the end of the withdrawal period as determined in accordance with paragraph 1, after fourteen days from the day the

(b) 매도인이 관련 서비스의 제공 역시 동의한 계약을 포함하여, 소비자가 한꺼번에 주문했으나 분할적으로 배송되는 다수의 물품에 관한 매매계약의 경우에 소비자가 그 마지막 물품을 수령한 날;

(c) 매도인이 관련 서비스의 제공 역시 동의한 계약을 포함하여, 물품이 복수의 부분으로 이루어지는 계약의 경우에 소비자가 그 마지막 부분을 수령한 날;

(d) 매도인이 관련 서비스의 제공 역시 동의한 계약을 포함하여, 일정한 기간 동안의 정기적 물품제공에 관한 계약의 경우에 소비자가 첫 번째 물품을 수령한 날;

(e) 물품의 인도 이후 체결된, 관련 서비스에 관한 계약의 경우에 계약이 체결된 날;

(f) 디지털콘텐츠가 유체적 저장장치로 제공되는 계약의 경우에 소비자가 (a)호에 상응하여 그 유체적 저장장치를 수령한 날;

(g) 디지털콘텐츠가 유체적 저장장치로 제공되지 않는 계약의 경우에 그 계약이 체결된 날.

2. 사업자(기업인)가 소비자에게 제17조 제1항에 규정된 정보들을 제공하지 않았다면, 철회기간은 다음의 시기에 만료된다:

(a) 제1항에 따라 정해진 바와 같이, 최초의 철회기간 만료로부터 1년 후; 또는

(b) 제1항에 따라 정해진 바와 같이 철회기간의 만료로부터 1년 내에 요구되는 정보들을 사업자(기업인)가 소비자에게 제공하는 경우, 그 소비자가 그 정보들을 수령한 날로부터 14일 후.

consumer receives the information.

Article 43

Effects of withdrawal

Withdrawal terminates the obligations of both parties under the contract:

(a) to perform the contract; or

(b) to conclude the contract in cases where an offer was made by the consumer.

Article 44

Obligations of the trader in the event of withdrawal

1. The trader must reimburse all payments received from the consumer, including, where applicable, the costs of delivery without undue delay and in any event not later than fourteen days from the day on which the trader is informed of the consumer's decision to withdraw from the contract in accordance with Article 41. The trader must carry out such reimbursement using the same means of payment as the consumer used for the initial transaction, unless the consumer has expressly agreed otherwise and provided that the consumer does not incur any fees as a result of such reimbursement.
2. Notwithstanding paragraph 1, the trader is not required to reimburse the supplementary costs, if the consumer has expressly opted for a type of delivery other than the least expensive type of standard delivery offered by the trader.
3. In the case of a contract for the sale of goods, the trader may withhold the reimbursement until it has received the goods back, or the consumer has supplied evidence of having sent back the goods, whichever is earlier, unless the trader has offered to collect the goods.

제43조 [철회의 효과]

철회로써 양 당사자의 다음의 의무는 종료된다:

(a) 계약을 이행할 의무; 또는

(b) 청약이 소비자에 의해 행해진 경우 그 계약을 체결할 의무.

제44조 [철회의 경우 사업자의 의무]

1. 사업자(기업인)는 소비자로부터 취득한 모든 대금을, 경우에 따라서는 배송비용까지 포함하여, 부당한 지체 없이 그리고 제41조에 따라 계약을 철회하는 소비자의 결정에 관하여 사업자(기업인)가 알게 된 날로부터 최소한 14일 이내에 환급하여야 한다. 사업자(기업인)는 소비자가 본래의 거래시에 사용한 지불수단과 동일한 수단을 사용하여 환급하여야 한다; 다만 소비자가 명시적으로 다르게 합의하였고 그러한 환급의 결과로 소비자에게 다른 비용이 발생하지 않는다면 그러하지 아니하다.

2. 제1항의 규정에도 불구하고, 사업자(기업인)에 의해 제안된 최저비용의 표준배송유형과 다른 배송유형을 소비자가 명시적으로 요구하여 부가적으로 발생한 비용에 대해서는 사업자(기업인)가 환급의무를 부담하지 않는다.
3. 물품매매계약의 경우, 사업자(기업인)는 물품을 반송받는 시점이나 소비자가 반송의 증거를 제출할 시점 중에서 앞서는 시점까지, 그 환급을 거부할 수 있다; 그러나 사업자(기업인)가 그 물품의 수거를 제안한 경우에는 그러하지 아니하다.

4. In the case of an off-premises contract where the goods have been delivered to the consumer's home at the time of the conclusion of the contract, the trader must collect the goods at its own cost if the goods by their nature cannot be normally returned by post.

Article 45

Obligations of the consumer in the event of withdrawal

1. The consumer must send back the goods or hand them over to the trader or to a person authorised by the trader without undue delay and in any event not later than fourteen days from the day on which the consumer communicates the decision to withdraw from the contract to the trader in accordance with Article 41, unless the trader has offered to collect the goods. This deadline is met if the consumer sends back the goods before the period of fourteen days has expired.
2. The consumer must bear the direct costs of returning the goods, unless the trader has agreed to bear those costs or the trader failed to inform the consumer that the consumer has to bear them.
3. The consumer is liable for any diminished value of the goods only where that results from handling of the goods in any way other than what is necessary to establish the nature, characteristics and functioning of the goods. The consumer is not liable for diminished value where the trader has not provided all the information about the right to withdraw in accordance with Article 17 (1).
4. Without prejudice to paragraph 3, the consumer is not liable to pay any compensation for the use of the goods during the withdrawal period.
5. Where the consumer exercises the right of withdrawal after having made an express request for the provision of related services to begin during the

4. 계약체결 당시 소비자의 주거로 물품이 제공된 영업소 밖의 계약의 경우, 그 물품이 성질상 정상적으로 우편반송될 수 없다면 사업자(기업인)는 그 물품을 자기 비용으로 추심해야 한다.

제45조 [철회의 경우 소비자의 의무]

1. 소비자는 제41조에 따라 계약을 철회한다는 결정을 사업자(기업인)에게 통지한 날로부터 14일 내에 사업자(기업인) 또는 그로부터 권한을 위임받은 자에게 부당한 지체 없이 그 물품을 반송하거나 인도하여야 한다; 다만 사업자(기업인)가 그 물품의 수거를 제안하였다면 그러하지 아니하다. 소비자가 그 물품을 14일의 기간이 경과하기 전에 반송한다면, 이 기간은 준수된 것이다.

2. 소비자는 그 물품반송의 직접비용을 부담해야 한다; 그러나 사업자(기업인)가 사전에 그 비용부담에 동의하거나 사업자(기업인)가 소비자에게 소비자가 그것을 부담하여야 한다고 통지하지 못한 경우에는 그러하지 아니하다.
3. 소비자는 그 물품의 가치감소가 물품의 성질, 특징 그리고 기능에 필수적으로 요구되는 것과 다른 방식의 사용에 기인한 때에 한하여 그에 대해 책임을 진다. 제17조 제1항에 따른 철회권에 관한 모든 정보를 사업자(기업인)가 제공하지 않았을 때, 소비자는 가치감소에 대해서 책임지지 않는다.

4. 제3항의 규정에도 불구하고, 소비자는 철회기간 동안의 물품사용에 대해서는 보상의무를 부담하지 않는다.
5. 소비자가 철회기간 동안 관련 서비스의 제공이 시작되도록 명시적으로 신청한 후에 철회권을 행사한다면, 소비자는 그 철회권의 행사

withdrawal period, the consumer must pay to the trader an amount which is in proportion to what has been provided before the consumer exercised the right of withdrawal, in comparison with the full coverage of the contract. The proportionate amount to be paid by the consumer to the trader must be calculated on the basis of the total price agreed in the contract. Where the total price is excessive, the proportionate amount must be calculated on the basis of the market value of what has been provided.

6. The consumer is not liable for the cost for:
   (a) the provision of related services, in full or in part, during the withdrawal period, where:
      (i) the trader has failed to provide information in accordance with Article 17(1) and (3); or
      (ii) the consumer has not expressly requested performance to begin during the withdrawal period in accordance with Article 18(2) and Article 19(6);
   (b) for the supply, in full or in part, of digital content which is not supplied on a tangible medium where:
      (i) the consumer has not given prior express consent for the supply of digital content to begin before the end of the period of withdrawal referred to in Article 42(1);
      (ii) the consumer has not acknowledged losing the right of withdrawal when giving the consent; or
      (iii) the trader has failed to provide the confirmation in accordance with Article 18(1) and Article 19(5).
7. Except as provided for in this Article, the consumer does not incur any liability through the exercise of the right of withdrawal.

이전에 이미 이행된 부분이 그 계약의 전체에 대해서 갖는 비율에 상응하여 사업자(기업인)에게 금액을 지불하여야 한다. 소비자가 사업자(기업인)에게 지불해야 하는 그 비례금액은 계약 내에서 합의된 전체의 대금액을 기초로 해서 산정되어야 한다. 그 전체 대금액이 과도한 경우, 그 비례금액은 제공된 것의 시장가치를 기초로 하여 산정되어야 한다.

6. 소비자는 다음의 경우 그 비용을 지급할 의무가 없다:
   (a) 관련 서비스가 철회기간 동안 전체적으로 또는 부분적으로 제공되었는데,
      (i) 사업자(기업인)가 제17조 제1항과 제3항에 따른 정보를 제공하지 못했을 때;
      (ii) 소비자가 제18조 제2항 및 제19조 제6항에 따라 철회기간 동안 그 이행이 시작되도록 명시적으로 신청하지 않았을 때;

   (b) 유체적 저장장치로 제공되지 않는 디지털콘텐츠가 전체적으로 또는 부분적으로 제공되었는데,
      (i) 소비자가 제42조 제1항에서 언급된 철회기간의 만료 전에 그 디지털콘텐츠의 제공이 시작되도록 사전에 명시적으로 동의하지 않았을 때;
      (ii) 소비자가 그 동의시에 철회권을 상실하게 됨에 대해 인지하지 않았을 때; 또는
      (iii) 사업자(기업인)가 제18조 제1항 및 제19조 제5항에 따라 그 확인을 제공하지 않았을 때.
7. 본조에서 달리 규정한 경우를 제외하고, 소비자는 철회권의 행사로 인하여 그 어떤 책임도 부담하지 않는다.

Article 46

Ancillary contracts

1. Where a consumer exercises the right of withdrawal from a distance or an off-premises contract in accordance with Articles 41 to 45, any ancillary contracts are automatically terminated at no cost to the consumer except as provided in paragraphs 2 and 3. For the purpose of this Article an ancillary contract means a contract by which a consumer acquires goods, digital content or related services in connexion to a distance contract or an off-premises contract and these goods, digital content or related services are provided by the trader or a third party on the basis of an arrangement between that third party and the trader.
2. The provisions of Articles 43, 44 and 45 apply accordingly to ancillary contracts to the extent that those contracts are governed by the Common European Sales Law.
3. For ancillary contracts which are not governed by the Common European Sales Law the applicable law governs the obligations of the parties in the event of withdrawal.

Article 47

Mandatory nature

The parties may not, to the detriment of the consumer, exclude the application of this Chapter or derogate from or vary its effects.

제46조 [부수적 계약]

1. 소비자가 제41조 내지 제45조의 규정에 따라 원격판매계약 또는 영업소 밖의 계약에 대한 철회권을 행사한다면, 제2항과 제3항에서 규정된 바를 제외하고, 그 부수적인 모든 계약들 역시 소비자의 비용부담 없이 자동적으로 해소된다. 본조에서 말하는 부수적 계약이란, 소비자가 원격판매계약 또는 영업소 밖에서 체결된 계약과 연계하여 이러한 물품, 디지털콘텐츠 또는 관련 서비스를 취득하고, 제3자와 사업자(기업인) 간의 합의에 기초하여 사업자(기업인) 또는 제3자로부터 물품, 디지털콘텐츠 또는 관련 서비스가 제공되는 것에 관련된 계약이다.
2. 제43조, 제44조, 그리고 제45조의 규정들은, 그 부수적 계약들이 보통유럽매매법의 규율을 받는 범위에서, 그 부수적 계약들에도 상응하여 적용된다.
3. 보통유럽매매법의 규율을 받지 않는 부수적 계약에 대해서는 철회시에 당사자들의 의무에 대해서 적용 가능한 법이 규율한다.

제47조 [강행규정]

당사자들은 소비자에게 불리하게 본장의 적용을 배제·제한하거나 그 효력을 변경할 수 없다.

Chapter 5 Defects in consent

Article 48

Mistake

1. A party may avoid a contract for mistake of fact or law existing when the contract was concluded if:
   (a) the party, but for the mistake, would not have concluded the contract or would have done so only on fundamentally different contract terms and the other party knew or could be expected to have known this; and
   (b) the other party:
      (i) caused the mistake;
      (ii) caused the contract to be concluded in mistake by failing to comply with any pre-contractual information duty under Chapter 2, Sections 1 to 4;
      (iii) knew or could be expected to have known of the mistake and caused the contract to be concluded in mistake by not pointing out the relevant information, provided that good faith and fair dealing would have required a party aware of the mistake to point it out; or
      (iv) made the same mistake.
2. A party may not avoid a contract for mistake if the risk of the mistake was assumed, or in the circumstances should be borne, by that party.
3. An inaccuracy in the expression or transmission of a statement is treated as a mistake of the person who made or sent the statement.

Article 49

Fraud

1. A party may avoid a contract if the other party has induced the conclusion of the contract by fraudulent misrepresentation, whether by words or

제5장 하자 있는 합의

제48조 [착 오]

1. 당사자 일방은 다음의 경우 계약체결 당시 존재한 사실 또는 법률의 착오를 이유로 계약을 취소할 수 있다:
   (a) 그 당사자가 착오가 없었다면 그 계약을 체결하지 않았거나 본질적으로 다른 계약규정으로만 체결하였을 때, 그리고 상대방이 이를 알았거나 알았을 것으로 기대할 수 있었을 때; 그리고
   (b) 상대방이
      (i) 착오를 야기하였을 때; 또는
      (ii) 제2장 제1절 내지 제4절에 규정된 계약체결 전의 정보안내 의무를 위반함으로써 계약이 착오로 체결되도록 하였을 때; 또는
      (iii) 그 착오를 알았거나 알았을 것으로 기대되었고, 신의성실과 공정거래의 원칙에 따라 착오를 지적할 의무가 있음에도 불구하고 그 중요한 정보를 지적하지 않음으로써 계약이 착오로 체결되도록 하였을 때; 또는
      (iv) 마찬가지로 동일한 착오를 하였을 때.
2. 당사자 일방은 착오의 위험이 그에게로 인수되었거나 사정상 그에게 부담되어야 했을 경우 착오를 이유로 계약을 취소하지 못한다.
3. 언명의 표시 또는 전달에 있어서의 오류는 그 언명을 표시하거나 발송한 자의 착오로 취급된다.

제49조 [사 기]

1. 상대방이 언어에 의해서든 행동에 의해서든, 기망적 허위표시를 함으로써, 또는 신의성실과 공정거래의 원칙 또는 계약체결 전의 정보

conduct, or fraudulent non-disclosure of any information which good faith and fair dealing, or any pre-contractual information duty, required that party to disclose.

2. Misrepresentation is fraudulent if it is made with knowledge or belief that the representation is false, or recklessly as to whether it is true or false, and is intended to induce the recipient to make a mistake. Non-disclosure is fraudulent if it is intended to induce the person from whom the information is withheld to make a mistake.
3. In determining whether good faith and fair dealing require a party to disclose particular information, regard should be had to all the circumstances, including:
   (a) whether the party had special expertise;
   (b) the cost to the party of acquiring the relevant information;
   (c) the ease with which the other party could have acquired the information by other means;
   (d) the nature of the information;
   (e) the apparent importance of the information to the other party; and
   (f) in contracts between traders good commercial practice in the situation concerned

Article 50

Threats

A party may avoid a contract if the other party has induced the conclusion of the contract by the threat of wrongful, imminent and serious harm, or of a wrongful act.

안내의무에 따라 그가 공개하여야만 하는 정보를 악의적으로 공개하지 않음으로써, 당사자 일방을 계약체결로 이끈 경우, 그 당사자는 계약을 취소할 수 있다.

2. 허위표시는 그것이 거짓이라는 인식 또는 거짓일 것이라는 믿음하에서 행해졌거나 그 진부(眞否)와 상관없이 태만하게 행해졌을 경우, 그리고 상대방을 착오에 빠트릴 의도로 행해졌을 경우, 기망적이다. 정보를 받지 못한 자를 착오에 빠트리려는 의도로 그 정보가 공개되지 않았을 경우에 그 비공개는 기망적이다.
3. 신의성실과 공정거래의 원칙에 따라 당사자 일방에게 특정한 정보의 공개가 요구되는지 여부를 결정함에 있어서는 다음을 포함한 전체의 사정이 고려되어야 한다:
   (a) 그 당사자가 특별한 전문지식을 갖고 있었는지 여부;
   (b) 그 당사자가 관련된 정보를 취득하기 위해 치러야 하는 비용;
   (c) 상대방이 그 정보를 다른 방법에 의하여 취득할 수 있었을 용이성;
   (d) 정보의 성질;
   (e) 상대방에 대해 그 정보가 갖는 명백한 중요성; 그리고
   (f) 사업자(기업인) 간의 계약이라면 관련된 상황에서의 선량한 상관행.

제50조 [강 박]

당사자 일방은 상대방이 위법하고, 임박했으며 중대한 위해의 협박 또는 부당한 행동의 협박으로써 계약체결로 유도하였을 때, 그 계약을 취소할 수 있다.

Article 51

Unfair exploitation

A party may avoid a contract if, at the time of the conclusion of the contract:

(a) that party was dependent on, or had a relationship of trust with, the other party, was in economic distress or had urgent needs, was improvident, ignorant, or inexperienced; and

(b) the other party knew or could be expected to have known this and, in the light of the circumstances and purpose of the contract, exploited the first party's situation by taking an excessive benefit or unfair advantage.

Article 52

Notice of avoidance

1. Avoidance is effected by notice to the other party.
2. A notice of avoidance is effective only if it is given within the following period after the avoiding party becomes aware of the relevant circumstances or becomes capable of acting freely:

   (a) six months in case of mistake; and

   (b) one year in case of fraud, threats and unfair exploitation.

Article 53

Confirmation

Where the party who has the right to avoid a contract under this Chapter confirms it, expressly or impliedly, after becoming aware of the relevant circumstances, or becoming capable of acting freely, that party may no longer avoid the contract.

제51조 [불공정한 행위]

당사자 일방은 계약체결 당시에 다음의 경우 계약을 취소할 수 있다:

(a) 그 당사자가 상대방에게 의존하거나 상대방과 신뢰의 관계를 가졌거나 경제적 궁박상태에 있었거나 긴급한 필요를 가졌거나 경솔, 무지 또는 무경험이었을 때; 그리고

(b) 상대방이 이러한 사정을 알았거나 알았을 것으로 기대되었으며 그 사정과 계약의 목적을 고려하여 일방의 지위를 이용하여 과도한 이익 또는 불공정한 우위를 얻었을 때.

제52조 [취소의 통지]

1. 취소는 상대방에 대한 통지로써 효력이 생긴다.
2. 취소의 통지는 취소할 당사자가 관련 사정을 알았거나 자유롭게 행위할 수 있게 된 후 다음의 기간 내에 행해졌을 때에 한하여 유효하다:

   (a) 착오의 경우 6개월; 그리고

   (b) 사기, 강박과 불공정한 착취의 경우 1년.

제53조 [추 인]

본장에 따라서 계약취소권을 갖는 당사자 일방이 관련된 사정을 알았거나 다시 자유롭게 행위할 수 있게 된 후, 그 계약을 명시적 또는 묵시적으로 추인한 경우, 그는 그 계약을 더 이상 취소할 수 없다.

Article 54

Effects of avoidance

1. A contract which may be avoided is valid until avoided but, once avoided, is retrospectively invalid from the beginning.
2. Where a ground of avoidance affects only certain contract terms, the effect of avoidance is limited to those terms unless it is unreasonable to uphold the remainder of the contract.
3. The question whether either party has a right to the return of whatever has been transferred or supplied under a contract which has been avoided, or to a monetary equivalent, is regulated by the rules on restitution in Chapter 17.

Article 55

Damages for loss

A party who has the right to avoid a contract under this Chapter or who had such a right before it was lost by the effect of time limits or confirmation is entitled, whether or not the contract is avoided, to damages from the other party for loss suffered as a result of the mistake, fraud, threats or unfair exploitation, provided that the other party knew or could be expected to have known of the relevant circumstances.

Article 56

Exclusion or restriction of remedies

1. Remedies for fraud, threats and unfair exploitation cannot be directly or indirectly excluded or restricted.
2. In relations between a trader and a consumer the parties may not, to the detriment of the consumer, directly or indirectly exclude or restrict remedies for mistake.

제54조 [취소의 효과]

1. 취소할 수 있는 계약은 취소할 때까지 유효하지만, 한번 취소하면, 소급적으로 무효가 된다.
2. 취소의 사유가 단지 특정의 계약내용에만 관련된 경우, 취소의 효력은 그 내용들에 제한된다; 다만 그 계약의 나머지 부분을 유지하는 것이 비합리적인 경우에는 그러하지 아니하다.
3. 당사자 일방에게 그 취소된 계약하에서 이전되거나 제공된 것의 반환에 관하여 또는 동일한 금전가치의 반환에 관하여 권리가 있는지의 문제는 제17장의 원상회복에 관한 규정에 따라 규율하도록 한다.

제55조 [손해배상]

본장에 따라서 계약취소권을 갖는 당사자 또는 기간의 경과나 추인에 의해서 그 권리를 잃기 전까지 그 권리를 가졌던 당사자 일방은, 상대방이 관련된 사정을 알았거나 알았을 것으로 기대되었던 한, 그 계약의 취소 여부와 상관없이, 상대방에 대하여 착오, 사기, 강박 또는 불공정한 행위로 인한 손해의 배상청구권을 갖는다.

제56조 [구제수단의 배제 또는 제한]

1. 사기, 강박 그리고 불공정한 행위를 위한 구제수단은 직접적 또는 간접적으로 배제되거나 제한되지 못한다.
2. 사업자(기업인)와 소비자 간의 관계에서 당사자들은 착오에 대한 구제수단을 직접적 또는 간접적으로 소비자에게 불리하게 배제하거나 제한하지 못한다.

Article 57

Choice of remedy

A party who is entitled to a remedy under this Chapter in circumstances which afford that party a remedy for non-performance may pursue either of those remedies.

第57조 [구제수단의 선택]

본장에 따라 채무불이행에 기한 구제수단을 사정에 따라 행사할 수 있는 당사자는 이러한 구제수단 가운데 어느 하나를 행사할 수 있다.

Part Ⅲ Assessing what is in the contract

Chapter 6 Interpretation

Article 58

General rules on interpretation of contracts

1. A contract is to be interpreted according to the common intention of the parties even if this differs from the normal meaning of the expressions used in it.
2. Where one party intended an expression used in the contract to have a particular meaning, and at the time of the conclusion of the contract the other party was aware, or could be expected to have been aware, of that intention, the expression is to be interpreted in the way intended by the first party.
3. Unless otherwise provided in paragraphs 1 and 2, the contract is to be interpreted according to the meaning which a reasonable person would give to it.

Article 59

Relevant matters

In interpreting a contract, regard may be had, in particular, to:

(a) the circumstances in which it was concluded, including the preliminary negotiations;

(b) the conduct of the parties, even subsequent to the conclusion of the contract;

(c) the interpretation which has already been given by the parties to expressions which are identical to or similar to those used in the contract;

(d) usages which would be considered generally applicable by parties in the

제3편 계약내용의 확정

제6장 해 석

제58조 [계약의 해석에 관한 일반규칙]

1. 계약은 설령 계약에 사용된 표현의 통상의 의미와 일치하지 않는 경우에도 당사자들의 공통의 의사에 따라 해석된다.

2. 당사자 일방이 계약에 사용된 어떤 표현을 특정한 의미로 이해하려 하고, 상대방은 이러한 의도를 계약체결 당시 알았거나 또는 알았을 것으로 기대될 수 있는 경우 계약은 그 일방 당사자가 의도한 바대로 해석된다.

3. 제1항과 제2항에서 달리 정한 바가 없으면, 계약은 합리적인 사람이 계약에 부여할 의미에 따라 해석되어야 한다.

제59조 [관련 사항들]

계약의 해석에는 특히 다음 각 호가 고려될 수 있다.

(a) 선행하는 교섭을 포함하여 계약이 체결되었던 사정

(b) (계약체결 이후도 포함한) 당사자의 행태

(c) 계약에서 사용된 표현과 같거나 비슷한 표현에 당사자들이 이미 부여한 해석

(d) 동일한 상황에 처한 당사자들이 일반적으로 적용할 만하다고 보았

same situation;

(e) practices which the parties have established between themselves;

(f) the meaning commonly given to expressions in the branch of activity concerned;

(g) the nature and purpose of the contract; and

(h) good faith and fair dealing.

Article 60

Reference to contract as a whole

Expressions used in a contract are to be interpreted in the light of the contract as a whole.

Article 61

Language discrepancies

Where a contract document is in two or more language versions none of which is stated to be authoritative and where there is a discrepancy between the versions, the version in which the contract was originally drawn up is to be treated as the authoritative one.

Article 62

Preference for individually negotiated contract terms

To the extent that there is an inconsistency, contract terms which have been individually negotiated prevail over those which have not been individually negotiated within the meaning of Article 7.

Article 63

Preference for interpretation which gives contract terms effect

An interpretation which renders the contract terms effective prevails over one

을 관습

(e) 당사자들 사이에서 확립한 관행

(f) 어떤 표현들이 해당 활동분야에서 통상적으로 가지는 의미

(g) 계약의 성질과 목적 및

(h) 신의성실과 공정거래의 원칙

제60조 [전체로서 계약의 참고]

계약에서 사용된 표현들은 그 계약 전체에 비추어 해석된다.

제61조 [상이한 언어]

계약서가 두 개 이상의 언어판본으로 작성되고 어떤 언어가 기준이라는 언명이 없으며, 그 판본들이 상이한 경우 최초에 작성된 언어판본을 기준으로 본다.

제62조 [개별 교섭된 계약내용의 우선]

모순이 있는 경우, 개별적으로 교섭된 계약내용은 제7조의 개별적으로 교섭되지 않은 계약내용에 우선한다.

제63조 [유효를 지향하는 해석의 우선]

계약내용을 유효한 것으로 하는 해석이 그렇지 않은 해석에 우선한다.

which does not.

Article 64

Interpretation in favour of consumers

1. Where there is doubt about the meaning of a contract term in a contract between a trader and a consumer, the interpretation most favourable to the consumer shall prevail unless the term was supplied by the consumer.
2. The parties may not, to the detriment of the consumer, exclude the application of this Article or derogate from or vary its effects.

Article 65

Interpretation against supplier of a contract term

Where, in a contract which does not fall under Article 64, there is doubt about the meaning of a contract term which has not been individually negotiated within the meaning of Article 7, an interpretation of the term against the party who supplied it shall prevail.

제64조 [소비자에게 유리한 해석]

1. 사업자(기업인)와 소비자 사이의 계약에서 계약내용의 의미에 관하여 의심이 있는 경우 소비자에게 가장 유리한 해석이 우선한다; 다만, 소비자가 그 내용을 작성한 경우에는 그러하지 아니하다.
2. 당사자들은 소비자에게 불리하게 본조의 적용을 배제 또는 제한하거나, 그 효력을 변경할 수 없다.

제65조 [계약내용이 작성자에게 불리한 해석]

제64조에 해당하지 않는 계약에서 제7조의 개별적으로 교섭되지 않은 계약내용의 의미에 관하여 의심이 있는 경우, 그 내용을 작성한 당사자에게 불리한 해석이 우선한다.

Chapter 7 Contents and effects

Article 66

Contract terms

The terms of the contract are derived from:

(a) the agreement of the parties, subject to any mandatory rules of the Common European Sales Law;

(b) any usage or practice by which parties are bound by virtue of Article 67;

(c) any rule of the Common European Sales Law which applies in the absence of an agreement of the parties to the contrary; and

(d) any contract term implied by virtue of Article 68.

Article 67

Usages and practices in contracts between traders

1. In a contract between traders, the parties are bound by any usage which they have agreed should be applicable and by any practice they have established between themselves.
2. The parties are bound by a usage which would be considered generally applicable by traders in the same situation as the parties.
3. Usages and practices do not bind the parties to the extent to which they conflict with contract terms which have been individually negotiated or any mandatory rules of the Common European Sales Law.

Article 68

Contract terms which may be implied

1. Where it is necessary to provide for a matter which is not explicitly regulated by the agreement of the parties, any usage or practice or any rule of the Common European Sales Law, an additional contract term may be

제7장 내용과 효과

제66조 [계약내용]

계약내용은 다음 각 호에서 도출된다:

(a) 보통유럽매매법의 강행규정에 반하지 않는 당사자들의 합의

(b) 제67조에 의해 당사자들이 구속되는 관습과 관행

(c) 당사자가 달리 정하는 합의가 결여된 경우 적용되는 보통유럽매매법 규정 및

(d) 제68조에 의해 추단되는 계약내용

제67조 [사업자(기업인)들 사이의 계약에서 관습과 관행]

1. 사업자(기업인)들 사이에서의 계약에서 당사자들은 적용해야 할 것으로 그들이 합의한 관습 및 그들 사이에 확립된 관행에 구속된다.

2. 당사자들은 사업자(기업인)들이 그들과 같은 상황에 놓인 경우에 일반적으로 적용할 수 있다고 고려되었을 관습에 구속된다.
3. 관습과 관행은 개별적으로 교섭된 계약내용 또는 보통유럽매매법의 강행규정에 관하여 분쟁하는 당사자를 구속하지 않는다.

제68조 [추단될 수 있는 계약내용]

1. 당사자의 합의, 관습과 관행 또는 보통유럽매매법에 의하여 명시적으로 정하지 않은 사항을 규율할 필요가 있는 경우에 특히 다음을 고려하여 부가적 계약내용이 추단될 수 있다.

implied, having regard in particular to:

(a) the nature and purpose of the contract;

(b) the circumstances in which the contract was concluded; and

(c) good faith and fair dealing.

2. Any contract term implied under paragraph 1 is, as far as possible, to be such as to give effect to what the parties would probably have agreed, had they provided for the matter.

3. Paragraph 1 does not apply if the parties have deliberately left a matter unregulated, accepting that one or other party would bear the risk.

Article 69

Contract terms derived from certain pre-contractual statements

1. Where the trader makes a statement before the contract is concluded, either to the other party or publicly, about the characteristics of what is to be supplied by that trader under the contract, the statement is incorporated as a term of the contract unless:

   (a) the other party was aware, or could be expected to have been aware when the contract was concluded that the statement was incorrect or could not otherwise be relied on as such a term; or

   (b) the other party's decision to conclude the contract could not have been influenced by the statement.

2. For the purposes of paragraph 1, a statement made by a person engaged in advertising or marketing for the trader is regarded as being made by the trader.

3. Where the other party is a consumer then, for the purposes of paragraph 1, a public statement made by or on behalf of a producer or other person in earlier links of the chain of transactions leading to the contract is regarded as being made by the trader unless the trader, at the time of conclusion of the

(a) 계약의 성질과 목적
(b) 계약이 체결된 사정 및
(c) 신의성실과 공정거래의 원칙

2. 제1항에 따라 추단된 모든 계약내용은 가능한 한, 그들이 그 사안을 규율했더라면 당사자들도 개연적으로 합의했었을 것과 같은 효과를 부여해야 한다.
3. 제1항은 당사자들이 어떤 문제를 의도적으로 규율하지 않기로 하면서 동시에 당사자 일방 또는 상대방이 그 위험을 감수하기로 수용한 때에는 적용하지 않는다.

제69조 [계약체결 전의 특정한 언명으로부터 도출되는 계약내용]

1. 사업자(기업인)가 계약체결 전에 상대방에 대하여 또는 공개적으로 그가 계약에 따라 제공할 것의 성상에 관하여 언명을 한 경우, 다음의 경우를 제외하고 이러한 언명은 계약의 구성부분이 된다.

   (a) 상대방이 계약체결 당시 그 언명이 부정확하거나 그렇지 않더라도 그러한 종류의 내용을 신뢰할 수 없음을 알았거나 알았을 것으로 기대될 수 있었던 경우; 또는
   (b) 계약을 체결하려는 상대방의 결정이 그 언명에 의해 영향을 받지 않았을 경우

2. 제1항에서 사업자(기업인)를 위하여 광고 또는 마케팅에 종사한 사람이 한 언명은 사업자(기업인)가 한 언명으로 간주된다.

3. 제1항에서 상대방이 소비자인 경우 계약으로 이끈 거래연쇄의 선행단계에서 제조자 또는 그를 대신한 다른 사람에 의해 행해진 공개적 언명은 사업자(기업인)에 의해 행해진 것으로 간주된다; 다만, 사업자(기업인)가 계약체결 당시 이러한 언명을 알지 못했고 또한 알았을

contract, did not know and could not be expected to have known of it.

4. In relations between a trader and a consumer the parties may not, to the detriment of the consumer, exclude the application of this Article or derogate from or vary its effects.

Article 70

Duty to raise awareness of not individually negotiated contract terms

1. Contract terms supplied by one party and not individually negotiated within the meaning of Article 7 may be invoked against the other party only if the other party was aware of them, or if the party supplying them took reasonable steps to draw the other party's attention to them, before or when the contract was concluded.
2. For the purposes of this Article, in relations between a trader and a consumer contract terms are not sufficiently brought to the consumer's attention by a mere reference to them in a contract document, even if the consumer signs the document.
3. The parties may not exclude the application of this Article or derogate from or vary its effects.

Article 71

Additional payments in contracts between a trader and a consumer

1. In a contract between a trader and a consumer, a contract term which obliges the consumer to make any payment in addition to the remuneration stated for the trader's main contractual obligation, in particular where it has been incorporated by the use of default options which the consumer is required to reject in order to avoid the additional payment, is not binding on the consumer unless, before the consumer is bound by the contract, the consumer has expressly consented to the additional payment. If the

것이 기대될 수 없었던 경우에는 그러하지 아니하다.

4. 사업자(기업인)와 소비자 사이의 관계에서 당사자들은 소비자에게 불리하게 본조의 적용을 배제 또는 제한하거나 그 효력을 변경할 수 없다.

제70조 [개별 교섭되지 않은 계약내용에 관한 경고의무]

1. 당사자 일방이 작성하고, 제7조에서 말하는 개별적으로 교섭되지 않은 계약내용은 상대방이 알았거나 또는 그가 계약체결 이전 또는 당시 상대방이 그에 관해 주의하도록 적절한 조치를 취한 경우에 한하여 상대방에게 불리하게 원용될 수 있다.

2. 본조에서, 사업자(기업인)와 소비자 사이의 관계에서 단지 계약서상의 이들 내용에 관한 지시만으로 소비자에게 주의하도록 한 것으로는, 설령 그 소비자가 그 문서에 서명하더라도 충분하지 않다.

3. 당사자들은 본조의 적용을 배제 또는 제한하거나 또는 그 효력을 변경할 수 없다.

제71조 [사업자와 소비자 사이의 계약에서 추가지급]

1. 사업자(기업인)와 소비자 사이의 계약에서 소비자에게 사업자(기업인)의 계약상 주된 채무에 대해 지급하기로 한 보수를 넘는 추가지급의 채무를 부담시키는 계약내용은, 특히 그 내용이 추가지급을 피하기 위해서는 소비자가 거절해야만 하는 표준옵션이 사용됨으로써 삽입된 경우에는 그 소비자를 구속하지 않는다; 다만, 그 소비자가 계약에 구속되기 전에 추가지급에 명시적으로 동의한 때에는 그러하지 아니하다. 추가지급을 한 소비자는 그 반환을 요구할 수 있다.

consumer has made the additional payment, the consumer may recover it.

2. The parties may not, to the detriment of the consumer, exclude the application of this Article or derogate from or vary its effects.

Article 72

Merger clauses

1. Where a contract in writing includes a term stating that the document contains all contract terms (a merger clause), any prior statements, undertakings or agreements which are not contained in the document do not form part of the contract.
2. Unless the contract otherwise provides, a merger clause does not prevent the parties' prior statements from being used to interpret the contract.
3. In a contract between a trader and a consumer, the consumer is not bound by a merger clause.
4. The parties may not, to the detriment of the consumer, exclude the application of this Article or derogate from or vary its effects.

Article 73

Determination of price

Where the amount of the price payable under a contract cannot be otherwise determined, the price payable is, in the absence of any indication to the contrary, the price normally charged in comparable circumstances at the time of the conclusion of the contract or, if no such price is available, a reasonable price.

Article 74

Unilateral determination by a party

1. Where the price or any other contract term is to be determined by one

2. 당사자들은 소비자에게 불리하게 본조의 적용을 배제 또는 제한하거나 또는 그 효력을 변경할 수 없다.

제72조 [완결조항]

1. 서면으로 된 계약에 이 문서가 모든 계약내용을 담고 있다고 언명하는 조항(완결조항)이 있는 경우에 그 문서에 포함되지 않은 이전의 언명, 약속 또는 합의는 계약의 구성부분이 아니다.

2. 계약에서 달리 정하지 않는 한, 완결조항은 당사자들이 이전의 언명을 계약의 해석에 사용하는 것을 방해하지 않는다.
3. 사업자(기업인)와 소비자 사이의 계약에서 소비자는 완결조항에 의하여 구속되지 않는다.
4. 당사자들은 소비자에게 불리하게 본조의 적용을 배제 또는 제한하거나 또는 그 효력을 변경할 수 없다.

제73조 [가격의 결정]

계약에 따라 지불할 대금총액이 달리 결정될 수 없는 경우에 지불할 가격은, 달리 정할 징표가 없다면, 계약체결 당시와 비슷한 상황에서 통상적으로 청구되었을 가격을, 만일 그러한 가격을 정할 수 없다면 합리적인 가격을 지불하여야 한다.

제74조 [당사자 일방에 의한 일방적 결정]

1. 가격이나 그 밖의 다른 계약내용이 당사자 일방에 의해 결정되고, 그

party and that party's determination is grossly unreasonable then the price normally charged or term normally used in comparable circumstances at the time of the conclusion of the contract or, if no such price or term is available, a reasonable price or a reasonable term is substituted.

2. The parties may not exclude the application of this Article or derogate from or vary its effects.

Article 75

Determination by a third party

1. Where a third party is to determine the price or any other contract term and cannot or will not do so, a court may, unless this is inconsistent with the contract terms, appoint another person to determine it.
2. Where a price or other contract term determined by a third party is grossly unreasonable, the price normally charged or term normally used in comparable circumstances at the time of the conclusion of the contract or, if no such price is available, a reasonable price, or a reasonable term is substituted.
3. For the purpose of paragraph 1 a 'court' includes an arbitral tribunal.
4. In relations between a trader and a consumer the parties may not to the detriment of the consumer exclude the application of paragraph 2 or derogate from or vary its effects.

Article 76

Language

Where the language to be used for communications relating to the contract or the rights or obligations arising from it cannot be otherwise determined, the language to be used is that used for the conclusion of the contract.

당사자의 결정이 계약체결 당시와 비슷한 상황 아래 통상적으로 청구되거나 사용되었을 가격 또는 내용에 비해 현저하게 불합리한 경우에는, 그 가격이나 내용으로, 만일 그러한 가격이나 내용을 정할 수 없다면 합리적인 가격이나 내용으로 대체된다.

2. 당사자는 본조의 적용을 배제 또는 제한하거나 또는 그 효력을 변경할 수 없다.

제75조 [제3자에 의한 결정]

1. 제3자가 가격 또는 그 밖의 다른 계약내용을 결정하기로 하였으나, 그가 결정할 수 없거나 하지 않는 경우에, 법원은 계약내용에 모순되지 않는 한, 다른 사람으로 하여금 결정할 것을 지명할 수 있다.
2. 제3자가 결정한 가격이나 그 밖의 다른 계약내용이 계약체결 당시와 비슷한 상황 아래 통상적으로 청구되거나 사용되었을 가격 또는 내용에 비해 현저하게 불합리한 경우에는, 그 가격이나 내용으로, 만일 그러한 가격이나 내용을 정할 수 없다면 합리적인 가격이나 내용으로 대체된다.
3. 제1항에서 '법원'은 중재법원을 포함한다.
4. 사업자(기업인)와 소비자 사이의 관계에서 당사자들은 소비자에게 불리하게 제2항의 적용을 배제 또는 제한하거나 또는 그 효력을 변경할 수 없다.

제76조 [언어]

계약 또는 그로부터 발생한 권리나 의무에 관한 의사소통을 위하여 사용될 언어가 달리 정해질 수 없는 경우에 사용될 언어는 계약의 체결에 사용된 언어이다.

Article 77

Contracts of indeterminate duration

1. Where, in a case involving continuous or repeated performance of a contractual obligation, the contract terms do not stipulate when the contractual relationship is to end or provide for it to be terminated upon giving notice to that effect, it may be terminated by either party by giving a reasonable period of notice not exceeding two months.
2. In relations between a trader and a consumer the parties may not, to the detriment of the consumer, exclude the application of this Article or derogate from or vary its effects.

Article 78

Contract terms in favour of third parties

1. The contracting parties may, by the contract, confer a right on a third party. The third party need not be in existence or identified at the time the contract is concluded but needs to be identifiable.
2. The nature and content of the third party's right are determined by the contract. The right may take the form of an exclusion or limitation of the third party's liability to one of the contracting parties.
3. When one of the contracting parties is bound to render a performance to the third party under the contract, then:
   (a) the third party has the same rights to performance and remedies for non-performance as if the contracting party was bound to render the performance under a contract with the third party; and
   (b) the contracting party who is bound may assert against the third party all defences which the contracting party could assert against the other party to the contract.
4. The third party may reject a right conferred upon them by notice to either

제77조 [기한의 정함이 없는 계약]

1. 계속적 또는 회귀적인 급부가 포함된 계약관계에서 계약내용이 언제 계약관계가 종료하는지 명기하지 않았거나 또는 해지통고로 종료된다고 규정한 경우에 그 계약관계는 각 당사자가 2개월을 넘지 않는 적절한 기간 내에서 행해진 해지통고로 종료될 수 있다.

2. 사업자(기업인)와 소비자 사이의 관계에서 당사자들은 소비자에게 불리하게 본조의 적용을 배제 또는 제한하거나 또는 그 효력을 변경할 수 없다.

제78조 [제3자를 위한 계약내용]

1. 계약당사자들은 계약에 의해 제3자에게 어떤 권리를 수여할 수 있다. 그 제3자는 계약체결시점에 실재하거나 특정될 필요는 없으나, 특정될 수는 있어야 한다.
2. 제3자의 권리의 성질과 내용은 그 계약에 의하여 정해진다. 이 권리는 계약당사자들 중 1인에 대한 제3자의 책임을 배제하거나 제한하는 형식을 취할 수 있다.
3. 계약당사자들 중 1인이 제3자에게 계약에 따라 어떤 급부를 제공하여야 하는 경우
   (a) 제3자는 마치 그 계약당사자가 그와의 계약에 따라 그 급부를 제공하여야 하였을 것과 마찬가지로, 이행에 대한 동일한 권리와 불이행에 대한 동일한 구제수단을 가지며, 또한
   (b) 채무를 지는 계약당사자는 계약상대방에 대하여 주장할 수 있었을 모든 항변을 제3자에 대하여 원용할 수 있다.

4. 제3자는 그에게 수여된 계약당사자들에 대한 권리를 명시적 또는 묵

of the contracting parties, if that is done before it has been expressly or impliedly accepted. On such rejection, the right is treated as never having accrued to the third party.

5. The contracting parties may remove or modify the contract term conferring the right if this is done before either of them has given the third party notice that the right has been conferred.

시적으로 수락하기 전에 그들 중 1인에 대한 통지로 그 권리를 거절할 수 있다. 그러한 거절이 있으면, 그 권리는 제3자에게 발생하지 않았던 것으로 본다.

5. 계약당사자들 중 1인이 제3자에게 권리가 수여되었음을 제3자에게 통지하기 전에 그들은 권리를 수여하는 계약내용을 제거하거나 변경할 수 있다.

Chapter 8 Unfair contract terms

SECTION 1 GENERAL PROVISIONS

Article 79

Effects of unfair contract terms

1. A contract term which is supplied by one party and which is unfair under Sections 2 and 3 of this Chapter is not binding on the other party.
2. Where the contract can be maintained without the unfair contract term, the other contract terms remain binding.

Article 80

Exclusions from unfairness test

1. Sections 2 and 3 do not apply to contract terms which reflect rules of the Common European Sales Law which would apply if the terms did not regulate the matter.
2. Section 2 does not apply to the definition of the main subject matter of the contract, or to the appropriateness of the price to be paid in so far as the trader has complied with the duty of transparency set out in Article 82.
3. Section 3 does not apply to the definition of the main subject matter of the contract or to the appropriateness of the price to be paid.

Article 81

Mandatory nature

The parties may not exclude the application of this Chapter or derogate from or vary its effects.

제8장 불공정한 계약내용

제1절 일반규정

제79조 [불공정 계약내용의 효과]

1. 당사자 일방에 의하여 작성되고, 본장 제2절 및 제3절에 따라 불공정한 계약내용은 상대방을 구속하지 않는다.
2. 불공정한 계약내용 없이 계약이 유지될 수 있는 경우 다른 계약내용들은 여전히 구속력을 가진다.

제80조 [불공정심사의 제외]

1. 제2절 및 제3절은 사안을 규율할 계약내용이 없을 때 적용될 보통유럽매매법의 규율을 반영하는 계약내용에는 적용되지 않는다.

2. 사업자(기업인)가 제82조의 투명화의무를 이행하였다면, 제2절은 계약의 주된 목적에 관한 정의(定義) 또는 지급될 가격의 적정성에는 적용되지 않는다.
3. 제3절은 계약의 주된 목적에 관한 정의(定義) 또는 대금의 적정성에는 적용되지 않는다.

제81조 [강행규정]

당사자들은 본장의 적용을 배제 또는 제한하거나 그 효력을 변경할 수 없다.

SECTION 2 UNFAIR CONTRACT TERMS IN CONTRACTS BETWEEN A TRADER AND A CONSUMER

Article 82

Duty of transparency in contract terms not individually negotiated

Where a trader supplies contract terms which have not been individually negotiated with the consumer within the meaning of Article 7, it has a duty to ensure that they are drafted and communicated in plain, intelligible language.

Article 83

Meaning of "unfair" in contracts between a trader and a consumer

1. In a contract between a trader and a consumer, a contract term supplied by the trader which has not been individually negotiated within the meaning of Article 7 is unfair for the purposes of this Section if it causes a significant imbalance in the parties' rights and obligations arising under the contract, to the detriment of the consumer, contrary to good faith and fair dealing.
2. When assessing the unfairness of a contract term for the purposes of this Section, regard is to be had to:
   (a) whether the trader complied with the duty of transparency set out in Article 82;
   (b) the nature of what is to be provided under the contract;
   (c) the circumstances prevailing during the conclusion of the contract;
   (d) to the other contract terms; and
   (e) to the terms of any other contract on which the contract depends.

Article 84

Contract terms which are always unfair

A contract term is always unfair for the purposes of this Section if its object or

제2절 사업자와 소비자 사이의 계약에서의 불공정한 계약내용

제82조 [개별 교섭되지 않은 계약내용의 투명화의무]

제7조의 의미에서 소비자와 개별적으로 교섭되지 않은 계약내용을 사업자(기업인)가 제공하는 경우, 사업자(기업인)는 그 계약내용이 단순하고 이해할 수 있는 언어로 작성되고 의사소통되도록 보장하여야 한다.

제83조 [사업자와 소비자 사이의 계약에서 "불공정"의 의미]

1. 사업자(기업인)와 소비자 사이의 계약에서 제7조의 개별적으로 교섭되지 않고, 사업자(기업인)에 의해 제공된 계약내용은 그것이 신의성실과 공정거래의 원칙에 반하여 당사자들의 계약에 따라 발생하는 권리 및 의무와 관련하여 소비자에게 불리하게 현저한 불균형을 야기하는 경우에는 불공정하다.
2. 본절에서 계약내용의 불공정성을 심사할 때는 다음 각 호가 고려될 수 있다:
   (a) 사업자(기업인)가 제82조의 투명화의무를 이행하였는지 여부

   (b) 계약에 따라 제공되어야 할 것의 성질
   (c) 계약체결 당시의 일반적 상황
   (d) 그 밖의 계약내용들 및
   (e) 그 계약이 의존하는 다른 계약의 내용들

제84조 [항상 불공정한 계약내용]

본절에서 어떤 계약내용의 목적이 다음 각 호에 해당하는 경우, 그 내용

effect is to:

(a) exclude or limit the liability of the trader for death or personal injury caused to the consumer through an act or omission of the trader or of someone acting on behalf of the trader;

(b) exclude or limit the liability of the trader for any loss or damage to the consumer caused deliberately or as a result of gross negligence;

(c) limit the trader's obligation to be bound by commitments undertaken by its authorised agents or make its commitments subject to compliance with a particular condition the fulfilment of which depends exclusively on the trader;

(d) exclude or hinder the consumer's right to take legal action or exercise any other legal remedy, particularly by requiring the consumer to take disputes exclusively to an arbitration system not foreseen generally in legal provisions that apply to contracts between a trader and a consumer;

(e) confer exclusive jurisdiction for all disputes arising under the contract to a court for the place where the trader is domiciled unless the chosen court is also the court for the place where the consumer is domiciled;

(f) give the trader the exclusive right to determine whether the goods, digital content or related services supplied are in conformity with the contract or gives the trader the exclusive right to interpret any contract term;

(g) provide that the consumer is bound by the contract when the trader is not;

(h) require the consumer to use a more formal method for terminating the contract within the meaning of Article 8 than was used for conclusion of the contract;

(i) grant the trader a shorter notice period to terminate the contract than the one required of the consumer;

은 언제나 불공정하다:

(a) 사업자(기업인) 또는 그를 위하여 행위하는 사람의 작위 또는 부작위로 인하여 야기된 사망 또는 부상에 대한 사업자(기업인)의 책임을 배제하거나 제한하는 경우
(b) 고의 또는 중대한 과실로 야기된 소비자의 손실이나 손해에 대한 사업자(기업인)의 책임을 배제하거나 제한하는 경우
(c) 자신의 대리인이 행한 약속에 구속되어야 할 사업자(기업인)의 채무를 제한하거나 또는 자신의 약속을 전적으로 자신만이 실현할 수 있는 특별한 조건의 성취에 종속시키는 경우

(d) 소송 또는 그 밖의 법적 구제수단을 행사할 소비자의 권리를, 특히 사업자(기업인)와 소비자 사이의 계약에 적용할 법률규정을 일반적으로는 예정하지 않고 있는 중재절차에 의해서만 배타적으로 분쟁을 해결하도록 소비자에게 요구함으로써 제한하거나 또는 방해하는 경우
(e) 계약에서 발생하는 모든 분쟁에 관한 전속관할을 사업자(기업인)의 주소를 관할하는 법원에 부여하는 경우; 다만, 선택된 법원이 소비자의 주소도 관할하는 때에는 그러하지 아니하다
(f) 공급된 상품, 디지털콘텐츠 또는 관련 서비스의 계약적합성 여부를 결정하는 배타적 권리 또는 어떤 계약내용을 해석하는 배타적 권리를 사업자(기업인)에게 수여하는 경우
(g) 사업자(기업인)는 그렇지 않으나, 소비자는 계약에 구속된다고 규정하는 경우
(h) 제8조 의미에서의 계약해제를 위하여 소비자에게 계약체결을 위해 사용된 것보다 형식적인 요건을 사용하도록 요구하는 경우

(i) 계약의 해제를 위해 소비자에게 요구되는 것보다 더 단축된 통지기간을 사업자(기업인)에게 허여하는 경우

(j) oblige the consumer to pay for goods, digital content or related services not actually delivered, supplied or rendered;

(k) determine that non-individually negotiated contract terms within the meaning of Article 7 prevail or have preference over contract terms which have been individually negotiated.

Article 85

Contract terms which are presumed to be unfair

A contract term is presumed to be unfair for the purposes of this Section if its object or effect is to:

(a) restrict the evidence available to the consumer or impose on the consumer a burden of proof which should legally lie with the trader;

(b) inappropriately exclude or limit the remedies available to the consumer against the trader or a third party for non-performance by the trader of obligations under the contract;

(c) inappropriately exclude or limit the right to set-off claims that the consumer may have against the trader against what the consumer may owe to the trader;

(d) permit a trader to keep money paid by the consumer if the latter decides not to conclude the contract, or perform obligations under it, without providing for the consumer to receive compensation of an equivalent amount from the trader in the reverse situation;

(e) require a consumer who fails to perform obligations under the contract to pay a disproportionately high amount by way of damages or a stipulated payment for non-performance;

(f) entitle a trader to withdraw from or terminate the contract within the meaning of Article 8 on a discretionary basis without giving the same right to the consumer, or entitle a trader to keep money paid for related services

(j) 실제 인도, 공급 내지 제공되지 않은 물품, 디지털콘텐츠 또는 관련 서비스에 대하여 지불할 의무를 소비자에게 부과하는 경우
(k) 제7조의 개별적으로 교섭되지 않은 계약내용이 개별적으로 교섭된 계약내용보다 우선하거나 선호된다고 확정하는 경우

제85조 [불공정한 것으로 추정되는 계약내용]

본절에서 계약내용의 목적 또는 효과가 다음 각 호에 해당하는 경우, 그 내용은 불공정한 것으로 추정된다:

(a) 소비자가 이용가능한 증명수단을 제한하거나, 법적으로 사업자(기업인)가 부담해야 할 증명책임을 소비자에게 부과하는 경우
(b) 사업자(기업인)에 의한 계약상의 채무의 불이행을 이유로 한, 사업자(기업인) 또는 제3자에 대한 소비자의 구제수단을 적절하지 않은 방법으로 배제하거나 제한하는 경우
(c) 사업자(기업인)에 대한 소비자의 채무에 대하여 사업자(기업인)에 대한 소비자의 채권으로 상계할 권리를 적절하지 않은 방법으로 배제하거나 제한하는 경우
(d) 소비자가 계약체결 또는 계약상 채무의 이행에 반하는 결정을 하였을 때, 그 반대의 경우에는 사업자(기업인)가 소비자에게 상응하는 금액을 보상한다고 규정함이 없이, 소비자가 지불한 금액을 사업자(기업인)가 보유하도록 허용하는 경우
(e) 계약에 따른 채무를 이행하지 않은 소비자에게 손해배상으로 지나치게 많은 금액을 요구하거나 불이행을 대비하여 예정된 금액을 요구하는 경우
(f) 동일한 권리를 소비자에게 수여함이 없이, 자유재량으로 계약을 철회하거나 또는 제8조의 계약해제를 할 수 있도록 사업자(기업인)에게 허용하거나 또는 사업자(기업인)가 계약을 철회하거나 계약해제

not yet supplied in the case where the trader withdraws from or terminates the contract;

(g) enable a trader to terminate a contract of indeterminate duration without reasonable notice, except where there are serious grounds for doing so;

(h) automatically extend a contract of fixed duration unless the consumer indicates otherwise, in cases where contract terms provide for an unreasonably early deadline for giving notice;

(i) enable a trader to alter contract terms unilaterally without a valid reason which is specified in the contract; this does not affect contract terms under which a trader reserves the right to alter unilaterally the terms of a contract of indeterminate duration, provided that the trader is required to inform the consumer with reasonable notice, and that the consumer is free to terminate the contract at no cost to the consumer;

(j) enable a trader to alter unilaterally without a valid reason any characteristics of the goods, digital content or related services to be provided or any other features of performance;

(k) provide that the price of goods, digital content or related services is to be determined at the time of delivery or supply, or allow a trader to increase the price without giving the consumer the right to withdraw if the increased price is too high in relation to the price agreed at the conclusion of the contract; this does not affect price-indexation clauses, where lawful, provided that the method by which prices vary is explicitly described;

(l) oblige a consumer to perform all their obligations under the contract where the trader fails to perform its own;

(m) allow a trader to transfer its rights and obligations under the contract without the consumer's consent, unless it is to a subsidiary controlled by the trader, or as a result of a merger or a similar lawful company transaction, and such transfer is not likely to negatively affect any right of the consumer;

를 하는 경우에 아직 제공하지 않은 관련 서비스에 대하여 이미 지불된 금액을 보유하도록 사업자(기업인)에게 허용하는 경우

(g) 중대한 사유가 있는 경우가 아님에도, 사업자(기업인)가 합리적인 통지 없이 기간의 정함이 없는 계약의 해제를 할 수 있도록 하는 경우

(h) 기간의 정함이 있는 계약이 소비자가 달리 표시하지 않는 한 자동으로 연장되면서, 반대표시를 할 기한을 불합리하게 이른 시점으로 규정하는 경우

(i) 계약에 명시된 상당한 이유 없이 사업자(기업인)가 일방적으로 계약내용을 변경할 수 있도록 하는 경우; 다만, 이는 사업자(기업인)가 합리적 통지로 소비자에게 정보를 제공할 것이 요구되고, 소비자는 비용을 부담하지 않고 계약해제를 할 수 있다는 전제 아래, 기간의 정함이 없는 계약의 내용들을 변경할 권리를 사업자(기업인)에게 유보하고 있는 계약내용에는 영향을 미치지 않는다.

(j) 사업자(기업인)가 제공되어야 할 물품, 디지털콘텐츠 또는 연관 서비스의 성상이나 그 밖의 급부의 형태를 상당한 이유 없이 일방적으로 변경할 수 있도록 하는 경우

(k) 물품, 디지털콘텐츠 또는 연관 서비스의 가격을 인도 내지 제공의 시점에 결정하도록 규정하는 경우 또는 사업자(기업인)가 가격을 인상할 수 있도록 허용하면서 그 인상된 가격이 계약체결 당시 합의된 가격보다 상당히 높은 때 계약을 철회할 권리를 소비자에게 수여하지 않은 경우; 다만, 이는 가격의 변동방법이 명시적으로 기술되어 있다는 적법한 전제 아래 가격지수조항에는 영향을 미치지 않는다.

(l) 사업자(기업인)가 자신의 채무를 이행하지 못한 때에 소비자는 계약에 따른 모든 채무를 이행하도록 하는 경우

(m) 사업자(기업인)가 계약에 따른 자신의 권리와 의무를 소비자의 동의 없이 양도하도록 허용하는 경우; 다만, 사업자(기업인)가 자신이 지배하는 자회사에 양도하는 경우 또는 합병이나 이와 유사한 합법적인 기업거래의 결과로서의 양도가 소비자의 어떤 권리에도 부정적

(n) allow a trader, where what has been ordered is unavailable, to supply an equivalent without having expressly informed the consumer of this possibility and of the fact that the trader must bear the cost of returning what the consumer has received under the contract if the consumer exercises a right to reject performance;

(o) allow a trader to reserve an unreasonably long or inadequately specified period to accept or refuse an offer;

(p) allow a trader to reserve an unreasonably long or inadequately specified period to perform the obligations under the contract;

(q) inappropriately exclude or limit the remedies available to the consumer against the trader or the defences available to the consumer against claims by the trader;

(r) subject performance of obligations under the contract by the trader, or subject other beneficial effects of the contract for the consumer, to particular formalities that are not legally required and are unreasonable;

(s) require from the consumer excessive advance payments or excessive guarantees of performance of obligations;

(t) unjustifiably prevent the consumer from obtaining supplies or repairs from third party sources;

(u) unjustifiably bundle the contract with another one with the trader, a subsidiary of the trader, or a third party, in a way that cannot be expected by the consumer;

(v) impose an excessive burden on the consumer in order to terminate a contract of indeterminate duration;

(w) make the initial contract period, or any renewal period, of a contract for the protracted provision of goods, digital content or related services longer than one year, unless the consumer may terminate the contract at any time

인 영향을 미칠 개연성이 없는 경우에는 그러하지 아니하다.

(n) 주문받은 것을 조달할 수 없을 때 사업자(기업인)가 등가의 것을 공급하도록 허용하면서, 이러한 가능성 및 소비자가 급부거절의 권리를 행사하면 계약에 따라 수령한 것의 반송비용은 사업자(기업인)가 부담해야 한다는 사실에 관해 소비자에게 명시적으로 정보를 제공하지 않았던 경우

(o) 사업자(기업인)가 청약의 승낙이나 거절을 불합리하게 장기간 또는 부적절하게 특정된 기간 동안 유보하도록 허용하는 경우

(p) 사업자(기업인)가 계약에 따른 채무의 이행을 불합리하게 장기간 또는 부적절하게 특정된 기간 동안 유보하도록 허용하는 경우

(q) 사업자(기업인)에 대한 소비자의 구제수단 또는 사업자(기업인)의 청구에 대한 소비자의 항변을 부적절하게 배제하거나 제한하는 경우

(r) 사업자(기업인)의 계약에 따른 채무이행 또는 그 밖의 소비자에게 유리한 계약의 효과를 법적으로 요구되지 않을 뿐만 아니라 불합리한 별도의 형식요건에 종속시키는 경우

(s) 소비자에게 과도한 선급금 또는 채무이행의 과도한 보증을 요구하는 경우

(t) 소비자가 제3자 측으로부터 공급 또는 수선을 받는 것을 정당한 사유 없이 방해하는 경우

(u) 계약을 사업자(기업인), 子사업자 또는 제3자와의 다른 계약과 소비자가 기대할 수 없는 방법으로 정당한 사유 없이 결합시키는 경우

(v) 기간의 정함이 없는 계약의 해제를 위하여 소비자에게 과도한 부담을 강요하는 경우

(w) 물품, 디지털콘텐츠 또는 관련 서비스의 장기간에 걸친 제공에 관한 계약의 최초의 계약기간이나 갱신기간을 1년 이상으로 하는 경우; 다만, 소비자가 30일 이내의 해제기간을 준수하여 언제든지 계

with a termination period of no more than 30 days.

SECTION 3 UNFAIR CONTRACT TERMS IN CONTRACTS BETWEEN TRADERS

Article 86

Meaning of "unfair" in contracts between traders

1. In a contract between traders, a contract term is unfair for the purposes of this Section only if:
   (a) it forms part of not individually negotiated terms within the meaning of Article 7; and
   (b) it is of such a nature that its use grossly deviates from good commercial practice, contrary to good faith and fair dealing.
2. When assessing the unfairness of a contract term for the purposes of this Section, regard is to be had to:
   (a) the nature of what is to be provided under the contract;
   (b) the circumstances prevailing during the conclusion of the contract;
   (c) the other contract terms; and
   (d) the terms of any other contract on which the contract depends.

약을 해제할 수 있는 경우에는 그러하지 아니하다.

제3절 사업자들 사이의 계약에서의 불공정한 계약내용

제86조 [사업자들 사이의 계약에서 '불공정'의 의미]

1. 사업자(기업인)들 사이의 계약에서는 다음의 경우에 한하여 계약내용은 본절에서 불공정하다:
   (a) 그 계약내용이 제7조의 의미에서 개별적으로 교섭되지 않은 계약내용들의 부분을 구성함과 동시에
   (b) 신의성실 및 공정거래의 원칙에 반하여, 그 사용이 선량한 상거래관행을 중대하게 일탈하는 성질의 것인 경우
2. 본절에서 계약내용의 불공정성을 심사할 경우에는 다음 각 호가 고려될 수 있다:
   (a) 계약에 따라 제공되어야 할 것의 성질
   (b) 계약체결 당시의 일반적 상황
   (c) 그 밖의 계약내용들 및
   (d) 그 계약이 의존하는 다른 계약의 내용들

Part IV Obligations and remedies of the parties to a sales contract or a contract for the supply of digital content

Chapter 9 General provisions

Article 87

Non-performance and fundamental non-performance

1. Non-performance of an obligation is any failure to perform that obligation, whether or not the failure is excused, and includes:
   (a) non-delivery or delayed delivery of the goods;
   (b) non-supply or delayed supply of the digital content;
   (c) delivery of goods which are not in conformity with the contract;
   (d) supply of digital content which is not in conformity with the contract;
   (e) non-payment or late payment of the price; and
   (f) any other purported performance which is not in conformity with the contract.
2. Non-performance of an obligation by one party is fundamental if:
   (a) it substantially deprives the other party of what that party was entitled to expect under the contract, unless at the time of conclusion of the contract the non-performing party did not foresee and could not be expected to have foreseen that result; or
   (b) it is of such a nature as to make it clear that the non-performing party's future performance cannot be relied on.

제4편 매매 또는 디지털콘텐츠 제공계약의 당사자의 의무와 구제수단

제9장 일반규정

제87조 [불이행과 본질적인 불이행]

1. 채무불이행은 의무를 이행하지 않은 것으로, 불이행이 면책되는지 여부를 묻지 않으며, 다음 각 호를 포함한다:
   (a) 물품을 인도하지 않거나 지체한 경우;
   (b) 디지털콘텐츠를 제공하지 않거나 지체한 제공;
   (c) 이행이 있었고, 그 이행이 계약에 적합하지 않은 경우;
   (d) 계약에 적합하지 않는 디지털콘텐츠의 제공;
   (e) 대금을 지급하지 않거나 지체한 지급; 그리고
   (f) 계약에 적합하지 않는 그 밖의 이행

2. 다음 각 호의 경우 당사자 일방의 채무불이행은 본질적이다:
   (a) 채무불이행이 상대방에게 계약에서 기대할 수 있는 것을 실질적으로 취득할 수 없도록 하는 경우, 다만 계약체결시에 불이행한 당사자가 예견하지 않았고 또한 그러한 결과를 예견할 수 있음을 기대할 수 없으면 그러하지 않다; 또는
   (b) 채무불이행이 그 불이행 당사자의 장래이행을 기대할 수 없게 하는 명백한 성질을 갖고 있는 경우.

Article 88

Excused non-performance

1. A party's non-performance of an obligation is excused if it is due to an impediment beyond that party's control and if that party could not be expected to have taken the impediment into account at the time of the conclusion of the contract, or to have avoided or overcome the impediment or its consequences.
2. Where the impediment is only temporary the non-performance is excused for the period during which the impediment exists. However, if the delay amounts to a fundamental non-performance, the other party may treat it as such.
3. The party who is unable to perform has a duty to ensure that notice of the impediment and of its effect on the ability to perform reaches the other party without undue delay after the first party becomes, or could be expected to have become, aware of these circumstances. The other party is entitled to damages for any loss resulting from the breach of this duty.

Article 89

Change of circumstances

1. A party must perform its obligations even if performance has become more onerous, whether because the cost of performance has increased or because the value of what is to be received in return has diminished.

   Where performance becomes excessively onerous because of an exceptional change of circumstances, the parties have a duty to enter into negotiations with a view to adapting or terminating the contract.
2. If the parties fail to reach an agreement within a reasonable time, then, upon request by either party a court may:

   (a) adapt the contract in order to bring it into accordance with what the

第88조 [면책되는 불이행]

1. 채무불이행이 당사자의 통제를 넘어선 장애에 기인한다면, 또한 그 당사자가 계약체결 시에 장애를 고려할 수 없거나, 장애나 장애의 결과를 회피하거나 극복할 수 없다면, 당사자의 채무불이행은 면책된다.

2. 장애가 오직 일시적인 경우 불이행은 장애가 존재하는 기간에 대해서만 면책된다. 그러나 지체가 본질적인 불이행에 이른다면, 상대방은 이를 본질적인 불이행으로 다룰 수 있다.

3. 이행할 수 없는 당사자는 이행의 장애사유와 그것이 이행능력에 미치는 영향을 알았거나 알 수 있었을 것으로 기대된 후에, 그에 관한 통지가 상대방에게 부당한 지체 없이 도달하도록 보장할 의무를 부담한다. 상대방은 이런 의무위반에서 발생하는 손해에 대한 배상을 청구할 수 있다.

第89조 [사정변경]

1. 이행비용이 증가하거나 또는 대가로 수령할 것의 가치가 감소하여, 이행이 보다 더 부담이 되어도, 당사자는 그 채무를 이행하여야 한다. 예외적인 사정변경으로 인하여 이행이 과도하게 부담이 되는 경우, 당사자는 계약을 수정하거나 해제할 목적으로 교섭을 시작할 의무를 진다.

2. 당사자가 상당한 기간 내에 합의에 이르지 못하면, 그때에는 당사자 일방의 청구에 의해서, 법원은:

   (a) 계약당사자가 사정변경을 고려했다면, 계약당사자가 계약체결

parties would reasonably have agreed at the time of contracting if they had taken the change of circumstances into account; or

(b) terminate the contract within the meaning of Article 8 at a date and on terms to be determined by the court.

3. Paragraphs 1 and 2 apply only if:

(a) the change of circumstances occurred after the time when the contract was concluded;

(b) the party relying on the change of circumstances did not at that time take into account, and could not be expected to have taken into account, the possibility or scale of that change of circumstances; and

(c) the aggrieved party did not assume, and cannot reasonably be regarded as having assumed, the risk of that change of circumstances.

4. For the purpose of paragraphs 2 and 3 a 'court' includes an arbitral tribunal.

Article 90

Extended application of rules on payment and on goods or digital content not accepted

1. Unless otherwise provided, the rules on payment of the price by the buyer in Chapter 12 apply with appropriate adaptations to other payments.
2. Article 97 applies with appropriate adaptations to other cases where a person is left in possession of goods or digital content because of a failure by another person to take them when bound to do so.

시에 합의하였을 것으로 계약을 수정할 수 있다; 또는
(b) 법원이 정한 일자(日字)와 조건에 따라, 제8조의 의미 내에서 계약을 해제할 수 있다.

3. 제1항과 제2항은 다음 각 호의 경우에만 적용한다:
   (a) 계약이 체결된 후에, 사정변경이 발생했다;
   (b) 사정변경을 원용하는 당사자는 그 당시에 사정변경의 가능성이나 정도를 고려하지 않았고, 또한 고려했음을 기대할 수 없었다;
   (c) 불이익 당사자가 그러한 사정변경의 위험을 인수하지 않았고, 또한 인수한 것으로 볼 수 없었다.

4. 제2항과 제3항의 목적을 위해서, '법원'은 중재법원을 포함한다.

제90조 [지급에 대한 규정과 수령되지 않은 물품 또는 디지털콘텐츠에 대한 규정의 확대적용]

1. 달리 정함이 없으면, 제12장의 매수인이 하는 대금지급에 대한 규정은 적절하게 수정하여 다른 지급방식에 적용된다.
2. 제97조는, 타인이 물품이나 디지털콘텐츠를 수령의무가 있음에도 수령하지 않음으로써, 어떤 사람에게 물품이나 디지털콘텐츠의 점유가 남아 있는 다른 경우에 적절하게 수정하여 적용된다.

Chapter 10 The seller's obligations

SECTION 1 GENERAL PROVISIONS

Article 91

Main obligations of the seller

The seller of goods or the supplier of digital content (in this part referred to as 'the seller') must:

(a) deliver the goods or supply the digital content;

(b) transfer the ownership of the goods, including the tangible medium on which the digital content is supplied;

(c) ensure that the goods or the digital content are in conformity with the contract;

(d) ensure that the buyer has the right to use the digital content in accordance with the contract; and

(e) deliver such documents representing or relating to the goods or documents relating to the digital content as may be required by the contract.

Article 92

Performance by a third party

1. A seller may entrust performance to another person, unless personal performance by the seller is required by the contract terms.
2. A seller who entrusts performance to another person remains responsible for performance.
3. In relations between a trader and a consumer the parties may not, to the detriment of the consumer, exclude the application of paragraph (2) or derogate from or vary its effects.

제10장 매도인의 의무

제1절 일반규정

제91조 [매도인의 주된 의무]

물품의 매도인이나 디지털콘텐츠의 제공자(이하 '매도인'이라 한다)는 다음을 행하여야 한다:

(a) 물품이나 디지털콘텐츠를 인도하여야 한다;
(b) 디지털콘텐츠가 제공되는 유체적 저장장치를 포함한, 물품의 소유권을 이전하여야 한다;
(c) 물품이나 디지털콘텐츠가 계약에 합치함을 보장하여야 한다;
(d) 매수인이 계약에 따라 디지털콘텐츠의 이용권을 갖는 것을 보장하여야 한다; 또한
(e) 계약에 따라 요구되는 물품을 표상하거나 물품에 관련된 문서 또는 디지털콘텐츠와 관련된 문서를 교부하여야 한다.

제92조 [제3자에 의한 이행]

1. 매도인은 다른 사람에게 이행을 맡길 수 있다; 그러나 계약내용으로 매도인 본인의 이행이 요구되는 경우에는 그러하지 아니하다.
2. 이행을 타인에게 맡긴 매도인은 이행에 계속하여 책임이 있다.
3. 사업자(기업인)와 소비자 간의 관계에 있어서, 당사자는 소비자를 해하려고, 제2항의 적용을 배제 또는 제한하거나 그 효력을 변경할 수 없다.

SECTION 2 DELIVERY

Article 93

Place of delivery

1. Where the place of delivery cannot be otherwise determined, it is:
   (a) in the case of a consumer sales contract or a contract for the supply of digital content which is a distance or off-premises contract, or in which the seller has undertaken to arrange carriage to the buyer, the consumer's place of residence at the time of the conclusion of the contract;
   (b) in any other case,
      (i) where the contract of sale involves carriage of the goods by a carrier or series of carriers, the nearest collection point of the first carrier ;
      (ii) where the contract does not involve carriage, the seller's place of business at the time of conclusion of the contract.
2. If the seller has more than one place of business, the place of business for the purposes of point (b) of paragraph 1 is that which has the closest relationship to the obligation to deliver.

Article 94

Method of delivery

1. Unless agreed otherwise, the seller fulfils the obligation to deliver:

   (a) in the case of a consumer sales contract or a contract for the supply of digital content which is a distance or off-premises contract or in which the seller has undertaken to arrange carriage to the buyer, by transferring the physical possession or control of the goods or the

제2절 인 도

제93조 [인도장소]

1. 인도장소를 달리 정할 수 없는 경우, 다음 각 호로 한다:
   (a) 원격계약이나 영업소 밖의 계약인 소비자 매매계약 또는 디지털 콘텐츠 제공계약의 경우, 또는 매도인이 매수인에 대한 운송의 준비를 약속한 경우, 계약체결시의 소비자의 주소;

   (b) 그 밖의 경우,
      (i) 매매계약이 운송인이나 일련의 운송인이 하는 물품운송을 포함하는 경우, 최초 운송인의 최근 집하지;
      (ii) 계약이 운송을 포함하지 않는 경우, 계약체결시의 매도인의 영업지이다.

2. 매도인이 하나 이상의 영업지를 가진 경우, 제1항 (b)호에서 영업지는 인도의무와 가장 밀접한 관계를 가진 장소.

제94조 [인도방법]

1. 달리 합의하지 않으면, 매도인은 다음 각 호의 방식으로 인도의무를 이행한다:
   (a) 원격 또는 영업소 밖의 계약인 소비자 매매계약 또는 디지털콘텐츠 제공계약의 경우, 또는 매도인이 매수인에 대한 운송의 준비를 약속한 경우, 물품 또는 디지털콘텐츠의 물리적 점유나 관리를 소비자에게 이전;

digital content to the consumer;

(b) in other cases in which the contract involves carriage of the goods by a carrier, by handing over the goods to the first carrier for transmission to the buyer and by handing over to the buyer any document necessary to enable the buyer to take over the goods from the carrier holding the goods; or

(c) in cases that do not fall within points (a) or (b), by making the goods or the digital content, or where it is agreed that the seller need only deliver documents representing the goods, the documents, available to the buyer.

2. In points (a) and (c) of paragraph 1, any reference to the consumer or the buyer includes a third party, not being the carrier, indicated by the consumer or the buyer in accordance with the contract.

Article 95

Time of delivery

1. Where the time of delivery cannot be otherwise determined, the goods or the digital content must be delivered without undue delay after the conclusion of the contract.
2. In contracts between a trader and a consumer, unless agreed otherwise by the parties, the trader must deliver the goods or the digital content not later than 30 days from the conclusion of the contract.

Article 96

Seller's obligations regarding carriage of the goods

1. Where the contract requires the seller to arrange for carriage of the goods, the seller must conclude such contracts as are necessary for carriage to the place fixed by means of transportation appropriate in the circumstances and

(b) 계약이 운송인에 의한 물품운송을 포함하는 다른 경우에는, 물품을 매수인에게 전달하기 위한 최초 운송인에게 인도 또한 물품을 보관하는 운송인으로부터 매수인이 물품을 수령하는 데 필요한 문서를 매수인에게 교부; 또는

(c) (a)나 (b)호에 속하지 않는 경우, 또는 매도인이 물품을 표상하는 문서의 교부만을 필요로 합의한 경우, 물품이나 디지털콘텐츠 문서를 매수인에게 제공.

2. 제1항의 (a)와 (c)호에서, 소비자나 매수인에 대한 언급은, 계약에 따라서 소비자나 매수인이 지명한, 운송인 이외의, 제3자를 포함한다.

제95조 [인도시기]

1. 인도시기를 다르게 정할 수 없는 경우, 물품이나 디지털콘텐츠는 계약체결 후에 부당한 지체 없이 인도되어야 한다.

2. 사업자(기업인)와 소비자 간의 계약에서, 당사자가 달리 합의하지 않으면, 사업자(기업인)는 물품이나 디지털콘텐츠를 계약체결로부터 30일 내에 인도해야 한다.

제96조 [물품의 운송에 관한 매도인의 의무]

1. 계약이 매도인에게 물품의 운송을 준비하도록 요구하는 경우, 매도인은 상황에 적합한 운송수단에 의해서 정해진 장소로 운송이 되도록 필요하게 또한 그러한 운송에 대한 통상의 조건에 따라 계약을 체

according to the usual terms for such transportation.

2. Where the seller, in accordance with the contract, hands over the goods to a carrier and if the goods are not clearly identified as the goods to be supplied under the contract by markings on the goods, by shipping documents or otherwise, the seller must give the buyer notice of the consignment specifying the goods.
3. Where the contract does not require the seller to effect insurance in respect of the carriage of the goods, the seller must, at the buyer's request, provide the buyer with all available information necessary to enable the buyer to effect such insurance.

Article 97

Goods or digital content not accepted by the buyer

1. A seller who is left in possession of the goods or the digital content because the buyer, when bound to do so, has failed to take delivery must take reasonable steps to protect and preserve them.
2. The seller is discharged from the obligation to deliver if the seller:
   (a) deposits the goods or the digital content on reasonable terms with a third party to be held to the order of the buyer, and notifies the buyer of this; or
   (b) sells the goods or the digital content on reasonable terms after notice to the buyer, and pays the net proceeds to the buyer.
3. The seller is entitled to be reimbursed or to retain out of the proceeds of sale any costs reasonably incurred.

결해야 한다.

2. 매도인이 계약에 따라, 물품을 운송업자에게 인도하면서, 물품의 표시나 문서의 발송이나 기타의 방법에 의하여 물품이 계약에서 제공되는 물품으로 명백히 확인되지 않으면, 매도인은 물품지정의 통지를 매수인에게 하여야 한다.

3. 계약이 매도인에게 물품의 운송보험 가입을 요구하지 않는 경우, 매도인은 매수인의 요구가 있으면, 매수인이 보험 가입을 할 수 있도록 필요한 모든 정보를 매수인에게 제공하여야 한다.

제97조 [매수인이 수령하지 않은 물품이나 디지털콘텐츠]

1. 매수인이 수령해야 할 때 수령하지 않아서, 물품이나 디지털콘텐츠를 점유하게 된 매도인은, 물품이나 디지털콘텐츠를 보호하고 보존하기 위한 상당한 조치를 하여야 한다.
2. 다음 각 호를 충족하면, 매도인은 인도의무를 면하게 된다.
   (a) 매도인이 매수인의 주문에 맞는 합리적인 조건으로 물품이나 디지털콘텐츠를 제3자에게 맡기고, 이를 매수인에게 통지; 또는
   (b) 매도인이 매수인에게 통지 후에, 합리적인 조건으로 물품이나 디지털콘텐츠를 매도하고, 또한 잔여대금[3]을 매수인에 지급.

3. 매도인은 상당하게 발생한 비용을 상환받을 수 있거나 매매의 수익금에서 충당할 수 있다.

3) 역주: 비용을 뺀 잔여대금을 뜻한다.

Article 98

Effect on passing of risk

The effect of delivery on the passing of risk is regulated by Chapter 14.

SECTION 3 CONFORMITY OF THE GOODS AND DIGITAL CONTENT

Article 99

Conformity with the contract

1. In order to conform with the contract, the goods or digital content must:
   (a) be of the quantity, quality and description required by the contract;
   (b) be contained or packaged in the manner required by the contract; and
   (c) be supplied along with any accessories, installation instructions or other instructions required by the contract.

2. In order to conform with the contract the goods or digital content must also meet the requirements of Articles 100, 101 and 102, save to the extent that the parties have agreed otherwise.
3. In a consumer sales contract, any agreement derogating from the requirements of Articles 100, 102 and 103 to the detriment of the consumer is valid only if, at the time of the conclusion of the contract, the consumer knew of the specific condition of the goods or the digital content and accepted the goods or the digital content as being in conformity with the contract when concluding it.
4. In a consumer sales contract, the parties may not, to the detriment of the consumer, exclude the application of paragraph 3 or derogate from or vary its effects.

제98조 [위험이전의 효과]

위험이전에 관한 인도의 효과는 제14장에서 정한다.

제3절 물품과 디지털콘텐츠의 적합성

제99조 [계약 적합성]

1. 계약에 적합하도록, 물품이나 디지털콘텐츠는 다음 각 호에 따라야 한다 :
   (a) 계약에 따라 요구된 수량, 품질과 표시;
   (b) 계약에 따라 요구된 방식에 따라 담거나 포장; 또한
   (c) 계약에 따라 요구된 부속물, 설치 설명서나 기타의 설명서와 같이 제공.
2. 계약에 적합하도록, 물품이나 디지털콘텐츠는 당사자가 다르게 합의한 경우를 제외하고, 제100조, 제101조와 제102조의 요건도 충족하여야 한다.
3. 소비자 매매계약에서, 소비자에게 불리하게 제100조, 제102조와 제103조의 요건을 제한하는 합의는, 계약체결시에 소비자가 물품이나 디지털콘텐츠의 구체적인 조건을 알았고 또한 물품이나 디지털콘텐츠가 계약체결시에 계약에 적합한 것으로 승낙되었을 때만, 유효하다.
4. 소비자 매매계약에서, 당사자는 소비자에게 불리하게 제3항의 적용을 배제 또는 제한하거나 그 효력을 변경할 수 없다.

Article 100

Criteria for conformity of the goods and digital content

The goods or digital content must:

(a) be fit for any particular purpose made known to the seller at the time of the conclusion of the contract, except where the circumstances show that the buyer did not rely, or that it was unreasonable for the buyer to rely, on the seller's skill and judgement;

(b) be fit for the purposes for which goods or digital content of the same description would ordinarily be used;

(c) possess the qualities of goods or digital content which the seller held out to the buyer as a sample or model;

(d) be contained or packaged in the manner usual for such goods or, where there is no such manner, in a manner adequate to preserve and protect the goods;

(e) be supplied along with such accessories, installation instructions or other instructions as the buyer may expect to receive;

(f) possess the qualities and performance capabilities indicated in any pre-contractual statement which forms part of the contract terms by virtue of Article 69; and

(g) possess such qualities and performance capabilities as the buyer may expect. When determining what the consumer may expect of the digital content regard is to be had to whether or not the digital content was supplied in exchange for the payment of a price.

Article 101

Incorrect installation under a consumer sales contract

1. Where goods or digital content supplied under a consumer sales contract are incorrectly installed, any lack of conformity resulting from the incorrect

제100조 [물품과 디지털콘텐츠의 적합성 기준]

물품이나 디지털콘텐츠는 다음 각 호에 적합하여야 한다:

(a) 사정상 매수인이 매도인의 기술과 판단을 원용하지 않았거나, 매수인이 원용함이 상당하지 않는 경우를 제외하고, 계약체결시에 매도인에게 알려진 특정 목적;

(b) 같은 표시의 물품이나 디지털콘텐츠가 통상적으로 이용될 목적;

(c) 매도인이 매수인에게 표본이나 모델로 제시한 물품이나 디지털콘텐츠의 품질;

(d) 그러한 물품이 통상의 방법이나, 또는 그러한 방법이 없는 경우에는 물품을 보존하고 보호하기 위한 적합한 방법으로, 담거나 포장;

(e) 매수인이 수령할 것으로 기대하는 그러한 부속물, 설치설명서나 그 밖의 설명서와 함께 제공;

(f) 제69조의 계약조건의 부분이 되는 계약 이전의 언명에서 나타낸 품질과 이행성능;

(g) 매수인이 기대한 품질과 이행성능. 소비자가 디지털콘텐츠에 무엇을 기대하는지를 정할 때는 디지털콘텐츠가 대금의 지급에 대가로 제공되었는지에 대한 판단.

제101조 [소비자계약에서 부정확한 설치]

1. 소비자 매매계약에서 제공된 물품이나 디지털콘텐츠가 부정확하게 설치된 경우, 부정확한 설치에서 발생하는 부적합은 다음 각 호의 경

installation is regarded as lack of conformity of the goods or the digital content if:

(a) the goods or the digital content were installed by the seller or under the seller's responsibility; or

(b) the goods or the digital content were intended to be installed by the consumer and the incorrect installation was due to a shortcoming in the installation instructions.

2. The parties may not, to the detriment of the consumer, exclude the application of this Article or derogate from or vary its effects.

Article 102

Third party rights or claims

1. The goods must be free from and the digital content must be cleared of any right or not obviously unfounded claim of a third party.
2. As regards rights or claims based on intellectual property, subject to paragraphs 3 and 4, the goods must be free from and the digital content must be cleared of any right or not obviously unfounded claim of a third party:

   (a) under the law of the state where the goods or digital content will be used according to the contract or, in the absence of such an agreement, under the law of the state of the buyer's place of business or in contracts between a trader and a consumer the consumer's place of residence indicated by the consumer at the time of the conclusion of the contract; and

   (b) which the seller knew of or could be expected to have known of at the time of the conclusion of the contract.
3. In contracts between businesses, paragraph 2 does not apply where the buyer knew or could be expected to have known of the rights or claims

우 물품이나 디지털콘텐츠의 부적합으로 본다.

(a) 물품이나 디지털콘텐츠를 매도인이 설치했거나 매도인의 책임으로 설치; 또는
(b) 물품이나 디지털콘텐츠를 소비자가 설치할 의도였고, 또한 부정확한 설치가 설치설명서의 결함으로 발생한 경우.

2. 당사자는 소비자에게 불리하게, 본조의 적용을 배재 또는 제한하거나 그 효과를 변경할 수 없다.

제102조 [제3자의 권리 또는 이의 주장]

1. 물품과 디지털콘텐츠는 어떠한 권리나 제3자의 명백히 근거 없는 것이 아닌 이의 주장으로부터 자유롭고, 깨끗하여야 한다.
2. 제3항과 제4항의 대상이 되는 지적재산권에 근거한 권리나 이의 주장에 관해서, 다음 각 호에 따라 물품과 디지털콘텐츠는 어떠한 권리나 제3자의 명백히 근거 없는 것이 아닌 이의 주장으로부터 자유롭고 깨끗하여야 한다.
   (a) 계약에 따라 물품이나 디지털콘텐츠가 이용될 국가법에서 또는, 그런 계약이 없으면, 매수인의 영업지의 국가법이나 사업자(기업인)와 소비자의 계약에서는 계약체결시에 소비자가 지명한 소비자의 주소의 국가법에서; 또한
   (b) 계약체결시에 매도인이 알았거나 알 수 있었음을 기대할 수 있는 내용에서;

3. 사업자(기업인) 간의 계약에서, 매수인이 계약체결시에 지적재산권에 근거한 권리나 이의 주장을 알았거나 알았을 것이라고 기대될 수

based on intellectual property at the time of the conclusion of the contract.

4. In contracts between a trader and a consumer, paragraph 2 does not apply where the consumer knew of the rights or claims based on intellectual property at the time of the conclusion of the contract.
5. In contracts between a trader and a consumer, the parties may not, to the detriment of the consumer, exclude the application of this Article or derogate from or vary its effects.

Article 103

Limitation on conformity of digital content

Digital content is not considered as not conforming to the contract for the sole reason that updated digital content has become available after the conclusion of the contract.

Article 104

Buyer's knowledge of lack of conformity in a contract between traders

In a contract between traders, the seller is not liable for any lack of conformity of the goods if, at the time of the conclusion of the contract, the buyer knew or could not have been unaware of the lack of conformity.

Article 105

Relevant time for establishing conformity

1. The seller is liable for any lack of conformity which exists at the time when the risk passes to the buyer under Chapter 14.
2. In a consumer sales contract, any lack of conformity which becomes apparent within six months of the time when risk passes to the buyer is presumed to have existed at that time unless this is incompatible with the nature of the goods or digital content or with the nature of the lack of

있는 경우, 제2항은 적용되지 않는다.

4. 사업자(기업인)와 소비자 간의 계약에서는, 소비자가 계약체결시에 지적재산권에 근거한 권리나 이의 주장을 알았을 경우에는, 제2항을 적용하지 않는다.
5. 사업자(기업인)와 소비자 간의 계약에서는, 당사자는 소비자에게 불리하게 본조의 적용을 배제 또는 제한하거나 그 효력을 변경할 수 없다.

제103조 [디지털콘텐츠의 적합성 제한]

계약체결 후에 최신의 디지털콘텐츠가 이용가능하다는 사유만으로 디지털콘텐츠가 계약에 부적합한 것은 아니다.

제104조 [사업자 간의 계약에서 부적합성에 대한 악의의 매수인]

사업자(기업인) 간의 계약에서, 계약체결시에, 매수인이 부적합을 알았거나 모를 수 없었다면, 매도인은 물품의 부적합에 대해서 책임지지 않는다.

제105조 [적합성 판단에 상당한 기간]

1. 매도인은 제14장에서 위험이 매수인에게 이전한 시기에 있는 부적합에 대해서 책임을 진다.
2. 소비자 매매계약에서, 위험이 매수인에게 이전한 시기로부터 6개월 내의 명백한 부적합은 그때에 있었던 것으로 추정한다; 그러나 물품이나 디지털콘텐츠의 성질 또는 부적합의 성질과 부합하지 않을 때에는 그러하지 아니하다.

conformity.

3. In a case governed by point (a) of Article 101(1) any reference in paragraphs 1 or 2 of this Article to the time when risk passes to the buyer is to be read as a reference to the time when the installation is complete. In a case governed by point (b) of Article 101(1) it is to be read as a reference to the time when the consumer had reasonable time for the installation.
4. Where the digital content must be subsequently updated by the trader, the trader must ensure that the digital content remains in conformity with the contract throughout the duration of the contract.
5. In a contract between a trader and a consumer, the parties may not, to the detriment of a consumer, exclude the application of this Article or derogate from or vary its effect.

3. 제101조 제1항 (a)호로 규율되는 경우, 위험이 매수인에게 이전된 시기에 대한 본조 제1항이나 제2항의 언급은, 설치가 완성된 시기에 한 것으로 해석되어야 한다. 본조 제101조 제1항 (b)호로 규율되는 경우, 이는 소비자가 설치에 상당한 기간을 가진 기간으로 해석되어야 한다.
4. 사업자(기업인)가 디지털콘텐츠를 차후에 최신의 것으로 하여야 하는 경우, 사업자(기업인)는 디지털콘텐츠가 계약의 존속기간 동안 계약에 적합하게 하여야 한다.
5. 사업자(기업인)와 소비자 간의 계약에서, 당사자는 소비자에게 불리하게 본조의 적용을 배제 또는 제한하거나 그 효력을 변경할 수 없다.

Chapter 11 The buyer's remedies

SECTION 1 GENERAL PROVISIONS

Article 106

Overview of buyer's remedies

1. In the case of non-performance of an obligation by the seller, the buyer may do any of the following:
   (a) require performance, which includes specific performance, repair or replacement of the goods or digital content, under Section 3 of this Chapter;
   (b) withhold the buyer's own performance under Section 4 of this Chapter;
   (c) terminate the contract under Section 5 of this Chapter and claim the return of any price already paid, under Chapter 17;
   (d) reduce the price under Section 6 of this Chapter; and
   (e) claim damages under Chapter 16.
2. If the buyer is a trader:
   (a) the buyer's rights to exercise any remedy except withholding of performance are subject to cure by the seller as set out in Section 2 of this Chapter; and
   (b) the buyer's rights to rely on lack of conformity are subject to the requirements of examination and notification set out in Section 7 of this Chapter.
3. If the buyer is a consumer:
   (a) the buyer's rights are not subject to cure by the seller; and
   (b) the requirements of examination and notification set out in Section 7 of this Chapter do not apply.

제11장 매수인의 구제수단

제1절 일반규정

제106조 [매수인의 구제수단 개관]

1. 매도인이 채무를 불이행한 경우 매수인은 다음 각 호의 권리를 행사할 수 있다:
   (a) 물품 또는 디지털콘텐츠의 특정이행, 보수 또는 교환을 포함하여 본장 제3절에 따른 이행의 청구;
   (b) 본장 제4절에 따라 매수인 자신의 채무이행 거절;
   (c) 본장 제5절에 따른 계약의 해제와 제17장에 따라 이미 지급한 대금의 반환 청구;
   (d) 본장 제6절에 따른 대금의 감액; 그리고
   (e) 제16장에 따른 손해배상 청구.
2. 매수인이 사업자(기업인)인 경우에는 다음과 같다:
   (a) 이행거절을 제외한 구제수단을 행할 수 있는 매수인의 권리는 본장 제2절에 따른 매도인의 추완이행에 의해 제한된다; 그리고
   (b) 계약부적합에 따른 매수인의 권리는 본장 제7절에 따른 검사와 통지의무에 의해 제한된다.
3. 매수인이 소비자인 경우에는 다음과 같다;
   (a) 매수인의 권리는 매도인의 추완이행에 의해 제한되지 않는다;
   (b) 본장 제7절에 따른 검사와 통지의무는 적용되지 않는다.

4. If the seller's non-performance is excused, the buyer may resort to any of the remedies referred to in paragraph 1 except requiring performance and damages.
5. The buyer may not resort to any of the remedies referred to in paragraph 1 to the extent that the buyer caused the seller's non-performance.
6. Remedies which are not incompatible may be cumulated.

Article 107

Limitation of remedies for digital content not supplied in exchange for a price

Where digital content is not supplied in exchange for the payment of a price, the buyer may not resort to the remedies referred to in points (a) to (d) of Article 106(1) . The buyer may only claim damages under point (e) of Article 106 (1) for loss or damage caused to the buyer's property, including hardware, software and data, by the lack of conformity of the supplied digital content, except for any gain of which the buyer has been deprived by that damage.

Article 108

Mandatory nature

In a contract between a trader and a consumer, the parties may not, to the detriment of the consumer, exclude the application of this Chapter, or derogate from or vary its effect before the lack of conformity is brought to the trader's attention by the consumer.

4. 매도인의 채무불이행이 면책되는 경우 매수인은 이행청구와 손해배상을 제외하고 제1항에서 정한 어떤 구제수단이라도 행사할 수 있다.
5. 매수인이 매도인의 채무불이행을 야기한 한도에서 매수인은 제1항에서 언급된 어떤 구제수단도 행사할 수 없다.
6. 각 구제수단은 병립할 수 있는 한 경합할 수 있다.

제107조 [대금지급의 대가로 공급받은 것이 아닌 디지털콘텐츠에 관한 구제수단의 제한]

디지털콘텐츠가 대금지급의 대가로 공급받은 것이 아닌 경우 매수인은 제106조 제1항 (a)호부터 (d)호에서 정한 구제수단을 행사할 수 없다. 매수인은 공급된 디지털콘텐츠의 계약부적합에 의하여 하드웨어, 소프트웨어와 데이터를 포함한 매수인의 소유권에 야기된 손실 또는 손해에 대하여 제106조 제1항 (e)호에서 정한 손해배상만을 청구할 수 있으나, 그 손해로 인해 매수인이 얻지 못하게 된 이익에 대해서는 그러하지 아니하다.

제108조 [강행규정]

사업자(기업인)와 소비자 사이의 계약에서 소비자가 계약부적합에 관하여 사업자(기업인)에게 알리기 이전에는 양 당사자는 소비자에게 불리하도록 본장의 적용을 배제하거나 그 효력을 제한 또는 변경할 수 없다.

SECTION 2 CURE BY THE SELLER

Article 109

Cure by the seller

1. A seller who has tendered performance early and who has been notified that the performance is not in conformity with the contract may make a new and conforming tender if that can be done within the time allowed for performance.
2. In cases not covered by paragraph 1 a seller who has tendered a performance which is not in conformity with the contract may, without undue delay on being notified of the lack of conformity, offer to cure it at its own expense.
3. An offer to cure is not precluded by notice of termination.
4. The buyer may refuse an offer to cure only if:
   (a) cure cannot be effected promptly and without significant inconvenience to the buyer;
   (b) the buyer has reason to believe that the seller's future performance cannot be relied on; or
   (c) delay in performance would amount to a fundamental non-performance.
5. The seller has a reasonable period of time to effect cure.
6. The buyer may withhold performance pending cure, but the rights of the buyer which are inconsistent with allowing the seller a period of time to effect cure are suspended until that period has expired.
7. Notwithstanding cure, the buyer retains the right to claim damages for delay as well as for any harm caused or not prevented by the cure.

제2절 매도인에 의한 추완이행

제109조 [매도인에 의한 추완이행]

1. 이행기 이전에 이행을 제공한 매도인은 그 이행이 계약에 부적합하다는 통지를 받은 경우 이행기 이내에 이루어질 수 있는 한 적합한 이행을 새로이 제공할 수 있다.

2. 제1항에 해당하지 않은 경우에도 계약에 적합하지 않은 이행을 제공한 매도인은 계약위반의 통지를 받은 후 부당한 지체 없이 자신의 비용으로 추완이행을 제공할 수 있다.

3. 추완이행의 제공은 계약해제의 통지에 의하여 방해받지 않는다.
4. 매수인은 추완이행의 제공을 다음 각 호의 경우에만 거절할 수 있다:
   (a) 추완이행이 신속히 이루어질 수 없고 매수인에게 중대한 불편을 야기하는 경우;
   (b) 매수인이 매도인의 장래 이행을 신뢰할 수 없다고 믿을 만한 이유가 있는 경우; 또는
   (c) 이행의 지연이 본질적 채무불이행으로 되는 경우.

5. 매도인은 추완이행을 위하여 상당한 기간을 갖는다.
6. 매수인은 추완이행이 있기까지는 자신의 의무이행을 거절할 수 있으나, 매도인에 대한 추완이행의 기간 부여와 병립할 수 없는 매수인의 권리는 그 기간이 만료하기까지는 행사될 수 없다.
7. 매수인은 추완이행에도 불구하고 이행의 지연 및 추완이행에 의해 야기되거나 추완이행으로도 피할 수 없었던 손해의 배상을 청구할 수 있는 권리를 갖는다.

SECTION 3 REQUIRING PERFORMANCE

Article 110

Requiring performance of seller's obligations

1. The buyer is entitled to require performance of the seller's obligations.
2. The performance which may be required includes the remedying free of charge of a performance which is not in conformity with the contract.
3. Performance cannot be required where:
   (a) performance would be impossible or has become unlawful; or
   (b) the burden or expense of performance would be disproportionate to the benefit that the buyer would obtain.

Article 111

Consumer's choice between repair and replacement

1. Where, in a consumer sales contract, the trader is required to remedy a lack of conformity pursuant to Article 110(2) the consumer may choose between repair and replacement unless the option chosen would be unlawful or impossible or, compared to the other option available, would impose costs on the seller that would be disproportionate taking into account:
   (a) the value the goods would have if there were no lack of conformity;
   (b) the significance of the lack of conformity; and
   (c) whether the alternative remedy could be completed without significant inconvenience to the consumer.

2. If the consumer has required the remedying of the lack of conformity by repair or replacement pursuant to paragraph 1, the consumer may resort to other remedies only if the trader has not completed repair or replacement within a reasonable time, not exceeding 30 days. However, the consumer

제3절 이행청구

제110조 [매도인의 채무에 대한 이행청구]

1. 매수인은 매도인에 대하여 채무의 이행을 청구할 수 있다.
2. 매수인의 이행청구는 계약에 적합하지 않는 이행에 대한 무상의 구제를 포함한다.
3. 채무의 이행은 다음 각 호의 경우 청구될 수 없다:
   (a) 채무이행이 불가능하거나 또는 불법하게 된 경우; 또는
   (b) 채무이행의 부담이나 비용이 채무이행으로 매수인이 얻게 될 이익과 비교하여 과도한 경우.

제111조 [보수와 대체물 사이의 소비자 선택]

1. 소비자매매계약에서 사업자(기업인)가 제110조 제2항에 따라 계약위반의 구제를 청구받는 경우 소비자는 보수(補修)와 대체물 사이에서 선택할 수 있다; 다만 선택된 구제수단이 불법하거나 불가능한 경우 또는 선택 가능한 다른 구제수단과 비교하여 다음 각 호의 사정을 고려할 때 매도인에게 과도한 비용을 초래하는 경우에는 그러하지 아니하다:
   (a) 계약부적합이 없었을 경우 물품이 가졌을 가치;
   (b) 계약부적합의 중요성; 그리고
   (c) 다른 구제수단이 소비자의 중대한 불편 없이 이루어질 수 있는지 여부
2. 제1항에 따라 보수 또는 대체물에 의한 계약위반의 구제를 청구한 경우 사업자(기업인)가 30일을 초과하지 않는 상당한 기간 내에 보수 또는 교환해 주지 않는 때에 한하여 소비자는 다른 구제수단을 행사할 수 있다. 그러나 소비자는 그 기간 동안 자신의 채무이행을 거절

may withhold performance during that time.

Article 112

Return of replaced item

1. Where the seller has remedied the lack of conformity by replacement, the seller has a right and an obligation to take back the replaced item at the seller's expense.
2. The buyer is not liable to pay for any use made of the replaced item in the period prior to the replacement.

SECTION 4 WITHHOLDING PERFORMANCE OF BUYER'S OBLIGATIONS

Article 113

Right to withhold performance

1. A buyer who is to perform at the same time as, or after, the seller performs has a right to withhold performance until the seller has tendered performance or has performed.
2. A buyer who is to perform before the seller performs and who reasonably believes that there will be non-performance by the seller when the seller's performance becomes due may withhold performance for as long as the reasonable belief continues.
3. The performance which may be withheld under this Article is the whole or part of the performance to the extent justified by the non-performance. Where the seller's obligations are to be performed in separate parts or are otherwise divisible, the buyer may withhold performance only in relation to that part which has not been performed, unless the seller's non-

할 수 있다.

제112조 [원래 제공한 목적물의 반환]

1. 매도인은 대체물에 의하여 계약위반을 구제한 경우 원래 제공한 목적물을 자신의 비용으로 수거할 권리와 의무를 갖는다.

2. 매수인은 교환 이전의 기간 동안에 원래 제공된 목적물의 사용에 따른 대가를 지급할 의무가 없다.

제4절 매수인의 채무이행 거절

제113조 [채무이행 거절권]

1. 매도인의 채무이행과 동시에 또는 그 이후에 채무를 이행해야 하는 매수인은 매도인이 채무의 이행을 제공하거나 채무를 이행할 때까지 자신의 채무이행을 거절할 수 있다.
2. 매도인보다 먼저 이행할 의무를 부담하는 매수인은 매도인의 채무가 이행기에도 이행되지 않을 것이라고 믿을 만한 합리적 이유가 있는 경우에는 그 합리적 믿음이 지속하는 한 자신의 채무이행을 거절할 수 있다.
3. 본조에 따라 거절할 수 있는 이행은 상대방의 채무불이행에 따라 거절이 정당화될 수 있는 범위의 채무 전부 또는 일부이다. 매도인의 채무가 독립한 부분에 따라 또는 다른 방법으로 분할하여 이행될 수 있는 경우 매수인은 매도인이 불이행한 부분에 비례한 자신의 채무이행을 거절할 수 있을 뿐이다; 다만 매도인의 채무불이행이 매수인

performance is such as to justify withholding the buyer's performance as a whole.

SECTION 5 TERMINATION

Article 114

Termination for non-performance

1. A buyer may terminate the contract within the meaning of Article 8 if the seller's non-performance under the contract is fundamental within the meaning of Article 87 (2).
2. In a consumer sales contract and a contract for the supply of digital content between a trader and a consumer, where there is a non-performance because the goods do not conform to the contract, the consumer may terminate the contract unless the lack of conformity is insignificant.

Article 115

Termination for delay in delivery after notice fixing additional time for performance

1. A buyer may terminate the contract in a case of delay in delivery which is not in itself fundamental if the buyer gives notice fixing an additional period of time of reasonable length for performance and the seller does not perform within that period.
2. The additional period referred to in paragraph 1 is taken to be of reasonable length if the seller does not object to it without undue delay.
3. Where the notice provides for automatic termination if the seller does not perform within the period fixed by the notice, termination takes effect after that period without further notice.

의 채무 전부의 이행거절을 정당화할 수 있는 경우에는 그러하지 아니하다.

제5절 계약의 해제

제114조 [채무불이행을 이유로 한 계약해제]

1. 매수인은 매도인의 채무불이행이 당해 계약에서 제87조 제2항에서 의미하는 본질적 불이행인 경우 제8조에서 뜻하는 바에 따라 계약을 해제할 수 있다.
2. 소비자매매계약과 디지털콘텐츠의 제공을 목적으로 하는 소비자와 사업자(기업인) 사이의 계약에서 제공된 물품이 계약에 적합하지 않음에 따라 채무가 불이행된 경우 소비자는 그 부적합이 사소한 경우가 아닌 한 계약을 해제할 수 있다.

제115조 [이행을 위한 추가기간을 정한 통지 후 인도의 지연을 이유로 한 계약해제]

1. 매도인이 인도를 지연한 경우 그 자체가 본질적 불이행이 아닌 한 매수인은 매도인에 대하여 이행을 위한 상당한 추가기간의 설정을 통지하고 매도인이 그 기간 동안 이행하지 않는 때에 계약을 해제할 수 있다.
2. 제1항의 추가기간은 매도인이 부당한 지체 없이 이의하지 않는 한 상당하다고 본다.
3. 매수인이 통지할 때에 통지에서 정한 기간 내에 매도인의 채무이행이 없는 때에는 자동으로 해제된다고 정하고 있을 경우 해제는 그 기간이 경과한 후 별도의 통지 없이 효력을 갖는다.

Article 116

Termination for anticipated non-performance

A buyer may terminate the contract before performance is due if the seller has declared, or it is otherwise clear, that there will be a non-performance, and if the non-performance would be such as to justify termination.

Article 117

Scope of right to terminate

1. Where the seller's obligations under the contract are to be performed in separate parts or are otherwise divisible, then if there is a ground for termination under this Section of a part to which a part of the price can be apportioned, the buyer may terminate only in relation to that part.
2. Paragraph 1 does not apply if the buyer cannot be expected to accept performance of the other parts or the non-performance is such as to justify termination of the contract as a whole.
3. Where the seller's obligations under the contract are not divisible or a part of the price cannot be apportioned, the buyer may terminate only if the non-performance is such as to justify termination of the contract as a whole.

Article 118

Notice of termination

A right to terminate under this Section is exercised by notice to the seller.

Article 119

Loss of right to terminate

1. The buyer loses the right to terminate under this Section if notice of termination is not given within a reasonable time from when the right arose or the buyer became, or could be expected to have become, aware of the

제116조 [예상된 불이행을 이유로 한 계약해제]

매수인은 이행기가 도래하기 전이라도 매도인의 명시적 표시 또는 다른 방법에 의해 채무가 불이행될 것임이 분명하고 그 불이행이 계약해제를 정당화하는 경우에는 계약을 해제할 수 있다.

제117조 [계약해제권의 범위]

1. 계약에서 정한 매도인의 채무가 독립적 부분으로 이행될 수 있거나 다른 방법으로 분할할 수 있는 경우 매수인은 대금 일부가 분할될 수 있는 부분에 관하여 본절에서 정한 해제사유가 발생하는 한 그 부분에 대해서만 계약을 해제할 수 있다.
2. 제1항은 매수인으로 하여금 다른 부분만의 이행을 수령할 것을 기대할 수 없는 경우 또는 불이행이 계약 전부의 해제를 정당화할 수 있는 경우에는 적용되지 않는다.
3. 매도인의 계약상 의무가 분할할 수 없는 경우 또는 대금이 분할될 수 없는 경우 매수인은 채무불이행이 계약 전부의 해제를 정당화할 수 있는 때에만 계약을 해제할 수 있다.

제118조 [계약해제의 통지]

본절에서 정한 계약해제권은 매도인에 대한 통지로써 행사된다.

제119조 [계약해제권의 상실]

1. 매수인은 해제권의 발생 시점 또는 채무불이행의 인식 내지 인식의 기대 가능한 시점 중 나중에 도래한 시점으로부터 상당한 기간 내에 해제의 통지를 하지 않는 한 본절에서 정한 계약해제권을 상실한다.

non-performance, whichever is later.

2. Paragraph 1 does not apply:
   (a) where the buyer is a consumer; or
   (b) where no performance at all has been tendered.

SECTION 6 PRICE REDUCTION

Article 120

Right to reduce price

1. A buyer who accepts a performance not conforming to the contract may reduce the price. The reduction is to be proportionate to the decrease in the value of what was received in performance at the time performance was made compared to the value of what would have been received by a conforming performance.
2. A buyer who is entitled to reduce the price under paragraph 1 and who has already paid a sum exceeding the reduced price may recover the excess from the seller.
3. A buyer who reduces the price cannot also recover damages for the loss thereby compensated but remains entitled to damages for any further loss suffered.

SECTION 7 REQUIREMENTS OF EXAMINATION AND NOTIFICATION IN A CONTRACT BETWEEN TRADERS

Article 121

Examination of the goods in contracts between traders

1. In a contract between traders the buyer is expected to examine the goods,

2. 제1항은 다음 각 호의 경우 적용되지 않는다:
   (a) 매수인이 소비자인 경우; 또는
   (b) 채무의 이행이 전혀 이루어지지 않은 경우.

제6절 대금감액

제120조 [대금감액권]

1. 계약에 적합하지 않은 채무이행을 수령한 매수인은 대금을 감액할 수 있다. 감액대금은 채무를 이행한 시점에서 수령한 목적물이 가치가 만약 계약에 적합한 상태로 수령되었더라면 가졌을 가치와 비교하여 감소된 정도에 비례하여 결정한다.

2. 제1항에 따라 대금을 감액할 수 있는 매수인이 감액된 매매대금을 초과하는 금액을 이미 지급한 경우 매도인으로부터 초과금의 반환을 청구할 수 있다.
3. 대금을 감액한 매수인은 대금감액을 통해 전보받은 손실에 대하여는 손해배상을 청구할 수 없으나 그 이외의 손실에 대하여는 손해배상을 청구할 수 있다.

제7절 사업자 사이의 계약에서 검사와 통지의무

제121조 [사업자 사이의 계약에서 물품의 검사]

1. 사업자(기업인) 사이의 계약에서 매수인은 물품의 인도, 디지털콘텐

or cause them to be examined, within as short a period as is reasonable not exceeding 14 days from the date of delivery of the goods, supply of digital content or provision of related services.

2. If the contract involves carriage of the goods, examination may be deferred until after the goods have arrived at their destination.
3. If the goods are redirected in transit, or redispatched by the buyer before the buyer has had a reasonable opportunity to examine them, and at the time of the conclusion of the contract the seller knew or could be expected to have known of the possibility of such redirection or redispatch, examination may be deferred until after the goods have arrived at the new destination.

Article 122
Requirement of notification of lack of conformity in sales contracts between traders

1. In a contract between traders the buyer may not rely on a lack of conformity if the buyer does not give notice to the seller within a reasonable time specifying the nature of the lack of conformity.
   The time starts to run when the goods are supplied or when the buyer discovers or could be expected to discover the lack of conformity, whichever is later.
2. The buyer loses the right to rely on a lack of conformity if the buyer does not give the seller notice of the lack of conformity within two years from the time at which the goods were actually handed over to the buyer in accordance with the contract.
3. Where the parties have agreed that the goods must remain fit for a particular purpose or for their ordinary purpose during a fixed period of time, the period for giving notice under paragraph 2 does not expire before the end

츠의 제공 또는 관련 서비스의 공급 시점으로부터 14일을 넘지 않으면서도 합리적으로 가장 신속한 기간 내에 물품을 검사하거나 검사를 의뢰하여야 한다.

2. 계약내용이 물품의 운송을 포함하는 경우 물품의 검사는 물품이 정해진 목적지에 도착한 이후까지 연기될 수 있다.
3. 매수인이 검사할 적절한 기회를 갖기 이전에 매수인에 의하여 물품이 전매되거나 다른 곳으로 발송되고, 매도인이 계약체결 시점에 전매 또는 재발송의 가능성을 알았거나 알 것으로 기대되었을 경우에 물품의 검사는 물품이 새로운 목적지에 도착한 이후까지 연기될 수 있다.

제122조 [사업자 사이의 매매계약에서 계약부적합의 통지의무]

1. 사업자(기업인) 사이의 계약에서 매수인은 매도인에게 계약부적합의 성질을 특정할 수 있는 통지를 상당한 기간 내에 하지 않는 한 계약위반을 주장할 수 없다.
   이 기간은 물품이 공급된 시점 또는 매수인이 계약부적합을 발견했거나 발견할 것으로 기대되었을 시점 중 나중에 도래한 시점부터 진행한다.
2. 매수인은 물품이 계약에 따라 매수인에게 사실상 인도되었던 시점부터 2년 이내에 매도인에 대하여 부적합함을 통지하지 않는 경우 계약위반을 주장할 수 있는 권리를 상실한다.

3. 양 당사자가 정해진 기간 동안 물품이 특정한 또는 통상의 목적에 적합한 상태를 유지하여야 한다고 합의한 경우 제2항에 따라 통지해야 할 기간은 합의한 기간의 만료 이전에는 종료하지 않는다.

of the agreed period.

4. Paragraph 2 does not apply in respect of the third party claims or rights referred to in Article 102.
5. The buyer does not have to notify the seller that not all the goods have been delivered if the buyer has reason to believe that the remaining goods will be delivered.
6. The seller is not entitled to rely on this Article if the lack of conformity relates to facts of which the seller knew or could be expected to have known and which the seller did not disclose to the buyer.

4. 제2항은 제102조에 따른 제3자의 주장이나 권리에 대해서는 적용되지 않는다.
5. 매수인은 아직 제공되지 않은 물품이 공급되리라고 믿을 만한 이유가 있는 경우에는 매도인에 대하여 물품 전부가 공급되지 않았다는 사정을 통지하지 않아도 된다.
6. 매도인은 계약부적합이 자신이 알았거나 알 것으로 기대되었으면서도 매수인에게 알리지 않았던 사정과 관련되는 경우에 본조를 원용할 수 없다.

Chapter 12 The buyer's obligations

SECTION 1 GENERAL PROVISIONS

Article 123

Main obligations of the buyer

1. The buyer must:
   (a) pay the price;
   (b) take delivery of the goods or the digital content; and
   (c) take over documents representing or relating to the goods or documents relating to digital content as may be required by the contract.
2. Point (a) of paragraph 1 does not apply to contracts for the supply of digital content where the digital content is not supplied in exchange for the payment of a price.

SECTION 2 PAYMENT OF THE PRICE

Article 124

Means of payment

1. Payment shall be made by the means of payment indicated by the contract terms or, if there is no such indication, by any means used in the ordinary course of business at the place of payment taking into account the nature of the transaction .
2. A seller who accepts a cheque or other order to pay or a promise to pay is presumed to do so only on condition that it will be honoured. The seller may enforce the original obligation to pay if the order or promise is not

제12장 매수인의 의무

제1절 일반규정

제123조 [매수인의 주된 의무]

1. 매수인은 다음을 하여야 한다.
   (a) 매매대금의 지급;
   (b) 물품 또는 디지털콘텐츠의 수령; 그리고,
   (c) 물품을 표상하거나 그에 관한 문서 또는 디지털콘텐츠에 관한 문서의 수령이 계약상 요구되는 경우에 그 수령
2. 디지털콘텐츠가 대금을 지급한 대가로 제공되지 않는 경우에는, 제1항 (a)호는 디지털콘텐츠의 공급계약에는 적용되지 않는다.

제2절 대금의 지급

제124조 [지급의 방식]

1. 대금은 계약규정에 정한 방식으로, 또는 특별히 정함이 없다면 그 거래의 성질을 고려하여 지급지의 통상적인 거래에 있어서 사용되는 방식으로 지급된다.

2. 매도인이 수표나 다른 지급지시 또는 지급의 약속을 받아들이는 경우에, 상환을 조건으로 한 것으로 추정된다. 지급지시 또는 지급의 약속이 상환되지 않는 경우에, 매도인은 원래의 지급의무의 이행을

honoured.

3. The buyer's original obligation is extinguished if the seller accepts a promise to pay from a third party with whom the seller has a pre-existing arrangement to accept the third party's promise as a means of payment.
4. In a contract between a trader and a consumer, the consumer is not liable, in respect of the use of a given means of payment, for fees that exceed the cost borne by the trader for the use of such means.

Article 125

Place of payment

1. Where the place of payment cannot otherwise be determined it is the seller's place of business at the time of conclusion of the contract.
2. If the seller has more than one place of business, the place of payment is the place of business of the seller which has the closest relationship to the obligation to pay.

Article 126

Time of payment

1. Payment of the price is due at the moment of delivery.
2. The seller may reject an offer to pay before payment is due if it has a legitimate interest in so doing.

Article 127

Payment by a third party

1. A buyer may entrust payment to another person. A buyer who entrusts payment to another person remains responsible for payment.

2. The seller cannot refuse payment by a third party if:

강제할 수 있다.

3. 매도인이 제3자의 지급약속을 지급방식으로서 받아들이기로 제3자와 미리 합의한 경우에, 그 매도인이 제3자로부터 지급의 약속을 받아들이면, 매수인의 원래의 지급의무는 소멸한다.
4. 사업자(기업인)와 소비자 사이의 계약에 있어서, 특정한 지급방식의 사용과 관련하여 소비자는 그러한 지급방식의 사용에 대하여 사업자(기업인)가 정해 놓은 비용을 초과하는 수수료를 부담할 의무가 없다.

제125조 [지급지]

1. 달리 정하여질 수 없는 경우에, 지급지는 계약체결시점의 매도인의 영업지이다.
2. 매도인이 하나 이상의 영업지를 가지는 경우에, 지급의무와 가장 밀접한 관계를 가진 영업지가 지급지이다.

제126조 [지급시기]

1. 매매대금의 지급은 물품의 인도시에 변제기가 도래한다.
2. 변제기 전의 지급을 거절할 정당한 이익이 있는 경우에는, 매도인은 이를 거절할 수 있다.

제127조 [제3자에 의한 지급]

1. 매수인은 다른 사람이 매매대금을 대신 지급하도록 할 수 있다. 다른 사람으로 하여금 대신 지급하도록 하더라도, 매수인은 여전히 지급의무를 부담한다.
2. 다음의 경우 매도인은 제3자에 의한 지급을 거부할 수 없다.

(a) the third party acts with the assent of the buyer; or

(b) the third party has a legitimate interest in paying and the buyer has failed to pay or it is clear that the buyer will not pay at the time that payment is due.

3. Payment by a third party in accordance with paragraphs 1 or 2 discharges the buyer from liability to the seller.

4. Where the seller accepts payment by a third party in circumstances not covered by paragraphs 1 or 2 the buyer is discharged from liability to the seller but the seller is liable to the buyer for any loss caused by that acceptance.

Article 128

Imputation of payment

1. Where a buyer has to make several payments to the seller and the payment made does not suffice to cover all of them, the buyer may at the time of payment notify the seller of the obligation to which the payment is to be imputed.

2. If the buyer does not make a notification under paragraph 1 the seller may, by notifying the buyer within a reasonable time, impute the performance to one of the obligations.

3. An imputation under paragraph 2 is not effective if it is to an obligation which is not yet due or is disputed.

4. In the absence of an effective imputation by either party, the payment is imputed to that obligation which satisfies one of the following criteria in the sequence indicated:

(a) the obligation which is due or is the first to fall due;

(b) the obligation for which the seller has no or the least security;

(a) 제3자가 매수인의 동의를 얻어 행위하는 경우; 또는
(b) 제3자가 대신지급에 정당한 이익을 가지고 있고 매수인이 변제기에 지급하지 못했거나 지급하지 못할 것이 분명한 경우

3. 제1항 또는 제2항에 따라 제3자가 매매대금을 대신 지급하면, 매수인은 매도인에 대한 책임으로부터 벗어나게 된다.
4. 제1항 또는 제2항에 해당하지 않는 경우에 매도인이 제3자에 의한 지급을 받아들이면, 매수인은 매도인에 대한 책임으로부터 벗어나게 되지만, 매도인은 지급을 받아들임으로써 야기된 어떠한 손실에 대해서도 매수인에게 책임을 진다.

제128조 [지급충당]

1. 매수인이 매도인에 대해서 수 개의 채무를 지급하여야만 하고 지급된 것이 모든 채무를 변제하기에 충분하지 않은 경우에, 매수인은 지급시점에 매도인에게 어느 채무를 지정하여 그 지급에 충당할 것인지를 통지할 수 있다.
2. 매수인이 제1항에 따른 통지를 하지 않은 경우, 매도인은 상당한 기간 내에 매수인에 대한 통지로써 그 채무 중 어느 하나의 지급에 충당할 것인지 지정할 수 있다.
3. 제2항에 따른 충당이 아직 변제기에 이르지 않았거나 다툼이 있는 채무에 대한 것인 경우에, 제2항에 따른 충당은 효력이 없다.
4. 당사자 중 누구도 유효한 충당을 하지 않은 경우에, 대금의 지급은 다음의 순서로 아래의 기준 중 어느 하나를 충족하는 채무에 충당된다.
   (a) 변제기가 도래하였거나 변제기가 가장 먼저 도래하는 채무;
   (b) 매도인이 그에 대해서 아무런 담보도 가지고 있지 않거나 담보가 가장 적은 채무;

(c) the obligation which is the most burdensome for the buyer;
(d) the obligation which arose first. If none of those criteria applies, the payment is imputed proportionately to all the obligations.

5. The payment may be imputed under paragraph 2, 3 or 4 to an obligation which is unenforceable as a result of prescription only if there is no other obligation to which the payment could be imputed in accordance with those paragraphs.
6. In relation to any one obligation a payment by the buyer is to be imputed, first, to expenses, secondly, to interest, and thirdly, to principal, unless the seller makes a different imputation.

SECTION 3 TAKING DELIVERY

Article 129

Taking delivery

The buyer fulfils the obligation to take delivery by:
(a) doing all the acts which could be expected in order to enable the seller to perform the obligation to deliver; and
(b) taking over the goods, or the documents representing the goods or digital content, as required by the contract.

Article 130

Early delivery and delivery of wrong quantity

1. If the seller delivers the goods or supplies the digital content before the time fixed, the buyer must take delivery unless the buyer has a legitimate interest in refusing to do so.

(c) 매수인에게 가장 부담이 큰 채무;

(d) 가장 먼저 성립한 채무.

이러한 기준 중 어느 하나도 충족하는 것이 없는 경우에, 지급은 각 채무액의 비율로 모든 채무의 지급에 충당된다.

5. 제2항, 제3항 또는 제4항에 따라 충당될 수 있는 다른 채무가 없는 경우에 한하여, 대금의 지급은 시효로 소멸하여 더 이상 강제할 수 없는 채무에 제2항, 제3항 또는 제4항에 따라 충당될 수 있다.

6. 채무가 무엇이든 간에, 매수인에 의한 지급은 비용, 이자 그리고 원본의 순서로 충당된다. 그러나 매도인이 다른 충당 순서를 정한 경우에는 그러하지 아니하다.

제3절 인도의 수령

제129조 [인도의 수령]

매수인은,

(a) 매도인이 인도의무를 이행할 수 있도록 하기 위해 기대될 수 있는 모든 행위를 다함으로써; 그리고

(b) 물품 또는 물품이나 디지털콘텐츠를 표상하는 문서를 계약이 요구하는 대로 수령함으로써, 인도의 수령의무를 이행한다.

제130조 [기한 전 인도와 잘못된 양의 인도]

1. 매도인이 정해진 공급기간 전에 물품을 인도하거나 디지털콘텐츠를 제공하는 경우에, 매수인은 그 인도를 수령하여야 한다; 그러나 매수인이 이를 거절할 정당한 이익을 가진 경우에는 그러하지 아니하다.

2. If the seller delivers a quantity of goods or digital content less than that provided for in the contract the buyer must take delivery unless the buyer has a legitimate interest in refusing to do so.

3. If the seller delivers a quantity of goods or digital content greater than that provided for by the contract, the buyer may retain or refuse the excess quantity.

4. If the buyer retains the excess quantity it is treated as having been supplied under the contract and must be paid for at the contractual rate.

5. In a consumer sales contract paragraph 4 does not apply if the buyer reasonably believes that the seller has delivered the excess quantity intentionally and without error, knowing that it had not been ordered.

6. This Article does not apply to contracts for the supply of digital content where the digital content is not supplied in exchange for the payment of a price.

2. 매도인이 계약에서 합의한 양에 미치지 못하게 물품이나 디지털콘텐츠를 인도하는 경우에, 매수인은 그 인도를 수령하여야 한다; 그러나 매수인이 이를 거절할 정당한 이익을 가진 경우에는 그러하지 아니하다.
3. 매도인이 계약에서 합의한 양을 초과하여 물품이나 디지털콘텐츠를 인도하는 경우에, 매수인은 초과하여 인도된 양을 그대로 보유하거나 거절할 수 있다.
4. 매도인이 계약에서 합의한 양을 초과하여 인도된 양을 그대로 보유하는 경우에, 이는 계약에 따른 인도로 간주되며 계약상의 비율에 따른 대금이 지급되어야 한다.
5. 매도인이 양을 초과하여 주문한 바가 없다는 사실을 알면서도 일부러 그리고 착오 없이 양을 초과하여 인도하였다고 매수인이 믿을 만한 합리적인 이유가 있으면, 제4항은 소비자매매계약에는 적용되지 않는다.
6. 디지털콘텐츠가 대금의 지급을 대가로 제공되지 않는 경우에, 본조는 디지털콘텐츠 공급계약에는 적용되지 않는다.

Chapter 13 The seller's remedies

SECTION 1 GENERAL PROVISIONS

Article 131

Overview of seller's remedies

1. In the case of a non-performance of an obligation by the buyer, the seller may do any of the following:
   (a) require performance under Section 2 of this Chapter;
   (b) withhold the seller's own performance under Section 3 of this Chapter;
   (c) terminate the contract under Section 4 of this Chapter; and
   (d) claim interest on the price or damages under Chapter 16.
2. If the buyer's non-performance is excused, the seller may resort to any of the remedies referred to in paragraph 1 except requiring performance and damages.
3. The seller may not resort to any of the remedies referred to in paragraph 1 to the extent that the seller caused the buyer's non-performance.
4. Remedies which are not incompatible may be cumulated.

SECTION 2 REQUIRING PERFORMANCE

Article 132

Requiring performance of buyer's obligations

1. The seller is entitled to recover payment of the price when it is due, and to require performance of any other obligation undertaken by the buyer.

제13장 매도인의 구제

제1절 일반규정

제131조 [매도인의 구제에 대한 개관]

1. 매수인이 채무를 이행하지 않은 경우, 매도인은 다음을 행할 수 있다.
   (a) 본장 제2절에 규정된 이행의 청구;
   (b) 본장 제3절에 규정된 매도인 자신의 급부 이행의 거절;
   (c) 본장 제4절에 규정된 계약의 해제; 그리고
   (d) 제16장에 규정된 대금에 대한 이자 또는 손해배상의 청구.
2. 매수인에게 채무불이행에 대한 책임이 없는 경우에, 매도인은 제1항에서 언급된 구제수단을 사용할 수 있으나, 이행을 청구하거나 손해배상을 청구할 수는 없다.
3. 매도인이 매수인의 불이행을 야기한 한, 매도인은 제1항에서 언급된 구제수단을 사용할 수 없다.
4. 위에 저촉되지 않는 다른 구제수단이 병존할 수 있다.

제2절 이행의 청구

제132조 [매수인에 대한 채무이행의 청구]

1. 매매대금의 지급이 변제기에 도달한 경우에, 매도인은 매매대금을 지급받을 권리와 매수인이 부담하는 그 밖의 다른 모든 채무의 이행을 청구할 권리가 있다.

2. Where the buyer has not yet taken over the goods or the digital content and it is clear that the buyer will be unwilling to receive performance, the seller may nonetheless require the buyer to take delivery, and may recover the price, unless the seller could have made a reasonable substitute transaction without significant effort or expense.

SECTION 3 WITHHOLDING PERFORMANCE OF SELLER'S OBLIGATIONS

Article 133

Right to withhold performance

1. A seller who is to perform at the same time as, or after, the buyer performs has a right to withhold performance until the buyer has tendered performance or has performed.
2. A seller who is to perform before the buyer performs and who reasonably believes that there will be non-performance by the buyer when the buyer's performance becomes due may withhold performance for as long as the reasonable belief continues. However, the right to withhold performance is lost if the buyer gives an adequate assurance of due performance or provides adequate security.
3. The performance which may be withheld under this Article is the whole or part of the performance to the extent justified by the non-performance. Where the buyer's obligations are to be performed in separate parts or are otherwise divisible, the seller may withhold performance only in relation to that part which has not been performed, unless the buyer's non-performance is such as to justify withholding the seller's performance as a whole.

2. 매수인이 아직 물품 또는 디지털콘텐츠를 수령하지 않았을 뿐 아니라 수령할 의사가 없음이 명백한 경우에도, 매도인은 매수인에 대하여 인도를 수령할 것과 대금을 지급할 것을 청구할 수 있다; 그러나 매도인이 중대한 노력이나 비용의 지출을 하지 않고도 상당한 정도의 대체거래를 할 수 있었다면 그러하지 아니하다.

제3절 매도인의 채무이행 거절

제133조 [이행거절권]

1. 매수인이 이행함과 동시에 또는 그 후에 이행하여야 하는 매도인은, 매수인이 이행의 제공을 하거나 이행할 때까지, 이행거절의 권리를 갖는다.
2. 매수인이 변제기의 도래 후에도 자신의 급부를 이행하지 않을 것이라고 합리적으로 믿을 만한 근거를 가진, 선이행의무가 있는 매도인은, 이러한 합리적인 믿음이 계속되는 한, 그 이행을 거절할 수 있다. 그러나 이행기의 이행에 대해 매수인이 적절한 보증을 제공하거나 적절한 담보를 제공하는 경우에는, 급부의 이행거절권은 소멸한다.

3. 본조에 따라 이행이 거절될 수 있는 급부는, 이것이 불이행에 의해 정당화될 수 있는 한도에서, 급부의 전체 또는 일부분이다. 매수인의 채무가 개별적인 부분으로 이행될 수 있거나 분할가능한 경우에, 매도인은 이행되지 않은 부분과 관련해서만 자신의 이행을 거절할 수 있다; 그러나 매수인에 의한 불이행이 매도인의 전체의 이행거절을 정당화하는 경우에는 그러하지 아니하다.

SECTION 4 TERMINATION

Article 134

Termination for fundamental non-performance

A seller may terminate the contract within the meaning of Article 8 if the buyer's non-performance under the contract is fundamental within the meaning of Article 87 (2).

Article 135

Termination for delay after notice fixing additional time for performance

1. A seller may terminate in a case of delay in performance which is not in itself fundamental if the seller gives a notice fixing an additional period of time of reasonable length for performance and the buyer does not perform within that period.
2. The period is taken to be of reasonable length if the buyer does not object to it without undue delay. In relations between a trader and a consumer, the additional time for performance must not end before the 30 day period referred to Article 167(2).
3. Where the notice provides for automatic termination if the buyer does not perform within the period fixed by the notice, termination takes effect after that period without further notice.
4. In a consumer sales contract, the parties may not, to the detriment of the consumer, exclude the application of this Article or derogate from or vary its effects.

Article 136

Termination for anticipated non-performance

A seller may terminate the contract before performance is due if the buyer has

제4절 계약의 해제

제134조 [본질적인 불이행으로 인한 해제]

계약에 있어서 매수인의 불이행이 제87조 제2항의 의미상 본질적인 경우, 매도인은 제8조의 의미에서 계약을 해제할 수 있다.

제135조 [이행을 위한 추완기간을 정하여 통지한 후 지체로 인한 해제]

1. 그 자체로서 본질적이지 않은 이행지체의 경우에, 매도인이 매수인에게 이행을 위한 합리적인 추완기간을 통지하고 매수인이 이 기간 내에 이행하지 않으면, 매도인은 계약을 해제할 수 있다.

2. 매수인이 그 기간에 대해서 부당한 지체 없이 이의를 제기하지 않는 경우에, 그 기간은 합리적인 것으로서 간주된다. 사업자(기업인)와 소비자 사이의 관계에 있어서 추완기간은 제167조 제2항에 따라 30일의 기간 이상이어야 한다.
3. 통지한 기간 내에 이행하지 않으면 자동적으로 계약이 해제된다는 통지가 있은 경우에, 그 기간이 도과하면 계약은 별도의 통지 없이 해제된다.
4. 소비자매매계약에 있어서 당사자들은 소비자에게 불리하게 본조의 적용을 배제 또는 제한하거나 또는 그 효력을 변경할 수 없다.

제136조 [예상된 불이행으로 인한 해제]

매수인이 이행하지 않을 것을 선언하였거나 그것이 다른 방법으로 명

declared, or it is otherwise clear, that there will be a non-performance, and if the non-performance would be fundamental.

Article 137

Scope of right to terminate

1. Where the buyer's obligations under the contract are to be performed in separate parts or are otherwise divisible, then if there is a ground for termination under this Section of a part which corresponds to a divisible part of the seller's obligations, the seller may terminate only in relation to that part.
2. Paragraph 1 does not apply if the non-performance is fundamental in relation to the contract as a whole.
3. Where the buyer's obligations under the contract are not to be performed in separate parts, the seller may terminate only if the non-performance is fundamental in relation to the contract as a whole.

Article 138

Notice of termination

A right to terminate the contract under this Section is exercised by notice to the buyer.

Article 139

Loss of right to terminate

1. Where performance has been tendered late or a tendered performance otherwise does not conform to the contract the seller loses the right to terminate under this Section unless notice of termination is given within a reasonable time from when the seller has become, or could be expected to have become, aware of the tender or the lack of conformity.

백하고 또 그 불이행이 본질적인 경우에, 매도인은 이행기가 도래하기 전에 계약을 해제할 수 있다.

제137조 [해제권의 범위]

1. 매수인의 계약상의 채무가 독립적인 분할급부로 이행될 수 있거나 달리 분할가능한 경우에, 본절에 따른 해제의 근거가 매도인의 채무 중 분할가능한 부분에 상응하는 부분에 존재한다면, 매도인은 이러한 부분에 관해서만 계약을 해제할 수 있다.

2. 그 계약에 관하여 총체적으로 본질적인 불이행이 존재하는 경우에, 제1항은 적용되지 않는다.
3. 매수인의 계약상의 채무가 독립적인 분할급부로 이행될 수 없는 경우에, 매도인은 그 계약에 관하여 총체적으로 본질적인 불이행이 존재하는 때에만 그 계약을 해제할 수 있다.

제138조 [계약해제의 통지]

본절에 따른 계약해제권은 매수인에 대한 통지로써 행사된다.

제139조 [계약해제권의 상실]

1. 급부가 늦게 제공되었거나 제공된 급부가 다른 이유에서 계약과 합치하지 않는 경우, 매도인은 본절에 따른 계약해제권을 상실한다. 그러나 매도인이 급부의 제공 내지 그 계약 불합치에 대해서 알았거나 알았을 것으로 기대되었던 때로부터 적절한 기간 내에 계약의 해제를 통지한 경우에는 그러하지 아니하다.

2. A seller loses a right to terminate by notice under Articles 136 unless the seller gives notice of termination within a reasonable time after the right has arisen.
3. Where the buyer has not paid the price or has not performed in some other way which is fundamental, the seller retains the right to terminate.

2. 매도인이 해제권이 발생한 때로부터 상당한 기간 내에 계약의 해제를 통지하지 않은 경우에, 매도인은 제136조에 따른 통지를 통하여 계약을 해제할 권리를 상실한다.
3. 매수인이 매매대금을 지급하지 않았거나 그 밖의 본질적인 불이행을 한 경우에, 매도인은 계약해제권을 그대로 보유한다.

Chapter 14 Passing of risk

SECTION 1 GENERAL PROVISIONS

Article 140

Effect of passing of risk

Loss of, or damage to, the goods or the digital content after the risk has passed to the buyer does not discharge the buyer from the obligation to pay the price, unless the loss or damage is due to an act or omission of the seller.

Article 141

Identification of goods or digital content to contract

The risk does not pass to the buyer until the goods or the digital content are clearly identified as the goods or digital content to be supplied under the contract, whether by the initial agreement, by notice given to the buyer or otherwise.

SECTION 2 PASSING OF RISK IN CONSUMER SALES CONTRACTS

Article 142

Passing of risk in a consumer sales contract

1. In a consumer sales contract, the risk passes at the time when the consumer or a third party designated by the consumer, not being the carrier, has acquired the physical possession of the goods or the tangible medium on which the digital content is supplied.

제14장 위험이전

제1절 일반규정

제140조 [위험이전의 효과]

매수인에게 위험이 이전한 후 물품 또는 디지털콘텐츠가 멸실 내지 훼손되더라도 매수인은 대금을 지급할 의무를 면하지 못한다. 그러나 그 멸실 내지 훼손이 매도인의 작위 또는 부작위에 기인한 경우에는 그러하지 아니하다.

제141조 [물품 또는 디지털콘텐츠의 계약과의 합치]

물품 또는 디지털콘텐츠가 본래의 합의를 통하여, 매수인에 대한 통지를 통하여 또는 다른 방식으로 계약에 따라 공급되어야만 하는 물품 또는 디지털콘텐츠와 명백히 합치할 때까지, 위험은 매수인에게 이전하지 아니한다.

제2절 소비자매매계약에 있어서 위험이전

제142조 [소비자매매계약에 있어서 위험의 이전]

1. 소비자매매계약에 있어서는 소비자나 소비자에 의해 지정된, 운송인 아닌 제3자가 물품 또는 디지털콘텐츠가 저장된 유체적 저장장치를 점유하는 시점에 위험이 이전한다.

2. In a contract for the supply of digital content not supplied on a tangible medium, the risk passes at the time when the consumer or a third party designated by the consumer for this purpose has obtained the control of the digital content.
3. Except where the contract is a distance or off-premises contract, paragraphs 1 and 2 do not apply where the consumer fails to perform the obligation to take over the goods or the digital content and the non-performance is not excused under Article 88. In this case, the risk passes at the time when the consumer, or the third party designated by the consumer, would have acquired the physical possession of the goods or obtained the control of the digital content if the obligation to take them over had been performed.
4. Where the consumer arranges the carriage of the goods or the digital content supplied on a tangible medium and that choice was not offered by the trader, the risk passes when the goods or the digital content supplied on a tangible medium are handed over to the carrier, without prejudice to the rights of the consumer against the carrier.
5. The parties may not, to the detriment of the consumer, exclude the application of this Article or derogate from or vary its effects.

SECTION 3 PASSING OF RISK IN CONTRACTS BETWEEN TRADERS

Article 143

Time when risk passes

1. In a contract between traders the risk passes when the buyer takes delivery of the goods or digital content or the documents representing the goods.
2. Paragraph 1 is subject to Articles 144, 145 and 146.

2. 유체적 저장장치 방식으로 제공되지 않은 디지털콘텐츠 공급계약에 있어서는, 소비자나 이러한 목적으로 소비자에 의해 지정된 제3자가 디지털콘텐츠에 대한 통제를 획득한 시점에 위험이 이전한다.

3. 원격계약이나 영업소 밖의 계약의 경우를 제외하고는, 소비자가 물품 또는 디지털콘텐츠를 수령할 자신의 채무를 아직 이행하지 않았고 그 불이행에 대해서 제88조에 따른 면책이 인정되지 않는 경우에, 제1항과 제2항은 적용되지 않는다. 이 경우에, 물품 또는 디지털콘텐츠를 수령할 채무가 이행되었다면 소비자나 소비자에 의해 지정된 제3자가 물품을 점유하거나 디지털콘텐츠에 대한 통제를 획득하였을 그 시점에 위험이 이전한다.
4. 사업자(기업인)가 물품 또는 유체적 저장장치에 저장된 디지털콘텐츠의 운송을 해주기로 한 바 없어 소비자가 이를 스스로 마련하는 경우, 물품 또는 유체적 저장장치에 저장된 디지털콘텐츠가 운송인에게 인도되는 시점에 위험이 이전하며, 소비자의 운송인에 대한 권리는 이에 의해서 영향을 받지 않는다.
5. 당사자는 소비자에게 불리하게 본조의 적용을 배제 또는 제한하거나 그 효력을 변경할 수 없다.

제3절 사업자 간의 계약에 있어서 위험이전

제143조 [위험이전의 시점]

1. 사업자(기업인) 간의 계약에 있어서는 매수인이 물품 또는 디지털콘텐츠 또는 물품을 표상하는 문서를 수령하는 시점에 위험이 이전한다.
2. 제1항은 제144조, 제145조 그리고 제146조에는 적용되지 아니한다.

Article 144

Goods placed at buyer's disposal

1. If the goods or the digital content are placed at the buyer's disposal and the buyer is aware of this, the risk passes to the buyer at the time when the goods or digital content should have been taken over, unless the buyer was entitled to withhold taking of delivery pursuant to Article 113.

2. If the goods or the digital content are placed at the buyer's disposal at a place other than a place of business of the seller, the risk passes when delivery is due and the buyer is aware of the fact that the goods or digital content are placed at the buyer's disposal at that place.

Article 145

Carriage of the goods

1. This Article applies to a contract of sale which involves carriage of goods.
2. If the seller is not bound to hand over the goods at a particular place, the risk passes to the buyer when the goods are handed over to the first carrier for transmission to the buyer in accordance with the contract.
3. If the seller is bound to hand over the goods to a carrier at a particular place, the risk does not pass to the buyer until the goods are handed over to the carrier at that place.
4. The fact that the seller is authorised to retain documents controlling the disposition of the goods does not affect the passing of the risk.

Article 146

Goods sold in transit

1. This Article applies to a contract of sale which involves goods sold in transit.
2. The risk passes to the buyer as from the time the goods were handed over

제144조 [매수인의 처분에 맡겨진 물품]

1. 물품 또는 디지털콘텐츠가 매수인의 처분에 맡겨져 있고 매수인이 이를 알고 있는 경우에, 매수인에게 물품 또는 디지털콘텐츠가 인도되었어야 했을 그 시점에 매수인에게 위험이 이전한다. 그러나 매수인이 제113조에 따라 인도의 수령을 거절할 정당한 권리가 있었던 경우에는 그러하지 아니하다.
2. 물품 또는 디지털콘텐츠가 매도인의 영업지와는 다른 장소에서 매수인의 처분에 맡겨진 경우에, 그 인도할 시기가 도래하였고 또한 매수인이 물품 또는 디지털콘텐츠가 이 장소에서 그의 처분에 맡겨졌다는 사실을 안 시점에 위험이 매수인에게 이전한다.

제145조 [물품의 운송]

1. 본조는 물품의 운송을 포함하는 매매계약에 적용된다.
2. 매도인이 물품을 특정한 장소에서 인도하여야 할 의무가 없는 경우에는, 물품이 계약에 상응한 매수인에게 송부되기 위하여 최초 운송인에게 인도된 시점에 위험이 매수인에게 이전한다.
3. 매도인이 물품을 특정한 장소에서 운송인에게 인도하여야 하는 경우에, 물품이 그 장소에서 운송인에게 인도될 때까지 위험이 매수인에게 이전하지 않는다.
4. 매도인이 물품에 대해서 처분 권한을 주는 문서를 넘겨주지 않을 권한을 가지고 있다는 사실은, 위험의 이전에 아무런 영향이 없다.

제146조 [운송 중에 매도된 물품]

1. 본조는 운송 도중에 매도된 물품을 포함하는 매매계약에 적용된다.
2. 물품이 최초 운송인에게 인도되는 즉시 위험은 매수인에게 이전한

to thc first carrier. However, if the circumstances so indicate, the risk passes to the buyer when the contract is concluded.

3. If at the time of the conclusion of the contract the seller knew or could be expected to have known that the goods had been lost or damaged and did not disclose this to the buyer, the loss or damage is at the risk of the seller.

다. 그러나 정황상 그러한 경우에는, 위험은 계약체결의 시점에 매수인에게 이전한다.

3. 매도인이 계약체결시에 물품이 멸실 또는 손상되었음을 알았거나 알았을 것으로 기대되었고 매수인에게 이를 공개하지 않은 경우, 그 멸실 또는 훼손은 매도인의 위험이 된다.

Part V Obligations and remedies of the parties to a related service contract

Chapter 15 Obligations and remedies of the parties

SECTION 1 APPLICATION OF CERTAIN GENERAL RULES ON SALES CONTRACTS

Article 147

Application of certain general rules on sales contracts

1. The rules in Chapter 9 apply for the purposes of this Part.
2. Where a sales contract or a contract for the supply of digital content is terminated any related service contract is also terminated.

SECTION 2 OBLIGATIONS OF THE SERVICE PROVIDER

Article 148

Obligation to achieve result and obligation of care and skill

1. The service provider must achieve any specific result required by the contract.
2. In the absence of any express or implied contractual obligation to achieve a specific result, the service provider must perform the related service with the care and skill which a reasonable service provider would exercise and in conformity with any statutory or other binding legal rules which are applicable to the related service.
3. In determining the reasonable care and skill required of the service provider, regard is to be had, among other things, to:

제5편
관련 서비스 계약에서 당사자의 의무와 구제수단

제15장 당사자의 의무와 구제수단

제1절 매매계약에의 일반조항의 준용

제147조 [매매계약에의 일반조항의 준용]

1. 제9장의 규정은 본편의 취지에 따라 준용된다.
2. 매매계약 또는 디지털콘텐츠 공급계약이 해제된 경우, 관련 서비스 계약도 해제된다.

제2절 서비스 제공자의 의무

제148조 [일의 완성의무(결과채무)와 주의와 기술에 따른 주의의무(수단채무)]

1. 서비스 제공자는 계약에 의해 요구되는 특정한 결과를 달성해야 한다.
2. 특정 결과를 달성하기로 하는 명시적 또는 묵시적 계약상의 의무가 정해져 있지 않을 경우, 서비스 제공자는 합리적인 서비스 제공자라면 기울였을 주의와 기술에 따른 주의를 다하고 관련 서비스에 적용되는 법률 또는 그 밖에 구속력 있는 법조항에 부합하게 관련된 서비스를 제공하여야 한다.
3. 서비스 제공자에게 요구되는 주의와 기술에 따른 주의를 판단함에 있어서 무엇보다도 다음의 점이 고려된다:

(a) the nature, the magnitude, the frequency and the foreseeability of the risks involved in the performance of the related service for the customer;
(b) if damage has occurred, the costs of any precautions which would have prevented that damage or similar damage from occurring; and
(c) the time available for the performance of the related service.

4. Where in a contract between a trader and a consumer the related service includes installation of the goods, the installation must be such that the installed goods conform to the contract as required by Article 101.
5. In relations between a trader and a consumer the parties may not, to the detriment of the consumer, exclude the application of paragraph 2 or derogate from or vary its effects.

Article 149

Obligation to prevent damage

The service provider must take reasonable precautions in order to prevent any damage to the goods or the digital content, or physical injury or any other loss or damage in the course of or as a consequence of the performance of the related service.

Article 150

Performance by a third party

1. A service provider may entrust performance to another person, unless personal performance by the service provider is required.
2. A service provider who entrusts performance to another person remains responsible for performance.
3. In relations between a trader and a consumer the parties may not, to the detriment of the consumer, exclude the application of paragraph 2 or derogate from or vary its effects.

(a) 관련 서비스와 연관하여 고객에게 발생할 수 있는 위험의 성질, 규모, 빈도와 예견가능성;

(b) 손해가 발생한 경우, 발생하거나 유사한 손해를 방지하는 것에 드는 비용; 그리고

(c) 관련 서비스를 이행하는 데 주어진 시간.

4. 사업자(기업인)와 소비자 간의 계약에서 관련 서비스가 물품의 설치를 포함하는 경우, 설치는 설치된 물품이 제101조에서 요구된 바와 같이 계약에 적합하도록 이루어져야 한다.

5. 사업자(기업인)와 소비자 간의 관계에서 각 당사자는 소비자에게 불이익하게 제2항의 적용을 배제 또는 제한하거나 그 효과를 변경해서는 안 된다.

제149조 [손해방지의무]

서비스 제공자는 물품 또는 디지털콘텐츠에 대한 손해를 방지하고 관련 서비스 이행과정에서 또는 그 결과로 신체적 부상이나 다른 손실 내지 손해가 발생하지 않도록 적절한 예방조치를 취해야 한다.

제150조 [제3자에 의한 이행]

1. 서비스 제공자는, 서비스 제공자 본인의 이행이 요구되지 않는 한 타인에게 이행하도록 위탁할 수 있다.

2. 타인에게 이행을 위탁한 서비스 제공자는 이행에 대한 책임을 계속하여 부담한다.

3. 사업자(기업인)와 소비자 간의 관계에서 각 당사자는 소비자에게 불이익하게 제2항의 적용을 배제하거나 그 효과를 제한 또는 변경해서는 안 된다.

Article 151

Obligation to provide invoice

Where a separate price is payable for the related service, and the price is not a lump sum agreed at the time of conclusion of the contract, the service provider must provide the customer with an invoice which explains, in a clear and intelligible way, how the price was calculated.

Article 152

Obligation to warn of unexpected or uneconomic cost

1. The service provider must warn the customer and seek the consent of the customer to proceed if:
   (a) the cost of the related service would be greater than already indicated by the service provider to the customer; or
   (b) the related service would cost more than the value of the goods or the digital content after the related service has been provided, so far as this is known to the service provider.
2. A service provider who fails to obtain the consent of the customer in accordance with paragraph 1 is not entitled to a price exceeding the cost already indicated or, as the case may be, the value of the goods or digital content after the related service has been provided.

SECTION 3 OBLIGATIONS OF THE CUSTOMER

Article 153

Payment of the price

1. The customer must pay any price that is payable for the related service in accordance with the contract.

제151조 [대금명세서 제공의무]

관련 서비스에 대하여 별도의 대금을 지불하도록 되어 있고 그 대금이 계약체결시에 총액으로 정하여져 있지 않은 경우, 서비스 제공자는 고객에게 명확하고 이해가능하게 대금의 산출근거를 설명하는 대금명세서를 제공할 의무가 있다.

제152조 [기대불가능하거나 비경제적으로 높은 비용에 대한 고지 의무]

1. 서비스 제공자는 다음의 경우에 고객에게 경고해야 하며, 서비스를 계속 제공하기 위하여 그 동의를 구해야 한다.
   (a) 관련 서비스의 대금이 서비스 제공자에 의해 고객에게 이미 제시된 금액을 초과하는 경우; 또는
   (b) 사업자(기업인)가 알 수 있는 한도에서, 관련 서비스에 대한 대금이 그 제공 후 물품 또는 디지털콘텐츠의 가치보다 더 큰 경우.

2. 제1항에 따른 고객의 동의를 얻지 않은 서비스 제공자는 서비스 제공 이전에 이미 제시했던 비용을 넘어서는 대금 또는 관련 서비스의 대가가 서비스 제공 이후의 물품이나 디지털콘텐츠의 가치를 넘는 경우에는 물품이나 디지털콘텐츠의 가치를 넘어서는 대금을 청구할 수 없다.

제3절 고객의 의무

제153조 [대금의 지급]

1. 고객은 계약에 부합하게 관련 서비스를 위해 지급해야 하는 모든 대금을 지급해야 한다.

2. The price is payable when the related service is completed and the object of the related service is made available to the customer.

Article 154

Provision of access

Where it is necessary for the service provider to obtain access to the customer's premises in order to perform the related service the customer must provide such access at reasonable hours.

SECTION 4 REMEDIES

Article 155

Remedies of the customer

1. In the case of non-performance of an obligation by the service provider, the customer has, with the adaptations set out in this Article, the same remedies as are provided for the buyer in Chapter 11, namely:
   (a) to require specific performance;
   (b) to withhold the customer's own performance;
   (c) to terminate the contract;
   (d) to reduce the price; and
   (e) to claim damages.
2. Without prejudice to paragraph 3, the customer's remedies are subject to a right of the service provider to cure whether or not the customer is a consumer.
3. In the case of incorrect installation under a consumer sales contract as referred to in Article 101 the consumer's remedies are not subject to a right of the service provider to cure.

2. 관련 서비스가 완성되고 그로 인한 목적물이 고객에게 이용가능하게 되었을 때 대금은 지급해야 한다.

제154조 [접근가능성의 제공]

서비스 제공자가 관련 서비스를 이행하기 위하여 고객의 공간 건물에 접근해야 하는 경우에는 고객은 서비스 제공자에게 합리적인 시간에 이러한 접근가능성을 제공해야 한다.

제4절 구제수단

제155조 [고객의 구제수단]

1. 서비스 제공자에 의한 채무불이행이 있는 경우, 고객은 본조 이하에서 수정한 바에 따라 제11장에서 정한 매수인의 구제수단을 갖는데, 다음과 같다:
   (a) 특정한 이행의 청구,
   (b) 고객 자신의 이행의 거절,
   (c) 계약의 해제,
   (d) 대금의 감액 그리고
   (e) 손해배상청구.
2. 제3항과 상관없이 고객의 구제수단은 고객이 소비자인가의 여부와 상관없이 서비스 제공자가 불이행을 추완이행할 권리에 의하여 제약된다.
3. 제101조에 규정된 소비자매매계약에서 부정확한 설치가 발생한 경우, 소비자의 구제수단은 서비스 제공자의 추완이행권에 의하여 제약되지 않는다.

4. The customer, if a consumer, has the right to terminate the contract for any lack of conformity in the related service provided unless the lack of conformity is insignificant.
5. Chapter 11 applies with the necessary adaptations, in particular:
   (a) in relation to the right of the service provider to cure, in contracts between a trader and a consumer, the reasonable period under Article 109 (5) must not exceed 30 days;
   (b) in relation to the remedying of a non-conforming performance Articles 111 and 112 do not apply; and
   (c) Article 156 applies instead of Article 122.

Article 156

Requirement of notification of lack of conformity in related service contracts between traders

1. In a related service contract between traders, the customer may rely on a lack of conformity only if the customer gives notice to the service provider within a reasonable time specifying the nature of the lack of conformity.
   The time starts to run when the related service is completed or when the customer discovers or could be expected to discover the lack of conformity, whichever is later.
2. The service provider is not entitled to rely on this Article if the lack of conformity relates to facts of which the service provider knew or could be expected to have known and which the service provider did not disclose to the customer.

Article 157

Remedies of the service provider

1. In the case of a non-performance by the customer, the service provider

4. 고객이 소비자인 경우 제공된 관련 서비스가 계약에 위반한다면 그 위반이 경미하지 않는 한 계약을 해제할 수 있다.

5. 제11장은 다음과 같이 수정 적용된다:
   (a) 서비스 제공자가 불이행을 추완이행할 권리와 관련하여, 사업자(기업인)와 소비자 사이의 계약의 경우 제109조 제5항에 규정된 상당한 기간은 초과할 수 없다.
   (b) 계약에 위반한 이행에 대한 구제와 관련하여 제111조와 제112조는 적용되지 않는다; 그리고
   (c) 제122조를 대신하여 제156조가 적용된다.

제156조 [사업자 사이의 관련 서비스에 관한 계약에서 계약위반에 대한 통지의무]

1. 사업자(기업인) 사이의 관련 서비스에 관한 계약의 경우 고객은 서비스 제공자에게 상당한 기간 이내에 계약위반 사실을 통지한 경우에만, 계약위반 사실을 주장할 수 있다. 이 기간은 관련 서비스가 완성되거나, 고객이 계약위반 사실을 알았거나 알 것으로 기대되었을 때 중 늦게 발생한 사실로부터 기산한다.

2. 계약위반이 서비스 제공자가 알았거나 알 것으로 기대되었음에도 고객에게 고지하지 않았던 사실과 관련한 경우 서비스 제공자는 본 조를 주장할 수 없다.

제157조 [서비스 제공자의 구제수단]

1. 고객에 의한 채무불이행이 있는 경우, 서비스 제공자는 제2항에서

has, with the adaptations set out in paragraph 2, the same remedies as are provided for the seller in Chapter 13, namely:

(a) to require performance;

(b) to withhold the service provider's own performance;

(c) to terminate the contract; and

(d) to claim interest on the price or damages.

2. Chapter 13 applies with the necessary adaptations. In particular Article 158 applies instead of Article 132 (2).

Article 158

Customer's right to decline performance

1. The customer may at any time give notice to the service provider that performance, or further performance of the related service is no longer required.
2. Where notice is given under paragraph 1:
   (a) the service provider no longer has the right or obligation to provide the related service; and
   (b) the customer, if there is no ground for termination under any other provision, remains liable to pay the price less the expenses that the service provider has saved or could be expected to have saved by not having to complete performance.
3. In relations between a trader and a consumer the parties may not, to the detriment of the consumer, exclude the application of this Article or derogate from or vary its effects.

수정한 바에 따라 제13장에서 규정된 매도인의 구제수단을 갖는데, 다음과 같다.

(a) 이행의 청구,

(b) 서비스 제공자 자신의 이행거절,

(c) 계약의 해제, 그리고

(d) 대금에 대한 이자 또는 손해배상의 청구.

2. 제13장은 적합한 한도에서 준용된다. 특히 제132조 제2항을 대신하여 제158조가 적용된다.

제158조 [이행을 거절할 고객의 권리]

1. 고객은 언제든지 서비스 제공자에게 관련 서비스의 이행 또는 계속된 이행이 더 이상 필요하지 않음을 통지할 수 있다.

2. 제1항에 따른 통지가 이루어진 경우:

(a) 서비스 제공자는 관련 서비스의 제공에 관하여 더 이상 권리나 의무가 없다; 그리고

(b) 고객은, 다른 규정에 따라 계약을 해제할 사유가 없는 한 서비스 공급자가 이행의 완료를 면함으로써 절약하거나 절약할 것으로 기대되었던 비용을 공제하고 대금을 지급해야 한다.

3. 사업자(기업인)와 소비자 간의 관계에서 각 당사자는 소비자에게 불이익하게 본조의 적용을 배제 또는 제한하거나 그 효과를 변경해서는 안 된다.

Part VI Damages and interest

Chapter 16 Damages and interest

SECTION 1 DAMAGES

Article 159

Right to damages

1. A creditor is entitled to damages for loss caused by the non-performance of an obligation by the debtor, unless the non-performance is excused.
2. The loss for which damages are recoverable includes future loss which the debtor could expect to occur.

Article 160

General measure of damages

The general measure of damages for loss caused by non-performance of an obligation is such sum as will put the creditor into the position in which the creditor would have been if the obligation had been duly performed, or, where that is not possible, as nearly as possible into that position. Such damages cover loss which the creditor has suffered and gain of which the creditor has been deprived.

Article 161

Foreseeability of loss

The debtor is liable only for loss which the debtor foresaw or could be expected to have foreseen at the time when the contract was concluded as a result of the non-performance.

제6편 손해배상과 이자

제16장 손해배상과 이자

제1절 손해배상

제159조 [손해배상에 대한 권리]

1. 채권자는 채무불이행이 면책되지 않는 한, 채무불이행으로 인한 손해의 배상을 청구할 수 있다.
2. 손해배상에 의해 전보할 수 있는 손해는 채무자가 발생할 것으로 예견할 수 있었던 장래의 손해도 포함된다.

제160조 [손해 산정의 기초]

채무불이행으로 인한 손해에 대한 배상액은 일반적으로, 그 채무가 정하진 바에 따라 이행되었을 경우 채권자가 처했을 상황, 또는 그것이 불가능하다면, 채권자를 가능한 한 그에 근접하는 상황에 놓일 수 있도록 하는 금액으로 산정한다. 손해배상은 채권자가 상실한 손해와 얻지 못한 수익도 포함한다.

제161조 [손해의 예견가능성]

채무자는 계약체결 당시 채무불이행의 결과로 예견하였거나 예견할 것으로 기대된 손해에 대하여만 책임을 부담한다.

Article 162

Loss attributable to creditor

The debtor is not liable for loss suffered by the creditor to the extent that the creditor contributed to the non-performance or its effects.

Article 163

Reduction of loss

1. The debtor is not liable for loss suffered by the creditor to the extent that the creditor could have reduced the loss by taking reasonable steps.
2. The creditor is entitled to recover any expenses reasonably incurred in attempting to reduce the loss.

Article 164

Substitute transaction

A creditor who has terminated a contract in whole or in part and has made a substitute transaction within a reasonable time and in a reasonable manner may, in so far as it is entitled to damages, recover the difference between the value of what would have been payable under the terminated contract and the value of what is payable under the substitute transaction, as well as damages for any further loss.

Article 165

Current price

Where the creditor has terminated the contract and has not made a substitute transaction but there is a current price for the performance, the creditor may, in so far as entitled to damages, recover the difference between the contract price and the price current at the time of termination as well as damages for any further loss.

제162조 [채권자에게 귀속가능한 손해]

채무자는 채권자가 채무불이행 또는 그 결과에 대하여 기여한 한도에서는 채권자의 손실에 대하여 책임이 없다.

제163조 [손해의 경감]

1. 채무자는 채권자가 적절한 조치를 취함으로써 경감할 수 있었던 한도에서는 채권자의 손해에 대하여는 책임이 없다.
2. 채권자는 손해의 경감을 시도하면서 상당하게 발생한 비용의 상환을 청구할 수 있다.

제164조 [대체거래]

계약을 전부 또는 일부 해제하고 상당한 기간 내에 합리적인 방법으로 대체거래를 한 채권자는 손해배상을 청구할 수 있는 한, 해제된 계약에 따라 지급되었을 것의 가치와 대체거래에서 지급되었어야 할 것의 가치 간의 차이 및 그 밖의 손해를 배상받을 수 있다.

제165조 [시장가격]

계약을 해제하고 대체거래를 하지 않은 채권자가 손해배상을 청구하는 경우, 급부에 대한 시장가격이 형성되어 있다면, 약정대금과 계약 해제시점의 시가 간 차액 및 그 밖의 손해를 배상받을 수 있다.

SECTION 2 INTEREST ON LATE PAYMENTS: GENERAL PROVISIONS

Article 166

Interest on late payments

1. Where payment of a sum of money is delayed, the creditor is entitled, without the need to give notice, to interest on that sum from the time when payment is due to the time of payment at the rate specified in paragraph 2.
2. The interest rate for delayed payment is:
   (a) where the creditor's habitual residence is in a Member State whose currency is the euro or in a third country, the rate applied by the European Central Bank to its most recent main refinancing operation carried out before the first calendar day of the half-year in question, or the marginal interest rate resulting from variable-rate tender procedures for the most recent main refinancing operations of the European Central Bank, plus two percentage points;
   (b) where the creditor's habitual residence is in a Member State whose currency is not the euro, the equivalent rate set by the national central bank of that Member State, plus two percentage points.
3. The creditor may recover damages for any further loss.

Article 167

Interest when the debtor is a consumer

1. When the debtor is a consumer, interest for delay in payment is due at the rate provided in Article 166 only when non-performance is not excused.
2. Interest does not start to run until 30 days after the creditor has given notice to the debtor specifying the obligation to pay interest and its rate. Notice may be given before the date when payment is due.

제2절 지연이자: 일반규정

제166조 [지연이자]

1. 금전채무의 지급이 지체된 경우, 채권자는, 최고할 필요 없이, 기한이 도래한 때부터 지급이 이루어진 시점까지 제2항에 규정된 이자율로 지연이자를 청구할 수 있다.
2. 지체로 인한 이자율은 다음과 같다. :
   (a) 채권자의 상거소가 유로통화를 사용하는 회원국 또는 제3의 국가에 있는 경우, 이자율은 유럽중앙은행이 해당 반기의 첫 번째 역일(曆日)에 시행한 가장 최근의 주요 재융자를 위한 이자율 또는 유럽중앙은행의 가장 최근의 주요 재융자를 위한 변동이자율 결정절차에서 도출할 수 있는 한계이자율에 2퍼센트를 가산한 이자율이 적용된다.
   (b) 채권자의 상거소가 유로통화를 사용하지 않는 회원국인 경우, 해당 회원국의 중앙은행에서 상응하여 정한 이자율에 2퍼센트를 가산한 이자율이 적용된다.
3. 채권자는 그 밖의 추가적 손해에 대하여 배상을 받을 수 있다.

제167조 [채무자가 소비자인 경우의 지연이자]

1. 채무자가 소비자인 경우, 금전지급의 지연이자는 채무불이행이 면책되지 않는 때에만 제166조에서 정한 이율에 의한다.
2. 채권자가 채무자에게 이자의 지급의무와 이자율을 명시하여 통지한 날로부터 30일까지는 지연이자가 발생하지 않는다. 통지는 지급기한이 도래하기 전에 할 수 있다.

3. A term of the contract which fixes a rate of interest higher than that provided in Article 166, or accrual earlier than the time specified in paragraph 2 of this Article is not binding to the extent that this would be unfair according to Article 83.
4. Interest for delay in payment cannot be added to capital in order to produce interest.
5. The parties may not, to the detriment of the consumer, exclude the application of this Article or derogate from or vary its effects.

SECTION 3 LATE PAYMENTS BY TRADERS

Article 168

Rate of interest and accrual

1. Where a trader delays the payment of a price due under a contract for the delivery of goods, supply of digital content or provision of related services without being excused by virtue of Article 88, interest is due at the rate specified in paragraph 5 of this Article.
2. Interest at the rate specified in paragraph 5 starts to run on the day which follows the date or the end of the period for payment provided in the contract. If there is no such date or period, interest at that rate starts to run:

   (a) 30 days after the date when the debtor receives the invoice or an equivalent request for payment; or
   (b) 30 days after the date of receipt of the goods, digital content or related services, if the date provided for in point (a) is earlier or uncertain, or if it is uncertain whether the debtor has received an invoice or equivalent request for payment.

3. 제166조상의 이자율보다 높은 이자율을 적용하기로 한 계약조항 또는 본조 제2항에서 언급된 기한보다 이른 시점부터 지연이자가 발생하도록 하는 계약조항은 제83조에 기하여 불공정한 것으로 판단되는 한도에서 구속력이 없다.
4. 지연이자는 이자를 발생하기 위하여 원금에 가산해서는 안 된다.

5. 당사자들은 소비자에게 불이익하게 본조의 적용을 배제하거나 그 효과를 제한 또는 변경해서는 안 된다.

제3절 사업자의 지급지체

제168조 [이자율과 기한]

1. 사업자(기업인)가 상품의 인도, 디지털콘텐츠의 제공 또는 관련 서비스의 이행과 관련된 계약에서 제88조의 취지에 따라 면책됨이 없이 이행기가 도래한 대금지급을 지체한 경우, 지연이자는 본조 제5항에 규정된 이자율에 따라 정해진다.
2. 제5항에 명시된 이자율에 따른 이자는 계약에서 명시된 지급기일 또는 지급기한의 말일이 지난 다음날로부터 기산한다. 이러한 기일 또는 기한이 정해져 있지 않은 경우 그 이율에 따른 지연이자는 다음과 같이 기산한다:
   (a) 채무자가 대금명세서 또는 그와 동일시할 수 있는 지급청구서를 수령한 날로부터 30일 후; 또는
   (b) 물품, 디지털콘텐츠, 또는 관련 서비스의 수령일로부터 30일 후, 만약 (a)호에서 정한 기일이 이보다 먼저 도래하거나 불명확한 경우, 또는 채무자가 대금명세서 또는 그와 동일시할 수 있는 지급청구서를 수령하였는지가 불분명한 경우.

3. Where conformity of goods, digital content or related services to the contract is to be ascertained by way of acceptance or examination, the 30 day period provided for in point (b) of paragraph 2 begins on the date of the acceptance or the date the examination procedure is finalised. The maximum duration of the examination procedure cannot exceed 30 days from the date of delivery of the goods, supply of digital content or provision of related services, unless the parties expressly agree otherwise and that agreement is not unfair according to Article 170.
4. The period for payment determined under paragraph 2 cannot exceed 60 days, unless the parties expressly agree otherwise and that agreement is not unfair according to Article 170.
5. The interest rate for delayed payment is:
   (a) where the creditor's habitual residence is in a Member State whose currency is the euro or in a third country, the interest rate applied by the European Central Bank to its most recent main refinancing operation carried out before the first calendar day of the half-year in question, or the marginal interest rate resulting from variable-rate tender procedures for the most recent main refinancing operations of the European Central Bank, plus eight percentage points;
   (b) where the creditor's habitual residence is in a Member State whose currency is not the euro, the equivalent rate set by the national central bank of that Member State, plus eight percentage points.
6. The creditor may recover damages for any further loss.

Article 169

Compensation for recovery costs

1. Where interest is payable in accordance with Article 168, the creditor is entitled to obtain from the debtor, as a minimum, a fixed sum of EUR

3. 물품, 디지털콘텐츠 또는 관련 서비스가 계약에 적합한지의 여부가 수령 또는 검사절차를 통하여 확인되어야 하는 경우 (b)호상의 30일 기한은 수령한 날 또는 검사절차가 완료한 날로부터 기산한다. 검사절차의 최장기간은 물품의 인도, 디지털콘텐츠의 제공 또는 관련 서비스의 이행으로부터 30일을 넘어서는 안 되는데, 다만 당사자가 명시적으로 달리 합의하고 그 합의가 제170조에 따라 불공정하지 않은 경우에는 그러하지 아니하다.

4. 제2항의 지급기한은 60일을 넘을 수 없으나, 다만 당사자가 명시적으로 달리 합의하고 그 합의가 제170조에 따라 불공정하지 않은 경우에는 그러하지 아니하다.

5. 지체로 인한 이자율은 다음과 같다:
   (a) 채권자의 상거소가 유로통화를 사용하는 회원국이거나 제3의 국가인 경우, 이자율은 유럽중앙은행이 해당 반기의 초일 전에 적용한 가장 최근의 재할인조정 이자율 또는 유럽중앙은행의 가장 최근의 주요 재융자를 위한 변동이자율 결정절차에서 도출할 수 있는 한계이자율에 8퍼센트를 가산한 이자율이 적용된다.
   (b) 채권자의 상거소가 유로통화를 사용하지 않는 회원국인 경우, 해당 회원국의 중앙은행에서 상응하여 정한 이자율에 8퍼센트를 가산한 이자율이 적용된다.

6. 채권자는 그 밖의 추가적 손해에 대하여 배상받을 수 있다.

제169조 [처리비용의 배상]

1. 제168조에 따른 지연이자가 지급되는 경우, 채권자는 채무자로부터 자신의 처리비용에 대한 배상을 받기 위한 것으로서 최소 40유로의

40 or the equivalent sum in the currency agreed for the contract price as compensation for the creditor's recovery costs.

2. The creditor is entitled to obtain from the debtor reasonable compensation for any recovery costs exceeding the fixed sum referred to in paragraph 1 and incurred due to the debtor's late payment.

Article 170

Unfair contract terms relating to interest for late payment

1. A contract term relating to the date or the period for payment, the rate of interest for late payment or the compensation for recovery costs is not binding to the extent that the term is unfair. A term is unfair if it grossly deviates from good commercial practice, contrary to good faith and fair dealing, taking into account all circumstances of the case, including the nature of the goods, digital content or related service.
2. For the purpose of paragraph 1, a contract term providing for a time or period for payment or a rate of interest less favourable to the creditor than the time, period or rate specified in Articles 167 or 168, or a term providing for an amount of compensation for recovery costs lower than the amount specified in Article 169 is presumed to be unfair.
3. For the purpose of paragraph 1, a contract term excluding interest for late payment or compensation for recovery costs is always unfair.

Article 171

Mandatory nature

The parties may not exclude the application of this Section or derogate from or vary its effects.

고정금액 또는 계약대금으로 정한 화폐로 환산한 금액의 지급을 청구할 수 있다.

2. 채권자는 채무자의 이행지체로 인하여 발생한 비용이 제1항에서 정한 금액을 넘어선 경우 채무자에게 상당한 전보배상을 청구할 수 있다.

제170조 [지연이자와 관련된 불공정 계약규정]

1. 지급기일 내지 기한, 지연이자 또는 처리비용의 배상과 관련된 계약규정이 불공정한 한도에서는 구속력이 없다. 계약규정이 물품, 디지털콘텐츠 또는 관련 서비스의 성질 등 당해 사안의 모든 상황을 고려하였을 때 선량한 상관행으로부터 현저히 벗어나 신의성실과 공정거래의 원칙에 반하는 경우에는 불공정하다.

2. 제1항과 관련하여 지급의 시기 내지 기간 또는 이자율을 정하는 계약규정이 제167조 또는 제168조에서 정한 시기, 기간 또는 이자율보다 불리하거나, 처리비용의 배상과 관련된 금액을 정한 계약규정이 제169조에 정한 금액보다 낮은 경우 해당 규정은 불공정한 내용으로 추정한다.
3. 제1항과 관련하여 지연이자 또는 처리비용의 배상을 배제하는 계약규정은 항상 불공정하다.

제171조 [강행규정]

당사자들은 본절의 적용을 배제 또는 제한하거나 그 효과를 변경해서는 안 된다.

Part VII Restitution

Chapter 17 Restitution

Article 172

Restitution on avoidance or termination

1. Where a contract is avoided or terminated by either party, each party is obliged to return what that party ("the recipient") has received from the other party.
2. The obligation to return what was received includes any natural and legal fruits derived from what was received.
3. On the termination of a contract for performance in instalments or parts, the return of what was received is not required in relation to any instalment or part where the obligations on both sides have been fully performed, or where the price for what has been done remains payable under Article 8 (2), unless the nature of the contract is such that part performance is of no value to one of the parties.

Article 173

Payment for monetary value

1. Where what was received, including fruits where relevant, cannot be returned, or, in a case of digital content whether or not it was supplied on a tangible medium, the recipient must pay its monetary value. Where the return is possible but would cause unreasonable effort or expense, the recipient may choose to pay the monetary value, provided that this would not harm the other party's proprietary interests.
2. The monetary value of goods is the value that they would have had at the date when payment of the monetary value is to be made if they had been

제7편 원상회복

제17장 원상회복

제172조 [취소 내지 계약해제시 원상회복]

1. 어느 당사자에 의하여 계약이 취소 내지 해제된 경우 각 당사자는 자신("수령자")이 상대방으로부터 수령한 것을 반환할 의무를 부담한다.
2. 반환의무는 수령한 것에서 취득한 모든 천연과실 및 법정과실을 포함한다.
3. 이행이 분할하여 또는 부분적으로 이루어지는 계약이 해제된 경우 이미 수령된 분할 또는 부분이행은, 양 당사자가 모두 이행을 하였거나 이미 이행된 급부에 대한 대가가 제8조 제2항에 기하여 여전히 지급되어야 하는 경우에는 반환할 필요가 없다. 다만 계약의 성질상 부분이행이 당사자 일방에게 가치가 없는 경우에는 그러하지 아니하다.

제173조 [가액반환]

1. 과실을 포함하여 수령한 것의 반환이 불가능하거나, 유체적 저장장치에 제공되었는지의 여부와 상관없이 디지털콘텐츠가 제공된 경우 수령자는 가액을 반환해야 한다. 원물반환은 가능하지만 과도한 노력 내지 비용을 수반하는 경우 수령자는, 상대방의 재산상 이익을 침해하지 않는 한도에서, 가액반환을 선택할 수 있다.

2. 물품의 가액은 해당 물품이 가액으로 반환되어야 할 기일에 만약 수령자가 그 기일까지 멸실 또는 훼손 없이 물품을 보유하였더라면 가

kept by the recipient without destruction or damage until that date.

3. Where a related service contract is avoided or terminated by the customer after the related service has been performed or partly performed, the monetary value of what was received is the amount the customer saved by receiving the related service.
4. In a case of digital content the monetary value of what was received is the amount the consumer saved by making use of the digital content.
5. Where the recipient has obtained a substitute in money or in kind in exchange for goods or digital content when the recipient knew or could be expected to have known of the ground for avoidance or termination, the other party may choose to claim the substitute or the monetary value of the substitute. A recipient who has obtained a substitute in money or kind in exchange for goods or digital content when the recipient did not know and could not be expected to have known of the ground for avoidance or termination may choose to return the monetary value of the substitute or the substitute.
6. In the case of digital content which is not supplied in exchange for the payment of a price, no restitution will be made.

Article 174

Payment for use and interest on money received

1. A recipient who has made use of goods must pay the other party the monetary value of that use for any period where:
   (a) the recipient caused the ground for avoidance or termination;
   (b) the recipient, prior to the start of that period, was aware of the ground for avoidance or termination; or
   (c) having regard to the nature of the goods, the nature and amount of the use and the availability of remedies other than termination, it would

졌을 가치에 의한다.

3. 관련 서비스 계약이 서비스의 이행 또는 부분적 이행 후에 고객에 의하여 취소되거나 해제된 경우, 수령된 것의 가액은 고객이 관련 서비스의 수령을 통하여 절약한 금액을 말한다.

4. 디지털콘텐츠의 경우 수령된 것의 가액은 소비자가 디지털콘텐츠를 이용함으로써 절약한 금액을 말한다.
5. 물품 또는 디지털콘텐츠의 수령자가 수령한 물품 또는 디지털콘텐츠에 갈음하여 금전 또는 동종의 대상(代償)을 취득하였고 계약의 취소 또는 해제 사유를 알았거나 알 것으로 기대되었던 경우, 상대방은 대상물 또는 대상물의 가액 중에서 선택하여 반환을 청구할 수 있다. 물품 또는 디지털콘텐츠에 갈음하여 금전 또는 동종의 대상을 취득한 수령자가 계약의 취소 또는 해제 사유를 몰랐고 알 것으로 기대될 수 없었다면, 수령자가 대상물의 가액 또는 대상물 중 어느 것을 반환할지를 선택할 수 있다.

6. 대금지급과 상환(相換)으로 제공되지 않은 디지털콘텐츠의 경우에는 반환되지 아니한다.

제174조 [사용이익의 지급과 수령한 금전의 이자지급]

1. 물품을 이용한 수령자는 다음 각 호에 해당하는 경우 상대방에게 그 이용기간 동안 사용이익의 가액을 지급해야 한다.
   (a) 수령자가 계약의 취소 또는 해제에 대하여 책임이 있는 경우,
   (b) 수령자가 이용을 시작하기 전에 취소 내지 해제사유를 알고 있었던 경우, 또는
   (c) 물품의 성질, 이용의 방식과 범위 그리고 해제 이외의 다른 구제수단의 활용가능성을 고려할 때, 수령자가 해당 기간 동안 상품

be inequitable to allow the recipient the free use of the goods for that period.

2. A recipient who is obliged to return money must pay interest, at the rate stipulated in Article 166, where :
   (a) the other party is obliged to pay for use; or
   (b) the recipient gave cause for the contract to be avoided because of fraud, threats and unfair exploitation.
3. For the purposes of this Chapter, a recipient is not obliged to pay for use of goods received or interest on money received in any circumstances other than those set out in paragraphs 1 and 2.

Article 175

Compensation for expenditure

1. Where a recipient has incurred expenditure on goods or digital content, the recipient is entitled to compensation to the extent that the expenditure benefited the other party provided that the expenditure was made when the recipient did not know and could not be expected to know of the ground for avoidance or termination.
2. A recipient who knew or could be expected to know of the ground for avoidance or termination is entitled to compensation only for expenditure that was necessary to protect the goods or the digital content from being lost or diminished in value, provided that the recipient had no opportunity to ask the other party for advice.

Article 176

Equitable modification

Any obligation to return or to pay under this Chapter may be modified to the extent that its performance would be grossly inequitable, taking into account in

을 무상으로 이용하도록 하는 것이 적당하지 않는 경우.

2. 금전을 반환해야 하는 수령자는 다음 각 호의 경우 제166조에 규정된 이자율에 따라 이자를 지급해야 한다.
   (a) 상대방이 그 이용에 대해 대가를 지불해야 하는 경우, 또는
   (b) 수령자가 사기, 강박 그리고 부당한 행위로 인한 계약의 취소에 대하여 원인을 제공한 경우.
3. 본장의 목적을 위하여 수령자는 제1항과 제2항의 경우 이외에는 물품의 이용에 대한 대가를 지급하거나 수령한 금전에 대한 이자를 지급할 의무가 없다.

제175조 [비용의 상환]

1. 물품 또는 디지털콘텐츠에 비용을 지출한 수령자가 비용을 지출할 당시 계약의 취소 또는 해제 사유를 몰랐고 알 것으로 기대될 수 없었던 경우 그 비용이 상대방에게 이익이 되는 한 그 상환을 청구할 수 있다.

2. 계약의 취소 또는 해제 사유를 알았거나 알 것으로 기대될 수 있었던 수령자는 상대방의 의사를 문의할 기회가 없었던 경우에 한하여 물품 또는 디지털콘텐츠의 멸실 또는 가치훼손을 방지하는 데 필요한 비용만의 상환을 청구할 수 있다.

제176조 [형평을 위한 변경]

본장에 규정된 반환의무 또는 지급의무의 이행이 특히 그 당사자가 계약 취소 또는 해제 사유를 야기하지 않았거나 그 사유를 알지 못하였는지

particular whether the party did not cause, or lacked knowledge of, the ground for avoidance or termination.

Article 177

Mandatory nature

In relations between a trader and a consumer the parties may not, to the detriment of the consumer, exclude the application of this Chapter or derogate from or vary its effects.

를 고려하여 볼 때에 현저히 부당한 한도에서는 그 의무를 변경할 수 있다.

제177조 [강행규정]

사업자(기업인)와 소비자의 관계에서 당사자들은 소비자에게 불리하게 본장의 적용을 배제 또는 제한하거나 그 효과를 변경해서는 안 된다.

Part VIII Prescription

Chapter 18 Prescription

SECTION 1 GENERAL PROVISIONS

Article 178

Rights subject to prescription

A right to enforce performance of an obligation, and any right ancillary to such a right, is subject to prescription by the expiry of a period of time in accordance with this Chapter.

SECTION 2 PERIODS OF PRESCRIPTION AND THEIR COMMENCEMENT

Article 179

Periods of prescription

1. The short period of prescription is two years.
2. The long period of prescription is ten years or, in the case of a right to damages for personal injuries, thirty years.

Article 180

Commencement

1. The short period of prescription begins to run from the time when the creditor has become, or could be expected to have become, aware of the facts as a result of which the right can be exercised.

제8편 소멸시효

제18장 소멸시효

제1절 일반규정

제178조 [소멸시효가 적용되는 권리]

의무의 이행을 강제할 수 있는 권리와 이 권리에 종된 권리는 본장의 규정에 따른 기간의 만료로 시효가 완성한다.

제2절 소멸시효의 기간과 개시

제179조 [소멸시효의 기간]

1. 단기 소멸시효기간은 2년으로 한다.
2. 장기 소멸시효기간은 10년으로 하며, 인적 손해를 이유로 하는 손해배상청구권의 소멸시효기간은 30년으로 한다.

제180조 [소멸시효의 개시]

1. 단기 소멸시효기간은 채권자가 그 권리를 행사할 수 있는 사정을 알았거나 알았을 것으로 기대할 수 있었던 때로부터 진행한다.

2. The long period of prescription begins to run from the time when the debtor has to perform or, in the case of a right to damages, from the time of the act which gives rise to the right.
3. Where the debtor is under a continuing obligation to do or refrain from doing something, the creditor is regarded as having a separate right in relation to each non-performance of the obligation.

SECTION 3 EXTENSION OF PERIODS OF PRESCRIPTION

Article 181

Suspension in case of judicial and other proceedings

1. The running of both periods of prescription is suspended from the time when judicial proceedings to assert the right are begun.
2. Suspension lasts until a final decision has been made, or until the case has been otherwise disposed of. Where the proceedings end within the last six months of the prescription period without a decision on the merits, the period of prescription does not expire before six months have passed after the time when the proceedings ended.
3. Paragraphs 1 and 2 apply, with appropriate adaptations, to arbitration proceedings, to mediation proceedings, to proceedings whereby an issue between two parties is referred to a third party for a binding decision and to all other proceedings initiated with the aim of obtaining a decision relating to the right or to avoid insolvency.
4. Mediation means a structured process, however named or referred to, whereby two or more parties to a dispute attempt by themselves, on a voluntary basis, to reach an agreement on the settlement of their dispute with the assistance of a mediator. This process may be initiated by the

2. 장기 소멸시효기간은 채무자가 이행해야 하는 때로부터 기산하며, 손해배상청구권은 그 권리를 발생시킨 행위가 행해진 때로부터 기산한다.
3. 채무자가 계속적 작위 또는 부작위의무를 지는 경우에는 의무불이행시마다 각각 별도의 권리가 발생한다.

제3절 소멸시효기간의 연장

제181조 [재판절차 또는 다른 절차로 인한 시효정지]

1. 단기와 장기 소멸시효는 그 권리를 주장하는 재판절차가 개시되는 때로부터 정지한다.
2. 시효의 정지는 판결이 확정되거나 사안이 달리 해결될 때까지 계속된다. 그 절차가 소멸시효기간의 마지막 6개월 안에 본안판결 없이 끝났다면 소멸시효는 그 절차가 끝난 뒤 6개월이 도과하기 전에는 완성하지 아니한다.

3. 제1항과 제2항은 중재절차, 조정절차, 양 당사자의 분쟁을 제3자의 구속력 있는 결정에 맡기는 절차 및 그 밖의 그 권리 또는 파산방지에 관한 결정을 구하고자 마련된 모든 절차에 준용된다.

4. 조정은 그 명칭에 구애되지 않고 둘 혹은 다수의 분쟁당사자가 조정인의 도움을 받아 자발적으로 분쟁해결을 위한 합의를 하는 것을 목적으로 행해지는 절차를 의미한다. 이 절차는 당사자의 의사, 법원의 제안이나 명령 또는 국내법의 규정에 따라 개시될 수 있다. 조정

parties or suggested or ordered by a court or prescribed by the national law. Mediation ends by an agreement of the parties or by declaration of the mediator or one of the parties.

Article *182*

Postponement of expiry in the case of negotiations

If the parties negotiate about the right, or about circumstances from which a claim relating to the right might arise, neither period of prescription expires before one year has passed since the last communication made in the negotiations or since one of the parties communicated to the other that it does not wish to pursue the negotiations.

Article 183

Postponement of expiry in case of incapacity

If a person subject to an incapacity is without a representative, neither period of prescription of a right held by that person expires before one year has passed since either the incapacity has ended or a representative has been appointed.

SECTION 4 RENEWAL OF PERIODS OF PRESCRIPTION

Article 184

Renewal by acknowledgement

If the debtor acknowledges the right vis-à-vis the creditor, by part payment, payment of interest, giving of security, set-off or in any other manner, a new short period of prescription begins to run.

은 당사자의 합의에 의하거나 조정인 또는 일방 당사자의 종료선언 에 의하여 종료된다.

제182조 [교섭으로 인한 시효완성유예]

당사자가 권리 혹은 이를 발생시킬 수 있는 사정에 대하여 교섭을 하는 경우에는 단기와 장기 소멸시효는 교섭과정에서 마지막 교신이 행해진 이후 또는 일방 당사자가 상대방에게 더 이상 교섭을 계속하고 싶지 않다는 뜻을 전한 이후 1년이 경과하기 전에는 완성되지 아니한다.

제183조 [행위능력 흠결로 인한 시효완성유예]

행위능력이 없는 자에게 법정 대리인이 없다면, 단기와 장기 소멸시효는 그 자가 행위능력자가 되거나 대리인이 선임된 이후 1년이 경과하기 전에는 완성되지 아니한다.

제4절 소멸시효기간의 재시작

제184조 [승인으로 인한 재시작]

채무자가 채권자에게 그 권리를 일부변제, 이자의 지급, 담보의 제공, 상계 혹은 다른 방법을 통하여 승인하였다면 새로운 단기의 소멸시효기간이 진행된다.

SECTION 5 EFFECTS OF PRESCRIPTION

Article 185

Effects of prescription

1. After expiry of the relevant period of prescription the debtor is entitled to refuse performance of the obligation in question and the creditor loses all remedies for non-performance except withholding performance.
2. Whatever has been paid or transferred by the debtor in performance of the obligation in question may not be reclaimed merely because the period of prescription had expired at the moment that the performance was carried out.
3. The period of prescription for a right to payment of interest, and other rights of an ancillary nature, expires not later than the period for the principal right.

SECTION 6 MODIFICATION BY AGREEMENT

Article 186

Agreements concerning prescription

1. The rules of this Chapter may be modified by agreement between the parties, in particular by either shortening or lengthening the periods of prescription.
2. The short period of prescription may not be reduced to less than one year or extended to more than ten years.
3. The long period of prescription may not be reduced to less than one year or extended to more than thirty years.
4. The parties may not exclude the application of this Article or derogate from

제5절 소멸시효의 효력

第185조 [소멸시효의 효력]

1. 적용되는 소멸시효기간의 도과로 채무자는 해당 의무의 이행을 거절할 수 있으며, 반면에 채권자는 자신의 이행을 유보하는 것을 제외한 불이행으로 인한 모든 구제수단을 상실하게 된다.
2. 채무자가 해당 의무의 이행을 위하여 지불하였거나 양도한 것은 단지 그 급부가 소멸시효의 완성된 이후에 이행되었다는 이유만으로 반환되지는 아니한다.

3. 이자에 대한 권리와 다른 종된 권리에 대한 소멸시효는 늦어도 주된 권리의 시효완성과 함께 완성된다.

제6절 합의에 의한 변경

第186조 [소멸시효에 대한 합의]

1. 본절의 규정은 당사자의 합의로, 특히 그 기간을 단축하거나 연장하는 방법으로 변경할 수 있다.

2. 단기 소멸시효기간은 최대 1년으로 단축될 수 있으며, 최대 10년으로 연장할 수 있다.
3. 장기 소멸시효기간은 최대 1년으로 단축될 수 있으며, 최대 30년으로 연장할 수 있다.
4. 당사자들은 본조의 적용을 배제 또는 제한하거나 그 효력을 변경할

or vary its effects.

5. In a contract between a trader and a consumer this Article may not be applied to the detriment of the consumer.

수 없다.

5. 사업자(기업인)와 소비자 간의 계약에 있어서 본조는 소비자에게 불리하게 적용할 수 없다.

Appendix 1

Model instructions on withdrawal

Right of withdrawal

You have the right to withdraw from this contract within 14 days without giving any reason.
The withdrawal period expires after 14 days from the day 1.
To exercise the right of withdrawal, you must inform us of your decision to withdraw from this contract by a clear statement (e.g. a letter sent by post, fax or e-mail). You may use the attached model withdrawal form, but it is not obligatory.
To meet the withdrawal deadline, it is sufficient for you to send your communication concerning your exercise of the right of withdrawal before the withdrawal period has expired.

Effects of withdrawal

If you withdraw from this contract, we will reimburse all payments received from you, including the costs of delivery (with the exception of the supplementary costs resulting from your choice of a type of delivery other than the least expensive type of standard delivery offered by us), without undue delay and in any event not later than 14 days from the day on which we are informed about your decision to withdraw from this contract. We will carry out such reimbursement using the same means of payment as you used for the initial transaction, unless you have expressly agreed otherwise; in any event,

부록 1

철회에 관한 모범 지침(안내)

철회권

매수인[4]은 그 사유를 제시함이 없이 14일 내에 이 계약을 철회할 권리가 있다.

철회기간은 초일로부터 14일 후에 만료한다.

철회권의 행사를 위하여 매수인은 매도인에게 명시적인 표시(예. 우편으로 발송한 서신, 팩스 또는 전자우편)로써 계약을 철회하는 그의 결정을 통지하여야 한다. 매수인은 여기에 첨부된 모범철회양식을 사용할 수 있으나, 그 사용은 의무가 아니다.

철회의 최종시한의 준수는 매수인이 철회기간이 만료하기 전에 그의 철회권 행사에 관한 통지를 발송하면 충분하다.

철회의 효과

매수인이 이 계약을 철회할 경우 매도인은 인도비용(매도인이 제안한 저렴한 일반운송 방식이 아닌 인도방법에 관한 매수인의 선택으로 발생한 추가비용의 예외를 제외하고)을 포함하여 매수인으로부터 수령한 모든 지급액을 부당한 지체 없이 그리고 여하한 경우에도 이 계약을 철회하는 매수인의 결정이 매도

4) 역주 : 원문은 we와 you를 당사자로 기술하지만, 우리말에 맞는 표현을 위하여 문장의 맥락에 따라 you(또는 your)를 원칙적으로 「매수인」으로 하고 필요한 경우 「매도인」으로, 그리고 we(또는 I, my, our, us)를 일반적으로 「매도인」으로 하고 필요한 경우 매수인으로 번역한다.

you will not incur any fees as a result of such reimbursement.

Instructions for completion:

1. Insert one of the following texts between inverted commas here:
   a) in the case of a related service contract or a contract for the supply of water, gas or electricity, where they are not put up for sale in a limited volume or set quantity, of district heating or of digital content which is not supplied on a tangible medium: "of the conclusion of the contract.";
   b) in the case of a sales contract: "on which you acquire, or a third party other than the carrier and indicated by you acquires, physical possession of the goods.";
   c) in the case of a contract relating to multiple goods ordered by the consumer in one order and delivered separately: "on which you acquire, or a third party other than the carrier and indicated by you acquires, physical possession of the last good.";
   d) in the case of a contract relating to delivery of a good consisting of multiple lots or pieces: "on which you acquire, or a third party other than the carrier and indicated by you acquires, physical possession of the last lot or piece.";
   e) in the case of a contract for regular delivery of goods during a defined period of time: "on which you acquire, or a third party other than the carrier and indicated by you acquires, physical possession of the first good.".
2. Insert your name, geographical address and, where available, your

인에게 통지된 날로부터 14일을 넘지 않는 범위에서 상환하여야 한다. 매도인은 매수인이 최초의 거래에 사용한 지급방식을 사용하여 상환을 이행한다. 그러나 매수인이 명시적으로 다른 약정을 한 때에는 그러하지 아니하다; 어느 경우에도 매수인은 그러한 상환의 결과로 비용을 부담하지 않는다.

완성을 위한 지침(안내)

① 여기에 다음의 인용부호 사이의 문언 중 하나를 넣으시오:

a) 관련 서비스의 계약 또는 매매의 목적으로 제한된 용량 또는 지정된 양으로 매매를 위하여 포장되지 않은 물, 가스 또는 전기의 공급, 지역난방 또는 유체적 저장장치로 공급되지 않은 디지털 콘텐츠의 공급을 위한 계약의 경우: "계약의 체결에 관하여.";
b) 매매계약의 경우: "이를 근거로 매수인이 취득하거나 운송인이 아닌 사람으로서 매수인이 지정한 제3자가 물품의 사질적 점유를 취득하는.";
c) 소비자가 일회의 주문으로 주문하고 분리하여 인도되는 수개의 물품과 관련된 계약의 경우: "이를 근거로 매수인이 취득하거나 운송인이 아닌 사람으로서 매수인이 지정한 제3자가 마지막 물품의 물리적 점유를 취득하는.";
d) 수개의 부분 또는 구성부분으로 이루어진 하나의 물품의 인도에 관한 계약의 경우: "이를 근거로 매수인이 취득하거나 운송인이 아닌 사람으로서 매수인이 지정한 제3자가 마지막 부분 또는 마지막 구성부분의 물리적 점유를 취득하는.";
e) 확정된 기간 동안 물품의 정기적 인도를 위한 계약의 경우: "이를 근거로 매수인이 취득하거나 운송인이 아닌 사람으로서 매수인이 지정한 제3자가 최초의 물품의 물리적 점유를 취득하는.";

② 매수인의 이름, 주소와 그리고 있으면 전화번호, 팩스번호와 전자우

telephone number, fax number and e-mail address.

3. If you give the option to the consumer to electronically fill in and submit information about his or her withdrawal from the contract on your website, insert the following: "You can also electronically fill in and submit the model withdrawal form or any other clear statement on our website [insert internet address]. If you use this option, we will communicate to you an acknowledgement of receipt of such a withdrawal on a durable medium (e.g. by e-mail) without delay."
4. In the case of sales contracts in which you have not offered to collect the goods in the event of withdrawal insert the following: "We may withhold reimbursement until we have received the goods back or you have supplied evidence of having sent back the goods, whichever is the earliest".
5. If the consumer has received goods in connection with the contract, insert the following:
   a. insert:
      – "We will collect the goods."; or
      – "You shall send back the goods or hand them over to us or ____[insert the name and geographical address, where applicable, of the person authorised by you to receive the goods], without undue delay and in any event not later than 14 days from the day on which you communicate your withdrawal from this contract to us. The deadline is met if you send back the goods before the period of 14 days has expired."
   b. insert either:
      – "We will bear the cost of returning the goods."; or

편주소를 기재하시오.

③ 매도인이 소비자에게 매도인의 웹사이트에서 전자적으로 그의 계약 철회에 관하여 기재하고 정보를 제출할 수 있는 선택권을 부여할 경우 다음을 기재하시오: "매수인은 전자적으로 모범철회양식에 기재하여 이를 제출하거나 매도인의 웹사이트[전자주소를 기재하시오]에 이 밖의 명시적 표시를 기입하여 제출할 수 있다. 매수인이 이 선택권을 사용할 경우 매도인은 지체 없이 그러한 철회의 수령을 인지한 사실을 내구적 매체로(예. 전자우편으로) 통지한다."

④ 철회된 때에 매수인이 물품의 수거를 제안받지 않은 매매계약의 경우 다음을 기재하시오: "매도인은 매도인이 매수인으로부터 물품을 수령하였거나 매수인이 물품을 반송하였다는 증명을 제시한 사실 중 어느 사실이든 먼저 이루어질 때까지 상환을 거절할 수 있다."

⑤ 소비자가 계약과 관련하여 물품을 수령한 경우 다음을 기재하시오:

ⓐ 기재하시오:

- "매도인이 물품을 수거한다."; 또는
- "지체 없이 그리고 여하한 경우에도 매수인의 이 계약의 철회가 매도인에게 통지된 날로부터 14일을 넘지 않는 범위에서 매수인은 물품을 반송하거나 매도인 또는 _____[매수인[5])이 물품을 수령할 권한을 부여한 경우 그 사람의 이름과 주소를 기재하시오]에게 인도하여야 한다." 철회의 최종시한은 14일의 기간이 경과하기 전에 매수인이 물품을 반송함으로써 준수된다.

ⓑ 다음 중 하나를 기재하시오:

- "매도인이 물품반환 비용을 부담한다."; 또는

5) 역주 : 영문판은 '매수인'으로 표현하나, 수령권한을 수여할 수 있는 사람은 매도인이므로 "매도인"으로 수정하여 번역한다.

  - "You will have to bear the direct cost of returning the goods."; or
  - If, in a distance contract, you do not offer to bear the cost of returning the goods and the goods, by their nature, cannot normally be returned by post: "You will have to bear the direct cost of returning the goods, ___ EUR [insert the amount]."; or if the cost of returning the goods cannot reasonably be calculated in advance: "You will have to bear the direct cost of returning the goods. The cost is estimated to a maximum of approximately ___ EUR[insert the amount]"; or
  - If, in an off-premises contract, the goods, by their nature, cannot normally be returned by post and have been delivered to the consumer's home at the time of the conclusion of the contract: "We will collect the goods at our own expense."

c. "You are only liable for any diminished value of the goods resulting from the handling other than what is necessary to establish the nature, characteristics and functioning of the goods."

6. In the case of a contract for the provision of related services insert the following: "If you requested to begin the performance of related services during the withdrawal period, you shall pay us an amount which is in proportion to what has been provided until you have communicated us your withdrawal from this contract, in comparison with the full coverage of the contract.".

- "매수인이 물품반환을 위한 직접비용을 부담한다."; 또는
- 원격계약에서 매수인이 물품반환 비용을 부담할 것을 제시하지 않고 물품이 그 성질상 일반적으로 우편으로 반송될 수 없을 경우: "매수인이 물품반환을 위한 직접비용을 부담한다, _____유로 [금액을 기재하시오]."; 또는 물품의 반환비용이 사전에 합리적으로 산정될 수 없을 경우: "매수인이 물품반환을 위한 직접비용을 부담한다. 비용은 대략 최대 _____유로 [금액을 기재하시오]"로 예정한다; 또는
- 영업소 밖의 계약에서 물품이 그 성질상 일반적으로 우편으로 반송될 수 없고 계약체결 당시에 소비자의 주거에서 인도된 경우: "매도인은 그의 비용으로 물품을 수거한다."

ⓒ "매수인은 나만 물품의 성실, 특성과 기능을 보전하기 위하여 필요하지 않은 취급으로 인하여 발생한 물품가치의 감소에 대한 책임이 있다."

⑥ 관련 서비스의 공급을 위한 계약의 경우 다음을 기재하시오: "매수인이 철회기간 내에 관련 서비스의 이행을 개시하도록 요청한 때에는 매수인은 매도인에게 완전한 계약의 범위와 비교하여 매수인이 매도인에게 이 계약의 철회를 통지할 때까지 제공된 부분의 비율에 상응하는 금액을 지급하여야 한다.

Appendix 2

Model withdrawal form

(complete and return this form only if you wish to withdraw from the contract)

– To [here the trader's name, geographical address and, where available, his fax number and e-mail address are to be inserted by the trader]:
– I/We* hereby give notice that I/We* withdraw from my/our* contract of sale of the following goods*/for the supply of the following digital content/for the provision of the following related service*
– Ordered on*/received on*
– Name of consumer(s)
– Address of consumer(s)
– Signature of consumer(s) (only if this form is notified on paper)
– Date

부록 2

모범철회양식

(매수인이 계약의 철회를 원하는 경우 이 양식을 작성하여 반송하시오)

- [여기에 사업자(기업인)는 사업자(기업인)의 이름, 주소, 그리고 있으면 전화번호, 팩스번호와 전자우편주소를 기입한다]에게
- 이로써 매수인은 매수인이 다음의 물품에 관한 매수인의 매매/다음의 디지털콘텐츠의 공급/ 다음의 관련 서비스의 제공계약을 철회한다는 사실을 통지합니다.[6)]
- 주문일* / 수령일*[7)]
- 소비자의 이름
- 소비자의 주소
- 소비자의 서명 (본 양식이 서면으로 통지되는 경우)
- 일시

---

6) 역주 : 원문은 I/We, my/our로 표현하고 이 중 선택하여 필요하지 않은 부분을 삭제하도록 하나, 여기에서는 매수인으로 통일적으로 번역한다.

7) 필요하지 않으면 삭제할 수 있다.

ANNEX II

STANDARD INFORMATION NOTICE

The contract you are about to conclude will be governed by the Common European Sales Law, which is an alternative system of national contract law available to consumers in cross-border situations. These common rules are identical throughout the European Union, and have been designed to provide consumers with a high level of protection.

These rules only apply if you mark your agreement that the contract is governed by the Common European Sales Law.

You may also have agreed to a contract on the telephone or in any other way (such as by SMS) that did not allow you to get this notice beforehand. In this case the contract will only become valid after you have received this notice and confirmed your consent.

Your core rights are described below.

THE COMMON EUROPEAN SALES LAW: SUMMARY OF KEY CONSUMER RIGHTS

Your rights before signing the contract

The trader has to give you the important **information on the contract**, for instance on the product and its price including all taxes and charges and his contact details. The information has to be more detailed when you buy something outside the trader's shop or if you do not meet the trader personally at all, for instance if you buy online or by telephone. You are entitled to damages if this information is incomplete or wrong.

부속서 II

모범정보안내서

귀하가 체결하고자 하는 계약은 국내계약법을 대체하는 보통유럽매매법의 규율을 받습니다. 이는 국경을 넘어선 거래를 하는 소비자가 이용 가능한 시스템입니다. 이 보통유럽매매법 규정들은 유럽연합 전체에 동일하며, 소비자에게 높은 수준의 보호를 제공하기 위하여 마련되었습니다.

귀하가 본 계약이 보통유럽매매법의 규율을 받는다고 명시적으로 동의한 경우에만 본 규정들이 적용됩니다.

귀하는 또한 귀하가 이 안내서를 사전에 얻을 수 없는 전화 또는 그 밖의 방식(예컨대 SMS)으로 계약에 동의하였을 수 있습니다. 이 경우 본 계약은 오직 귀하가 이 안내서를 수령하고 동의를 표한 경우에만 유효합니다.

귀하의 중요 권리는 아래와 같습니다.

보통유럽매매법: 중요 소비자 권리 요약

계약서에 서명하기 전 귀하의 권리

거래상대방은 귀하에게 중요한 **계약의 정보**를 제공해야 합니다. 예컨대, 그에게 접근할 수 있는 자세한 방법, 세금, 비용을 포함한 제 비용 및 물품 자체에 대한 정보입니다. 이 정보는 귀하가 당해 거래상대방의 상점 밖에서 무언가를 살 때나, 거래상대방을 직접 만나지 않는 경우보다 훨씬 더 상세하여야 합니다. 예컨대, 만일 귀하가 온라인상 또는 전화로 물건을 구매하는 경우입니다. 만일 정보가 불완전하거나 잘못된 경우, 귀하는 손해배상을 청구할 수 있습니다.

Your rights after signing the contract

In most cases you have 14 days to **withdraw from the purchase if you bought the goods** outside the trader's shop or if you have not met the trader up to the time of the purchase (for instance if you bought online or by telephone). The trader must provide you with information and a Model withdrawal **form**[5]. If the trader has not done so, you can cancel the contract within one year.

What can you do when products are faulty or not delivered as agreed? You are entitled to choose between: 1) having the product delivered 2) replaced or 3) repaired. 4) Ask for a price reduction. 5) You can cancel the contract, return the product and get a refund, except if the defect is very small. 6) You can claim damages for your loss. You do not have to pay the price until you get the product without defects.

If the trader has not performed a related service as promised in the contract, you have similar rights. However, after you have complained to the trader, he normally has the right to first try to do the job correctly. Only if the trader fails again you have a choice between 1) asking the trader again to provide the related service, 2) not paying the price until you get the related service supplied correctly, 3) requesting a price reduction or 4) claiming damages. 5) You can also cancel the contract and get a refund, except if the failure in providing the related service is very small. **Period to claim your rights when products are faulty or not delivered as agreed:** You have 2 years to claim your rights after you realise or should have realised that the trader has not done something as agreed in the contract. Where such problems become apparent very late, the last possible moment for you to make such a claim is 10 years

5) Insert a link here.

계약서에 서명한 후 귀하의 권리

귀하가 거래상대방의 상점 밖에서 상품을 구매했거나(유선전화 또는 온라인상으로 물건을 샀다면) 구매시까지 거래상대방을 만나지 못한 대부분의 경우, 귀하는 **상품의 구매일로부터 14일 이내에 철회**할 수 있습니다. 거래상대방은 귀하에게 반드시 이 정보와 모범철회**양식**을 제공해야 합니다. 만일 거래상대방이 그렇게 하지 않았다면, 귀하는 1년 이내에 계약을 취소할 수 있습니다.

상품에 흠이 있거나 합의된 대로 배송되지 않은 경우 귀하는 무엇을 할 수 있습니까? 귀하는 다음을 선택할 수 있습니다: 1) 상품을 배송되게 하거나 2) 교환하거나 3) 수리하게 할 수 있습니다. 4) 가격 인하를 청구할 수 있습니다. 5) 결함이 극히 미미한 경우를 제외하고, 계약을 취소하여 상품을 반환하고 환불받을 수 있습니다. 6) 손해배상을 청구할 수 있습니다. 귀하는 결함 없는 상품을 수령할 때까지 대금을 지급할 의무가 없습니다.

만일 거래상대방이 계약서에 약정된 대로 관련 서비스를 이행하지 않는 경우, 귀하는 이와 유사한 권리를 가집니다. 그러나 귀하가 거래상대방에게 불만을 제기한 이후부터, 그는 일반적으로 가장 먼저 일을 바로잡을 시도를 할 권리를 가집니다. 거래상대방이 또다시 실패한다면, 귀하는 다음과 같은 선택지를 가집니다. 1) 관련 서비스를 제공하도록 거래상대방에게 요청하거나, 2) 관련 서비스를 올바로 제공받을 때까지 비용의 지급을 하지 않거나, 3) 가격 인하를 요구하거나 4) 손해배상을 청구할 수 있습니다. 5) 또한 관련 서비스 제공의 불이행이 극히 미미한 경우를 제외하고, 귀하는 계약을 취소하고 환불받을 수 있습니다. **상품에 흠이 있거나 합의된 대로 배송되지 않은 경우 귀하의 권리를 제기할 수 있는 기간은 다음과 같습니다.** 귀하는 거래상대방이 계약에 합의된 대로 무언가를 이행하지 않았다는 것을 알았거나 알 수 있었던 날로부터 2년 동안 귀하의 권리를 제기할 수 있습니다. 이와 같은 문제들이 늦게 밝혀진 경우, 귀하가 제기할 수 있는 가장 마지막 기한은 거래상대방이 상품을 배송하였거나, 디지털콘텐츠

from the moment the trader had to deliver the goods, supply the digital content or provide the related service.

Unfair terms protection: Trader's standard contract terms which are unfair are not legally binding for you.

This list of rights is only a summary and therefore not exhaustive, nor does it contain all details. You can consult the full text of the Common European Sales Law here. Please read your contract carefully.

In case of dispute you may wish to ask for legal advice.

내지 관련 서비스를 제공한 때로부터 10년입니다.

불공정조항에 대한 보호: 거래상대방의 표준계약조항이 불공정하고 위법한 경우 귀하를 구속하지 않습니다.

여기에 적시된 권리들은 개요에 불과하며, 그러므로 모든 것을 적시한 것이 아니고, 자세한 모든 사항을 담고 있지 않습니다. 귀하는 여기에서 보통유럽매매법의 완전한 문언을 볼 수 있습니다. 귀하의 계약을 주의 깊게 읽어보십시오.

분쟁과 관련하여 귀하는 법적 자문을 요청할 수 있습니다.

역 자 고세일(배재대 공무원법학과 교수)
김규완(고려대 법학전문대학원 교수)
김상중(고려대 법학전문대학원 교수)
백경일(숙명여대 법과대학 교수)
이병준(한국외대 법학전문대학원 교수)
이준현(서강대 법학전문대학원 교수)
이진기(성균관대 법학전문대학원 교수)
하경효(고려대 법학전문대학원 교수)

보통유럽매매법

2014년 2월 3일 초판 인쇄
2014년 2월 10일 초판 발행

역 자 고세일 · 김규완 · 김상중 · 백경일 · 이병준 · 이준현 · 이진기 · 하경효
발행인 이 방 원
발행처 세창출판사
서울시 서대문구 경기대로 88 냉천빌딩 4층
전화: 02-723-8660 팩스: 02-720-4579
홈페이지: http://www.sechangpub.co.kr
e-mail: sc1992@empal.com
신고번호 제300-1990-63호

정가 30,000원

ISBN 978-89-8411-454-8 93360